ein Ullstein Buch

W0038973

ÜBER DAS BUCH:

Komiker aus Versehen? Man mag es kaum glauben, auch wenn er selbst gerne erzählte, er sei »zum Theater gegangen worden«. Rund hundert Bühnenrollen und über zweihundert Filme beweisen, mit welcher Begeisterung, welchem Fleiß und welchem Erfolg der als Theodor Schmitz in Hannover geborene Schauspieler, Regisseur und Autor Theo Lingen seinem Beruf nachging. Er war der Lieblingsschauspieler von Curt Goetz, Bertolt Brecht und Adolf Hitler, er spielte den Liebhaber von Lil Dagover, den Widersacher von Hans Moser, den Kumpel von Grethe Weiser, den Diener von Heinz Rühmann, den Chauffeur von Willy Fritsch – und war einer der intelligentesten Komiker dieses Jahrhunderts mit einem unnachahmlichen trockenen Humor.

Im Film hatte ihn Adele Sandrock das Fürchten gelehrt – im Leben der Dr. Goebbels. Er wußte, daß der Schauspieler mit einer Halbjüdin verheiratet war und unter keinen Umständen bereit gewesen wäre, sich von seiner Frau zu trennen. Nur Lingens Popularität rettete beiden das Leben. Nach dem Krieg begann Theo Lingen vor allem als Theaterschauspieler eine neue Karriere. Leben und Laufbahn des großen, 1978 verstorbenen Komikers werden in dieser authentischen Biographie für die zahlreichen Freunde seines unvergeßlichen Könnens nacherzählt.

Dieses Buch entstand aufgrund von Gesprächen des Autors mit Theo Lingen und seiner Witwe Marianne Zoff-Lingen sowie unter Berücksichtigung autobiographischer Aufzeichnungen des Schauspielers.

Theo Lingen

Komiker aus Versehen

Aufgezeichnet von
Willibald Eser

ein Ullstein Buch

ein Ullstein Buch
Nr. 22053
im Verlag Ullstein GmbH,
Frankfurt/M – Berlin

Ungekürzte Ausgabe
Mit 52 Fotos
und 9 Textillustrationen

Der Verlag dankt für die
Abdruckerlaubnis aus:
Johannes Heesters, »Es kommt auf die
Sekunde an«
© 1978 Blanvalet Verlag GmbH, München;
aus: Theo Lingen, »Theophanes«,
Aufführungsrechte bei
Österreichischer Bühnenverlag
Kaiser & Co., Wien.

Umschlagentwurf:
Hansbernd Lindemann
Foto: Hipp-Foto
Alle Rechte vorbehalten
Taschenbuchausgabe mit Genehmigung
der Albert Langen – Georg Müller
Verlag GmbH, München · Wien
© 1986 by Albert Langen – Georg Müller
Verlag GmbH, München · Wien
Printed in Germany 1988
Druck und Verarbeitung:
Clausen & Bosse, Leck
ISBN 3 548 22053 3

Januar 1989

CIP-Titelaufnahme
der Deutschen Bibliothek

Lingen, Theo
Komiker aus Versehen/Theo Lingen.
Aufgezeichnet von Willibald Eser. –
Ungekürzte Ausg. –
Frankfurt/M; Berlin: Ullstein, 1989
    (Ullstein-Buch; Nr. 22053)
    ISBN 3-548-22053-3
NE: Eser, Willibald [Bearb.]; GT

Inhalt

Aus Theo Schmitz wird Theo Lingen

Er war einer der wenigen Männer, die sich ungestraft auf den Schoß von Claire Waldoff setzen durften. Freilich war er zu jener Zeit noch ein Baby.

Und Claire Waldoff war noch nicht »die Waldoff«. Wenige Jahre später wurde sie geradezu ein Wahrzeichen der Stadt Berlin. Sie hatte ihre kometenhafte Karriere in einem der ersten Kabaretts der Stadt – »Der Roland von Berlin« – begonnen. Mit ihren frechen Chansons wie dem »Schmackeduzchen«, dessen Refrain ganz Berlin mitsang, und mit ihrer unnachahmlichen Vortragsweise wurde sie schnell weit über Berlin hinaus bekannt.

Die Londoner »Times« empfahl damals auf ihrer Reklameseite Berlin-Reisenden drei Ziele, die sie unbedingt aufsuchen sollten: das Brandenburger Tor, Kaiser Wilhelm bei seinen morgendlichen Ausritten – und Claire Waldoff, die in London fast so populär war wie in Berlin. Wie kam nun der kleine Franz Theodor auf den Schoß der Claire Waldoff, deren bürgerlicher Name Klara Wortmann war? Klaras Eltern wohnten in Gelsenkirchen und unterhielten dort ein Hotel. Franz Theodors Eltern lebten ebenfalls in Gelsenkirchen und beschlossen, nach Hannover umzuziehen, wo Justizrat Theo Schmitz eine Kanzlei eröffnen wollte. Er ging gern auf den Wunsch der Eltern Wortmann ein, Klara als Pflegetochter mitzunehmen, damit sie in Hannover aufs Mädchengymnasium gehen konnte. Man bezog in Hannover eine Wohnung in der Hagenstraße, eine Mietwohnung im dritten Stock. Und hier kam am 10. Juni 1903 Franz Theodor zur Welt, der sich, sobald er krabbeln konnte, auf Klaras Schoß so wohl fühlte.

Die Wohnung in der Hagenstraße hatte zur Hofseite einen Balkon, auf dem Franz Theodor gern spielte – und hier wurde ihm, nun drei oder vier Jahre alt, eines Tages schlagartig klar, was er einmal von Beruf werden wollte: Werkelmann.

Fast jede Woche besuchte der Werkelmann, ein Drehorgelspieler, die Höfe. Fasziniert beobachtete Franz Theodor, wie er die Kurbel drehte, wie er dann auf einen Knopf drückte und seinem Kasten eine neue Melodie entlockte. Er lauschte andächtig, hörte ihm auch noch zu, wenn er ihn nicht mehr sehen konnte und wenn seine Töne aus Nachbarhöfen herüberklangen. Und dann stellte er sich mit wacher Phantasie vor, was jetzt bald kommen mußte: der entscheidende Punkt des Geschäftes nämlich. Der Werkelmann zog den Hut vom Kopf, schwenkte ihn offen in der Hand und schaute zu den Fenstern und Balkonen hinauf, wo sich seine Zuhörer befanden. Spielte der Werkelmann im Hof, dann lief Franz Theodor zu seiner Mutter in die Küche und erbettelte ein paar Münzen, verpackte sie in Zeitungspapier und warf seinen Beitrag, wie die anderen Hausbewohner es auch taten, in den Hof. Gebannt schaute er zu, wie der Werkelmann seinen Lohn einkassierte, den Hut wieder aufsetzte und mit seinem Werkel weiterzog.

Ja, fand Franz Theodor, das war die richtige Art, zu Geld zu kommen. Und er wollte mit dem Geldverdienen gar nicht erst warten, bis er erwachsen war. So quälte er seinen Vater, ihm ein Werkel zu bauen. Der Vater ließ sich erweichen und zimmerte aus einer alten Kiste etwas, das durchaus Ähnlichkeit mit einem Leierkasten hatte. Er brachte sogar eine Kurbel an, die man drehen konnte und die auf geheimnisvolle Weise mit einer Spieldose im Inneren der Kiste verbunden war. Das Werkel gab tatsächlich Töne von sich! Franz Theodor war überglücklich.

Franz Theodor hängte sich den Werkelkasten um und rannte in den Hof. Da stand er nun und sah zu den Fenstern hinauf. Voller Erwartung standen Vater, Mutter und auch andere Hausbewohner auf den Balkonen. Aber Theo rührte sich nicht. Vor lauter Aufregung hatte er nämlich vergessen, die Kurbel zu drehen – der Werkelkasten gab keinen Ton von sich. Da rief der Vater herunter: »Jetzt spiel doch endlich!«

Franz Theodor, der schlauer sein wollte als der große Werkelmann, rief zurück: »Erst müßt ihr mir Geld herunterwerfen, sonst spiele ich nicht.«

Eine wahre Geschichte, an die sich Theo Lingen später

gern erinnerte, verriet sie doch seine Veranlagung für den geschickten Umgang mit Geld. Der Knirps hatte zum Ausdruck gebracht, daß er sich seiner Fähigkeiten bewußt war und seinen Wert nicht gering einschätzte.

Theo Lingen auf dem Höhepunkt seiner Karriere: »Warum sollen Schauspieler nicht auch ihren Preis haben?«

Aus dem Werkelmann wurde ein aufgeweckter Volksschüler und schließlich ein Gymnasiast, der mühelos bis zur Unterprima aufstieg. Da geschah etwas, das seinen weiteren Lebensweg bestimmen sollte: Das Goethe-Gymnasium feierte sein fünfzigjähriges Bestehen. Diverse Festlichkeiten waren angesetzt, auch eine Theateraufführung, die von Schülern der oberen Klassen bestritten werden sollte. Höchst willkommen war in diesem Zusammenhang die Entscheidung der Schulleitung, den Schülern, die mitspielten, für die Zeit der Proben die letzten beiden Unterrichtsstunden zu erlassen. So meldete sich auch Franz-Theodor, zumal er es sehr angenehm fand, einmal dem Schulalltagstrott zu entrinnen. Auf dem Programm stand ein griechisches Versdrama, und geprobt wurde in der Schauburg, einem Privattheater in Hannover.

Die Schauspieler der Schauburg arbeiteten ebenfalls an einem Stück, und da sich die Proben zeitlich überschnitten, wurden die Profi-Proben verkürzt, damit die Laien rechtzeitig an die Arbeit gehen konnten. Der eine oder andere Schauspieler nahm sich die Zeit, den Versuchen der Laien zuzusehen. Einer, der häufig bis zum Schluß der Proben blieb, war der Schauspieler Seeburg.

Zufällig hatten er und Franz Theodor denselben Heimweg. So blieb es nicht aus, daß sie sich bekannt machten und ins Gespräch kamen. Man unterhielt sich über das Theater und natürlich auch über das Schüler-Stück, in dem Franz Theodor dem alten Theaterhasen recht gut gefiel. Er war höchst erstaunt zu hören, daß Franz Theodor nur deshalb spielte, weil zwei freie Schulstunden dabei heraussprangen.

Von dem Tag an, da sie zufällig vor dem Elternhaus in der Hagenstraße Franz Theodors Schwester trafen, verkehrte Herr Seeburg regelmäßig bei der Familie Schmitz. Die Mutter war bei den Zusammenkünften zwischen Herrn Seeburg und ihrer Tochter stets anwesend, und Herr Seeburg unterhielt sie mit Theatergeschichten. Er erwähnte natürlich auch die Schülerproben, über die Franz Theodor kein Sterbenswörtchen hatte fallen lassen, denn sie interessierten ihn ja eigentlich überhaupt nicht. Die Mutter hörte neugierig zu und war sehr angetan von Seeburgs Lob, wie geschickt und begabt ihr Sohn seine schauspielerischen Aufgaben meistere. Eines Tages fragte er direkt, ob Franz Theodor nicht zum Theater gehen wolle – da brauche er keine Lehrzeit zu absolvieren und könne sofort Geld verdienen. Das leuchtete der sehr praktisch denkenden Mutter ein. »Wieviel denn?« erkundigte sie sich. »Nun, so tausend Mark im Monat.« Die Mutter erbleichte. Es war der Beginn der Inflation, Geldsorgen waren an der Tagesordnung. Tausend Mark! Das erschien ihr eine fürstliche Summe. Und sie sprach den schicksalsschweren Satz: »Theo, du wirst Schauspieler!«

Der Vater hätte gern gesehen, wenn aus seinem Sohn ein Kaufmann oder ein Jurist geworden wäre, Theo selbst wäre gern Zeichner oder Karikaturist geworden, aber nun war das mütterliche Machtwort gefallen.

Der Vater gab schließlich seinen Segen, zumal seine Anwaltspraxis sehr schlecht ging – er war Spezialist für Miet- und Wohnungsfragen. Die Geldentwertung war galoppierend. Eine Klage zum Beispiel, die im März anhängig gemacht wurde und erst im Mai zur Entscheidung kam, brachte nicht einmal das Geld für die Briefmarken ein.

Die Schauspielergagen an Privattheatern konnten der Inflationsrate nicht automatisch angepaßt werden, wie das bei städtischen Theatern oder Staatstheatern der Fall war. Also wich man auf ausländische Währungen aus oder man begnügte sich mit Eintrittskarten als Gage, denn die Karten konnte man auf der Höhe der jeweiligen Inflationsquote weiterverkaufen.

Der Abgang von der Schule kostete Theo nicht viel Überwindung, denn er fand – dank Herrn Seeburgs Fürsprache – rasch ein Engagement an der Schauburg. Achtzehn Jahre war er inzwischen, und er hätte am liebsten sofort den Hamlet gespielt. Aber als »Anfänger im ersten Jahr« mußte er sich mit kleinen und kleinsten Nebenrollen bescheiden. Immerhin, Franz Theodor schnupperte Theaterluft und legte sich einen Künstlernamen zu: Theo Lingen (Lingen nach dem Geburtsort seines Vaters) – der brav bürgerliche Schmitz schien ihm nicht zum Beruf zu passen.

Sein erstes Stück bescherte ihm eine Rolle, die ihn –

wenn auch in Abwandlungen – sein Leben lang begleiten sollte: die Rolle eines Dieners, eines Hotelpagen. Und wie begierig war er, seinen Namen auf dem Theaterzettel zu lesen. Welch herbe Enttäuschung: Unter den Nebenrollen stand – »Ein Hotelpage: Ido Linzen«!

Die Schauburg war ein Boulevardtheater mit breitgefächertem Programm. Man spielte Lustspiele und Schwänke, aber oft mit großen Stars wie Albert Bassermann. Einmal gastierte Bassermann als Wehrhahn im *Biberpelz* von Gerhart Hauptmann, und Theo Lingen durfte den Amtsschreiber Glasenapp neben ihm spielen. Das empfand er als große Ehre, zumal er von Bassermann viel lernen konnte. Denn Bassermann verstand es, mit sparsamsten Mitteln sein Publikum zum Lachen oder zum Weinen zu bewegen.

Der erste Abend neben Bassermann verlief komisch genug. Lingen war so aufgeregt, daß er seine Sätze nur so herunterhaspelte. Bassermann paßte das nicht, weil er ihn kaum verstand. So trat er mit dem Rücken zum Publikum an Glasenapps Schreibtisch und flüsterte Lingen zu: »Nicht so schnell, Herr Kollege – langsamer! Sagen Sie den Satz noch einmal!« Das wiederholte sich – und Lingen sprach an diesem Abend seinen Part fast zweimal.

Aber die kleine Panne wurde voll aufgewogen durch Bassermanns Anrede »Herr Kollege«!

Lingen war also zum Theater »gegangen worden«, wie er seine Berufsentscheidung nannte, ohne überhaupt die geringste Vorstellung vom Theater und vom Theaterspielen zu haben. Eine richtige Schauspielausbildung hat er nie genossen. Zwar nahm er einige Stunden Unterricht bei Friedrich Holthaus, aber allzuviel scheint er nicht profitiert zu haben. Von Schauspielschulen oder von Schauspielern, die Unterricht erteilen, hielt er sein Leben lang nichts. Denn ein hervorragender Schauspieler, so argumentierte er später, muß noch lange kein hervorragender Pädagoge sein und ein ausgezeichneter Pädagoge noch lange kein guter Schauspieler. Schauspielunterricht ließ er nur insofern gelten, als er nicht allzu viel verderben könne – im Unterschied zum Gesangsunterricht, der eine Stimme durchaus auch ruinieren kann. »Das, was beim Theaterspielen wesentlich ist«, sagte er, »kann man weder lehren noch lernen. Man muß dieses ›gewisse Etwas‹ einfach haben.« Und dieses gewisse Etwas hatte er, es mußte nur noch geweckt werden.

Doch damit war es vorübergehend aus. Die Schauburg wurde an den Berliner Theaterkonzern Rotter verkauft, und die Schauspieler waren arbeitslos.

Zuerst verließ ihn der Mut, und er überlegte gründlich, ob er seine gerade begonnene Schauspieler-Karriere nicht an den Nagel hängen sollte. Aber trotz aller Enttäuschung gestand er sich ein, daß ihn die Faszination dieses Berufes gepackt hatte, der so vielseitig ist wie das Leben selbst: amüsant, aber auch traurig, so interessant wie langweilig, erregend, aber auch sehr ermüdend. Er wurde sich klar, daß die Schauspielerei weniger Beruf als Berufung ist.

Er wollte spielen, lernen, sich weiterentwickeln, an große Parts herankommen.

14

Bisher allerdings war ihm wenig anderes übrig geblieben, als die Rollen zu spielen, die man ihm gab und mit Regisseuren zu arbeiten, die ihn häufig nicht verstanden. Immerhin dauerte die engagementslose Zeit nicht allzu lange. Direktor Ewald Schindler vom Residenztheater, einer Privatbühne in Hannover, nahm Theo Lingen unter seine Fittiche. Man pflegte an diesem Theater den Expressionismus – und das war eine Stilrichtung, die ihm lag.

In seinem Buch »Ich über mich« sagt Lingen selbst dazu: »Sicher war ich nicht geeignet als schwärmerischer, lockiger Jüngling in einem Schillerdrama oder als ein von Weltschmerz gezeichneter, dahinschleichender Werther Goethes. Ich war – vielleicht war ich mehr ein Typ meiner Zeit. Die Zeit, in der dieses alles passierte, war ja mal wieder eine Nachkriegszeit. Hektisch, verrückt, verkehrt, verdreht – und das war ich wohl auch. Damals hat es genauso eine Jugend gegeben, wie es sie heute gibt: sie war unzufrieden mit den Eltern, die diesen Ersten Weltkrieg verschuldet hatten, sie wollte mit all dem nichts zu tun haben und zeigte das deutlich ihrer Umwelt. Genau wie die heutige Jugend es tut – durch ihr Benehmen, durch Kleidung, Haartracht –, also Äußerlichkeiten, die auch wir damals sehr betonten. Wir liefen in sogenannten ›Russenblusen‹ herum. Die Russen waren modern. Die Revolution von 1918 hatte die Jugend auf den Plan gerufen und auf ihre Seite gezogen...

Es war die Zeit des Expressionismus. Man lehnte das bisher gepflegte wohlklingende Pathos ab, man verachtete ebenso den naturalistischen Darstellungsstil. Man war ›geballt‹, ›gestylt‹, man schrie oder flüsterte, keuchte oder krächzte. Man war – mit einem Wort – exzentrisch. Man kann ruhig auch sagen: verkrampft. Aber das gerade lag mir. Ich war ja so ein verdrehter Typ; schlank, um nicht zu sagen dünn; durch vier harte Kriegsjahre so geworden. Eckig und steif. Wenn ich in irgendeiner Rolle das Wort ›Himmel‹ zu sagen hatte, schaute ich steil nach oben – und bei dem Wort ›Erde‹ nach unten auf meine Schuhspitzen. Die Bewegungen meiner Beine und Hände waren abgezirkelt und unnatürlich, aber so konnte man damals Theater spielen und sogar Erfolg haben.«

Die Theater setzten jetzt bevorzugt Dramen von Georg Kaiser, Ernst Toller und Carl Sternheim auf den Spielplan.

Lingen hatte nichts dagegen – diese exzentrischen Stücke entsprachen seinem Stil, seiner Begabung. Sein vergöttertes Vorbild war Ernst Deutsch, der oft im Residenztheater gastierte, unter anderem in Hasenclevers *Der Sohn*, in dem er den »expressionistischen« Stil perfekt vorführte. Die Eleven eiferten ihm nach und kopierten ihn, so gut es ihnen gelang. Einmal imitierte ihn Lingen – wie er meinte – so perfekt, daß Ernst Deutsch ihn äußerst kritisch musterte. Lingen, voller Euphorie, verstand diesen Blick seines Abgottes falsch. Er glaubte, dieser habe sein Auge bewundernd auf ihn gerichtet. In Wahrheit aber ärgerte sich Deutsch über Lingens Dreistigkeit.

Selbst eine klassische Rolle wie den Ferdinand in Schillers *Kabale und Liebe* konnte Lingen mit diesem extremen Stil, den er für sich entdeckt hatte, nicht umbringen. Er traf damit den Zeitgeschmack, kam an und erhielt sogar eine gute Presse.

Zu seinem sechzigsten Geburtstag würdigte ihn der Schriftsteller H. Winge in einem Artikel, der Lingens charakteristische Spielweise, die damals entstand, treffend erfaßte:

»... Lingen ... ist ein überaus interessanter Schauspieler, denn seine Technik trägt Züge des Expressionismus, ohne daß diese historische Tatsache der Breiten- und Tiefenwirkung seiner Komik Abbruch täte. Er hat die marionettenhafte Automatik der Stilbühne voll in sich aufgesogen, aber er hat sie auch, was besonders schwierig war, ins Komische übersetzt. Die messerscharfe Diktion, die gezirkelte Präzision des Gestus, die vollendete Stilisierung der Pantomime, die Rhythmisierung der Figur, waren in den zwanziger Jahren Voraussetzung der Schauspielkunst, die von Dramatikern wie Toller, Hasenclever, Bronnen verlangt wurden und ebenso von den Regisseuren dieser wichtigen Jahre: Fehling, Falckenberg, Martin, Piscator, Jessner. Lingen besaß diese Tugenden wie nur wenige. Aus Kortner, aus Krauss, aus Veidt machten sie ganz andere Persönlichkeiten, aber Lingen blieb ihnen bis heute treu – noch in der primitivsten Posse benützt er die Werkzeuge des expressionistischen Theaters mit verläßlicher Sicherheit. Er spielt Sternheim und Kaiser auch noch dann, wenn unsägliche Drehbuchkonfektionäre für die Handlung verantwortlich sind ...«

Das Engagement am Residenztheater (1922/23) war für Lingen eine ausgezeichnete Lehrzeit. Denn auch hier gastierten große Stars wie Bassermann, Ernst Deutsch, Albert Steinrück. Manchmal kamen die Gäste auf Tournee mit eigenem Ensemble, manchmal wurden sie für eine Eigenproduktion des Theaters als Gast für eine bestimmte Rolle engagiert.

So auch Irene Triesch, die die Rebekka in *Rosmersholm* schon x-mal gespielt hatte und trotzdem mit einer Ausdauer und Präzision mit den Schauspielern probte, die Lingen nicht nur bewunderte, sondern geradezu genial fand. Obwohl sie den naturalistischen Spielstil vertrat, der Lingen nicht lag.

Das privat geführte Residenztheater mußte ohne jeden Zuschuß über die Runden kommen. So konnte man sich nicht nur Stücke aus dem klassischen Repertoire leisten, wie zum Beispiel *Kabale und Liebe* oder *Faust*. Man spielte auch hin und wieder Stücke, die vom Autor selbst oder von einem Mäzen finanziert wurden – sie wären sonst wahrscheinlich nie aufgeführt worden.

Ein von der Muse geküßter Zahnarzt aus der Leine-Metropole legte eines Tages ein Stück vor, das er gegen volle Finanzierung aufgeführt wünschte. Es ging um Beethovens Leben.

Am Residenztheater waren damals neben Lingen noch zwei andere hoffnungsvolle Anfänger engagiert: Heinz Rühmann und Rudolf Platte. Dazu gesellte sich noch Willy Maertens, der spätere Chef des Hamburger Thalia-Theaters, der stets zu jedem Schabernack aufgelegt war. Sie nahmen sich also des Dramas *Beethoven* von Weber-

Brauns an. Beethoven war durch den Wienerwald gestreift, tief in Gedanken versunken über die »Eroica«, an der er gerade arbeitete. Im vierten Akt (Regieanweisung: »Es schneit«) betrat der grübelnde Beethoven (Rudolf Platte) die Hütte des Köhlers (Willy Maertens), der gerade mit seinen Söhnen (Lingen und Rühmann) um einen dampfenden Suppentopf saß. Beethoven fragte, ob er sich etwas aufwärmen dürfe, was man ihm bewilligte. Er nahm Platz und schlug auch einen Teller Suppe nicht aus. Aber Unglaubliches passierte: Die Knödel, die Maertens dem verirrten Tonmeister in die Suppe kippte, lösten sich im Nu auf, ehe Beethoven auch nur einen Löffel Suppe nehmen konnte. Maertens lieferte Knödel nach, drei-, viermal, jedesmal wiederholte sich der Zauberspuk. Lingen und Rühmann verkniffen erst ihr Lachen, dann prusteten sie auf offener Bühne heraus. Sie konnten sich nicht mehr halten, und Platte fiel lauthals ein. Der Abend war nicht mehr zu retten, die Vorstellung mußte abgebrochen werden.

Maertens hatte statt richtiger Knödel Schneebälle serviert ...

Heinz Rühmann erinnert sich: »Theo nannte sich damals noch Theodor. Bei Theo lernte ich steppen, und Rudi hatte einen Hang zum Russischen und zur Bohème. Wenn wir bei ihm eingeladen waren, kreiste die Wasserpfeife. Ein phantastischer Paravent, den er für viel Geld erworben hatte, stand im Winter vor dem kalten Ofen, da er nicht bereit war, für Kohlen Geld auszugeben. Der Paravent war ihm wichtiger.

Wir spielten alles. Wirklich alles. Rudolf Platte den fast

tauben Beethoven, Theo Lingen den Ferdinand in *Kabale und Liebe*, und ich war seltsamerweise auf Grillparzer spezialisiert. Alle drei Wochen war eine neue Premiere.

Später, 1930, spielten Theo und ich am Theater am Schiffbauerdamm in Berlin *Die Quadratur des Kreises* mit Lotte Lenya und Peter Lorre. Dann folgten viele gemeinsame Filme.«

Ein Repertoire-Stück des Residenztheaters war *Alt-Heidelberg*. Drei der Studentenrollen gab wieder das Anfänger-Trio Lingen, Platte, Rühmann; Maertens spielte den Kammerdiener des Erbprinzen, die berühmte Rolle des Lutz. Auch hier trieb er seine Späße. Als leidenschaftlicher Komiker nutzte er jede passende und oft unpassende Gelegenheit, die Leute zum Lachen zu bringen. Diese fast diebische Lust, die Lachmuskeln zu strapazieren, traf aber nicht nur das Publikum, sondern, was schlimmer war, auch seine Mitspieler. Kaum eine Vorstellung verging, ohne daß einer der Studenten vom Lachkrampf gepackt, gekrümmt mit der Hand vor dem Magen, die Bühne verließ. Es sah aus, als leide er unter erheblichen Leibschmerzen. Das Publikum zeigte große Nachsicht, denn auf der Bühne hatten die Studenten Unmengen von Bier zu konsumieren.

Die lustige Theaterzeit mit Maertens fand vorzeitig ein klägliches Ende. Das Privattheater ohne städtische oder staatliche Zuschüsse – auch weitere Mäzene blieben aus – konnte der Theaterkrise der Inflationszeit nicht standhalten. Es starb sozusagen an Geldschwindsucht und mußte verkauft werden. Aus dem Residenztheater wurde eine Garage, die mehr Gewinn versprach.

Die Schauspieler wurden entlassen – und Lingen stand abermals als »arbeitsloser Schauspielanfänger« auf der Straße.

Diesmal dachte er nicht mehr daran, seinen Beruf – seine Berufung – an den Nagel zu hängen. Die Lust am Spiel war ihm Lebensinhalt geworden, mit der Welt der Komödianten konnte kein anderer Geldberuf konkurrieren.

Also sah er sich in der Theaterlandschaft um. Halberstadt schien eine günstige Gelegenheit. Hier wirkte der noch sehr junge Intendant und frühere Schauspieler Teuscher. Er war erst ein Jahr im Amt, aber schon bekannt als ein Mann, der sich für junge Autoren und ihre Stücke einsetzte und ein recht junges Ensemble um sich geschart hatte. Dramaturg und Oberspielleiter war Herbert Scheffler, ebenfalls allem Neuen zugetan, wagemutig und experimentierfreudig. Vor allem aber pflegte man in Halberstadt den Spielstil, der Lingen wie auf den Leib geschrieben war: den expressionistischen. Georg Kaiser, Carl Sternheim, Max Mohr standen auf dem Spielplan.

Schefflers Inszenierungen orientierten sich an dem neuen, revolutionären russischen Stil. Tairoff, Eisenstein und Meyerhold galten als die großen Vorbilder. Meyerhold verzeichnete besondere Erfolge mit seinem »biomechanischen« Stil: Er mischte Spielelemente der Commedia dell'arte, der Pantomime und der Zirkusakrobatik. Sergej Eisenstein, der uns heute eigentlich nur noch als

Filmregisseur bekannt ist, äußerte sich folgendermaßen dazu: »Geste wird zu Akrobatik, der Wutausbruch zum Salto Mortale, die Lyrik äußert sich im Erklimmen der Todesmasten der Trapezakrobaten... Meyerhold wollte einen Schauspielertyp schaffen, der seine Rolle nicht von innen, sondern von außen gestaltet. Der Schauspieler sollte nicht mehr im ›Aufknacken der alten Nüsse von Seelenrätseln‹ geübt werden. Meyerhold trainierte die angehenden Schauspieler im Gebrauch ihrer Hände, Arme und Beine, übersteigerte die Mimik ekstatisch und steigerte die Gestik bis zur Hysterie.«

Gastspielreisen der Russen machten ihren Stil in Deutschland bekannt. Und sie begeisterten das Publikum. Sie fanden großen Applaus weit über Deutschland hinaus, in der ganzen Welt. Und auch für Intendant, Regisseur und Schauspieler in Halberstadt gab es gar keine Frage, wie gespielt werden mußte: russisch nämlich.

Lingen war mit Begeisterung dabei. Man spielte »russisch«, wie man es verstand: sprach abgehackt, stand verdreht oder auf dem Kopf, schminkte sich grell mit Quadraten, Dreiecken und Kreisen im Gesicht – und Lingen machte alles aus Überzeugung mit.

Insgeheim taten den Schauspielern diese Attacken auf die armen Halberstädter zwar leid, aber sie schürten in nächtlichen Zusammenkünften beim Intendanten Teuscher ihre Begeisterung und trainierten ihre körperlichen und sprachlichen Ausdrucksmöglichkeiten. Manche Nacht schlugen sie sich um die Ohren, verzichteten auf den Schlaf und eilten zeitig wieder zu den Frühproben. Der russische Taumel hielt sie wach und bei Kräften. Umso mehr, als sie eine Rolle nach der anderen zu spielen hatten. Fast jede Woche fand eine Premiere statt – Lingen absolvierte in einem Jahr mehr als vierzig Rollen. Später fragte er sich, wann er die Zeit gefunden hatte, alle diese vielen Texte zu lernen.

In Halberstadt lernte Lingen auch den berühmten alten Schauspieler Max Grube kennen: In Shakespeares *Othello* spielte er den Jago, Lingen den Rodrigo. Sie verstanden sich hervorragend, obwohl Grube aus einer völlig anderen Theaterwelt kam. Er war der Lehrer des Intendanten Teuscher gewesen und hatte früher zum berühmten Ensemble des Herzoglichen Hoftheaters zu Meiningen gehört, war also ein »Meininger« – ein Ehrfurcht einflößendes Attribut. In Meiningen hatte man ein sehr eigenes, berühmt gewordenes Regie-Konzept entwickelt, zu dem sehr wesentlich die Inszenierung von Massenszenen gehörte. Vor allem in großen klassischen Stücken wirkten Hunderte von Statisten mit. Zudem wurden die Stücke in originalgetreuen historischen Kostümen und Bühnenbildern gespielt, und wehe, ein Knopf oder ein Orden saß verkehrt: Herzog Georg II. höchst persönlich inspizierte Uniformen und Dekorationen bis ins allerwinzigste Detail. Ohne sein ausdrückliches Plazet ging kein Stück über die Bühne.

Die Arbeit mit Grube also war ein Vergnügen, aber das Halberstädter Theaterleben hatte auch seine dunklen Seiten.

Eines Tages wurden die Jungschauspieler mit einer Aufgabe betraut, die sie als völlig unter ihrer Würde empfanden: Sie sollten als Chorsänger in einer Operette mitmachen. Kein schauspielerischer Ausdruck – nur dastehen und singen! Welch eine Zumutung. Aber unter festem Vertrag stehende Schauspielanfänger haben zu gehorchen. Also reihte sich auch Lingen voll inneren Widerstandes in den Chor ein, Wut im Bauch, tat nur so, als würde er singen. Schnitt Sängergrimassen in der Hoffnung, vom Dirigenten hinausgeworfen zu werden. Der tat ihm aber nicht den Gefallen, sondern bestand auf seinem weiteren Mitwirken. Und beobachtete ihn besonders genau. Lingen sang immer noch nicht. In keiner Vorstellung. Eine geharnischte Verwarnung des Intendanten, ein sogenannter »Strafzettel«, ernüchterte ihn. Er sah schließlich ein, daß auch solche Unerfreulichkeiten zum Theateralltag gehören.

Eine angenehmere Aufgabe schien zum Beispiel die Organisation des Theaterballes zu sein, der, immer am Ende einer Spielzeit veranstaltet wurde. In lockerer Form sollten Darsteller und Zuschauer einander »privat« kennenlernen.

Lingen schaffte also Gegenstände für die Tombola herbei, erdachte Tanzeinlagen und nicht zuletzt Darbietungen von Schauspielern, die sich ihrem Publikum einmal ganz anders zeigen sollten als gewohnt. Aber Lingens mühevoll erdachte Gags kamen bei den Zuschauern nicht an. Von Vergnügungsausbrüchen keine Spur. Nur eine Nummer ließ sich gut an: eine Kraftakt-Parodie mit dem Oberspielleiter Scheffler und einem kleinen, dikken Schauspielanfänger aus dem Ensemble. Sie zogen unter den Klängen des Gladiatorenmarsches auf die

Bühne, wurden bejubelt, aber damit war die Kraftaktvorstellung auch zu Ende. Die Requisiten aus Pappmaché – Gewichte, Hanteln, Bleikugeln und so weiter – waren auf unerklärliche Art verschwunden.

Scheffler rettete die verfahrene Situation schneller, als Lingen begreifen konnte. Dank eines genialen Einfalls brachte er im Handumdrehen eine neue Nummer, an die Lingen nie gedacht hatte: Er zeigte einen Hypnoseakt. Er spielte das Medium, legte sich auf den Boden und bedeutete dem kleinen Dicken, er solle jetzt den Hypnotiseur mimen und Fragen stellen. So weit so gut. Aber wie sollte es weitergehen? Lingen stand hinter den Kulissen, schweißgebadet. Da fragte der Hypnotiseur: »Nun, mein lieber Freund, sag mir mal, was ist denn Halberstadt?« Das Medium, Scheffler, antwortete wie aus tiefer Trance: »Halberstadt ist ein Scheißnest.«

Er hatte sich klar und deutlich geäußert, man hatte ihn bis auf den letzten Platz verstanden. Und nun brach die Hölle los. Die Halberstädter, bis aufs Blut gekränkt, randalierten lauthals, pfiffen und buhten, bombardierten die Bühne mit allem, was sie in höchster Rage ergreifen konnten: Biergläser, Teller, Stühle, Tabletts. Und so fand Lingens Theaterball ein ziemlich unrühmliches Ende, denn der Saalwirt rief die Polizei, die auf der Stelle die Veranstaltung auflöste und die Verantwortlichen mit auf die Wache nahm – Lingen als vermeintlichen »Drahtzieher«, schuldig für eine Programmnummer, für die er gar nichts konnte. Scheffler, dem Erzkomödianten, hatte der Teufel im Nacken gesessen! Lingen stotterte sich frei, eine Verwarnung war dennoch unumgänglich. Und damit endete fürs erste seine Laufbahn als Schauspieler und Theaterball-Arrangeur.

Denn sein Engagement war ohnehin ausgelaufen.

Wieder arbeitslos, zum dritten Mal in seiner kurzen Karriere. Was sollte er tun? Überall war Sommerpause. Aber er brauchte Geld, das Leben mußte schließlich weitergehen.

Die Rettung hieß Bad Oeynhausen. Dort gab es ein Kurtheater, das auch während der Theaterferien spielte. Ein Kollege hatte ihn dem dortigen Direktor Grebin empfohlen, der ihn tatsächlich für die Sommersaison engagierte.

Wieder eine völlig andere Theaterwelt. Hier wurden keine Stücke gespielt, wie sie Lingen von Hannover oder Halberstadt her geläufig waren. Das Kurpublikum verlangte leichtere Kost, und das Sommertheater stellte sich darauf ein und bot Lustspiele, Komödien, Schwänke und vor allem Operetten. Lingen mußte Geld verdienen, also unterschrieb er den Vertrag mit Direktor Grebin. Beide hatten von Anfang an kein sehr gutes Gefühl dabei. Grebin wußte nicht, wie er den verschlossenen, ernsten jungen Mann mit der näselnden Stimme und den eckigen Bewegungen einsetzen sollte – und Lingen sehnte sich keineswegs nach oberflächlichen Operetten- oder Komödienrollen, er wollte ernste Rollen gestalten, wie sein Vorbild Bassermann. Vierzehn Tage lang tat sich überhaupt nichts. Grebin kümmerte sich nicht um Lingen, sein Name war auf keiner Besetzungsliste verzeichnet. Zwar engagiert, aber beschäftigungslos zu sein, paßte Lingen, der gerne viel arbeitete, ganz und gar nicht. Also sprach er bei Grebin vor und fragte, wann denn endlich ein Stück auf den Spielplan komme, in dem er mitwirken könne.

Wohl mehr um ihn zu besänftigen, gab Grebin ihm das Textbuch zu *Gräfin Mariza*. Er solle sich die Rolle des Penižek einmal ansehen. Etwas anderes könne er ihm im Moment nicht anbieten.

Lingen war wie erschlagen. Gräfin Mariza und obendrein Penižek! Das war weit unter seiner Würde. Ohne die geringste Lust lernte er noch am gleichen Tag und Abend seine Rolle und erschien am nächsten Tag mißmutig auf der Probe. Er beherrschte zwar seinen Part, spielte aber ziemlich unbeteiligt, in der geheimen Hoffnung, die Rolle wegen Untauglichkeit wieder abgeben zu müssen. Er täuschte sich. Alle Proben bis zur Premiere mußte er durchstehen.

Für ihn bestand gar keine Frage, wie er seinen Penižek zu gestalten hatte: expressionistisch nämlich. Sein Penižek war eine Figur, die mit größter Hingabe agierte, in höchste Ekstase geriet mit dem Ausdruck äußerster Intensität.

Während der Premiere geschah nun etwas, womit Lingen nicht im Traum gerechnet hatte: Das Publikum lachte über ihn, obwohl er doch genauso ernsthaft agierte wie in Halberstadt. Hier aber, in diesem Theater und zudem in der Operette, wirkte sein Stil, den er so überzeugt vertrat und den er für modern hielt, völlig deplaziert und rief wahre Lachsalven hervor.

Noch eine weitere neue Erfahrung machte er: Es gab einen direkten Kontakt zwischen Schauspielern und

Publikum. In Halberstadt hatte man sich um das Publikum wenig gekümmert – man spielte vor allem für sich selbst, für die eigene künstlerische Überzeugung. Hier aber gab es Szenenapplaus, kamen Zurufe aus dem Parkett. Das Publikum war plötzlich nahe gerückt, die Barriere zwischen Bühne und Zuschauern war durchlässig geworden.

Lingen gewöhnte sich überraschend schnell daran. Nachdem der erste Schock überwunden war, freute er sich sogar darauf, in der nächsten Vorstellung wieder den Dialog mit den Zuschauern aufnehmen zu können, ja, er suchte ihn geradezu. »Lauthals geäußerte Reaktionen eines Auditoriums – in diesem Falle Lachen – ist ein Gift und kann wie Opium sein. Auf mich wirkte es jedenfalls so. Ich wurde süchtig«, sagte er einmal. Denn er erkannte bald, daß ein solcher Kontakt seinem persönlichen Stil zugute kam. Er stellte nicht mehr nur eine Rolle dar, sondern er spielte *mit* dem Publikum. Diese wesentliche, für seine weitere Laufbahn entscheidende Erfahrung brachte ihm ausgerechnet die von ihm vorher so verachtete Operette.

In Bad Oeynhausen wurde der Komiker Lingen geboren.

Auf dem Weg zum Komiker

Er hatte nun Spaß daran gefunden, seine Zuschauer zum Lachen zu bringen, denn er hatte selbst seinen Spaß daran. Er verfeinerte seine Technik so, daß er mit dem Einsatz bestimmter Gesten, sparsamem Mienenspiel, einem Hüsteln oder einem besonderen Tonfall Lacher des Publikums einkalkulieren konnte.

Und nun waren die ernsten Rollen wie Hamlet oder Lear fürs erste vergessen. Er hatte noch nie einen großen Komiker live gesehen. Er studierte komische Rollen der klassischen Literatur und erarbeitete sich zuhause vor dem Spiegel seinen eigenen Darstellungsstil. Er mußte das Erlernte gar nicht sehr verändern, er wirkte schon komisch, wenn er es gezielt einsetzte. Der Ehrgeiz hatte ihn gepackt. Er trainierte Tag für Tag, bis er sich seiner Körperbeherrschung sicher sein konnte. Der körperliche Ausdruck mußte perfekt sein, er durfte nicht aufgesetzt wirken. Die genau berechnete Absicht mußte wie zufällig über die Rampe kommen. Ein Sprachschnitzer,

ein verlegenes Stottern, eine linkische Bewegung mußten absolut natürlich kommen.

Lingen ging seinen Beruf an wie ein Hochleistungssport-
ler. Immer das Beste zu geben, das Höchste zu erreichen
war seine Arbeitsmaxime.

Er war also gewappnet für kommende Aufgaben, denn
die Sommerspielzeit in Bad Oeynhausen ging zu Ende.

In seinem nächsten Engagement, in Münster in Westfa-
len, bot sich zunächst kaum eine Gelegenheit für ihn,
sich als Komiker einen Namen zu machen. Aber hier
fügte sich ein neues, durchaus brauchbares Mosaiksteinchen in sein Repertoire: der Tanz.

Dr. Hanns Niedecken-Gebhard war Opernregisseur in
Hannover, bevor er nach Münster berufen wurde, wo er
zum erstenmal einen Intendantenposten übernahm. Er
hatte eine besondere Vorliebe für den Tanz und engagierte deshalb ein eigenes Ensemble und als Ballettmeister Kurt Jooss, dessen steile Karriere hier begann. Mitglieder des Corps de ballet waren später so berühmte
Tänzer und Tänzerinnen wie Harald Kreutzberg, Jens
Keith, Werner Stammer und Yvonne Georgi. Fast jede
Woche fand eine Ballettpremiere statt. Lingen versäumte
kaum eine.

Er war gebannt, ja fasziniert von den Bewegungen und
von den Möglichkeiten, die sie ihm für seinen schauspielerischen Ausdruck boten. Er beobachtete die Tanzauf-
führungen sehr genau und versuchte, die weichen,
geschmeidigen Bewegungen auf seinen Darstellungsstil
zu übertragen. Er rundete seine eckigen, steifen Bewegungen ab, und das kam seinem Stil zugute.

Zwei Jahre war er in Münster und spielte neben wenigen ernsten Rollen vorwiegend heitere, so in Shakespeares *Ende gut, alles gut*, in *Kolportage* von Georg Kaiser, in Offenbachs *Orpheus in der Unterwelt*, in Goldonis *Diener zweier Herren*, in *Bunbury* von Oscar Wilde, und er verkörperte nicht zuletzt die Titelrolle in *Charleys Tante*. Die letzten beiden Stücke inszenierte er auch. Der Durchbruch als Komiker gelang ihm als Charleys Tante.

Ein Kritiker lobte ihn für seine Goldoni-Rolle: »Seine schauspielerische Leistung zeigt, welchen glücklichen Reifeprozeß dieser höchst begabte junge Schauspieler im letzten Jahre durchgemacht hat. Von vielversprechenden Hoffnungen ist er zu noch vielversprechender Reife gelangt, die uns das Wunder erleben ließ, einen Schmarren als künstlerischen Genuß zu erleben. Seine sich nach außen mitunter recht grotesk gebende Komik gehört zu den in der Geste und Mimik diszipliniertesten und vollendetsten Leistungen, die das münsterische Theater bisher bot. Das sprudelnde Temperament, das darunter steckte, sich an seiner eigenen Entfaltung berauschte, rundete die Arbeit bis zur Grenze der Vollkommenheit ab.«

Daß Lingen durchaus schon eine breite Ausdrucksskala hatte, zeigen zwei weitere Auszüge aus Kritiken.

Zu Shakespeares *Ende gut, alles gut* schrieb ein Kritiker: »Überraschend war diesmal Theo Lingen als Salomon, der mit dieser Rolle zeigte, daß er nicht nur der Spaßmacher ist, für den man ihn leicht halten will, sondern daß auch Anlage zur ernsten Charakterisierung bei ihm vorhanden ist.«

Und zu *Der liebe Augustin* lautete ein Urteil: »Amüsant war auch der Fürst Nicola des Theodor Lingen, der so komisch aussah, daß schon sein Anblick kein Auge trocken ließ.«

Lingen konnte mit der Resonanz seines Könnens beim Publikum und bei den Kritikern zufrieden sein.

Der Gipfel seines Glücks aber lag im privaten Bereich: In Münster lernte er seine spätere Frau kennen, die Wiener Opernsängerin Marianne Zoff. Sie war in erster Ehe mit Bertolt Brecht verheiratet und hatte eine Tochter, die sich später Hanne Hiob nannte.

Die Art, wie sich die beiden kennenlernten, war eines Komikers durchaus würdig. Marianne Zoff besuchte sehr oft das Münsteraner Schauspiel. Eines Abends sah sie auf der Bühne einen alten Mann, der einen anderen zu erdolchen hatte. Sein Spiel imponierte ihr, und nach der Vorstellung sagte sie zu einem Kollegen: »Ach, dieser alte Schauspieler hat mir gut gefallen. Wie er den Dolch zog – da hat man doch genau gesehen, der hat schon an besseren Häusern gespielt. Und jetzt muß er auf seine alten Tage hier in Münster sitzen. Schade. Eigentlich gehört er an ein größeres Theater, dieser fröhliche Greis.«

Der fröhliche Greis war der einundzwanzigjährige Theo Lingen. Am nächsten Tag machte der Kollege die beiden bekannt mit der Bemerkung: »Das ist der fröhliche Greis von gestern abend.«

Marianne Zoff-Brecht hatte sehr erfolgreich in Augsburg als junge Mezzosopranistin debütiert. Sie hatte glänzende Kritiken und stand am Beginn einer großen Karriere. 1924 kam sie ans Stadttheater Münster und wurde rasch zum Liebling der Münsteraner.

Marianne Zoff, Theo Lingens Witwe, erinnerte sich im Gespräch mit dem Autor:

M. L.: Theo spielte kleine Rollen und fiel nicht auf – das Schlimmste, was einem Schauspieler passieren kann.

W. E.: Und wodurch fiel er dann auf?

M. L.: Daran bin ich nicht unschuldig. Theo konnte die Bewegungen der verschiedensten Menschentypen glänzend karikieren. Mir sind jedesmal vor Lachen die Tränen gekommen, wenn er, egal wo, seine Parodien vorführte. Einmal hatte er einen Auftritt in einem Stück, da mußte er einem ziemlich bekannten Theatermimen ein Glas Bier servieren. Ich hab gebeten, das doch so zu tun, wie er es Tage vorher bei Freunden gemacht hatte. Er wollte nicht. »Die werden mich aus dem Theater schmeißen«, hat er gesagt. »Mach es, mir zuliebe«, bettelte ich. Na ja, er hat's dann gemacht. In absolut überkandidelter Manier, weit ausholend, erhobenen Hauptes, das blöde Bier balancierend, trat er auf und schwebte in der Livree auf den verdutzt blickenden Theaterstar zu. Ich hab's gewußt: es gab Szenenapplaus.

W. E.: Während der letzten Jahre Ihrer ersten Ehe lebten Sie von Brecht getrennt. Wußte Brecht von Ihrer Zuneigung zu Theo Lingen, den er als Schauspieler außerordentlich schätzte?

M. L.: Aber ja. Er ist zu Theo und mir gekommen und hat mich darum gebeten, von einer Scheidung Abstand zu nehmen.

W. E.: Was sagten Sie?

M. L.: Nichts. Aber Theo Lingen sagte etwas: Marianne bekommt ein Kind von mir!

W. E.: Und Brecht?

M. L.: Erst überlegte er, dann sagte er: »Gratuliere!«

W. E.: Die Hanne blieb bei Ihnen?

M. L.: Blieb bei mir und Theo.

W. E.: Ich weiß von verfolgten Künstlern, die den Maßnahmen der Gestapo entkommen konnten, daß Theo Lingen ein engagierter Nazigegner war. Fritz Kortner, der Lingen nach seiner Rückkehr aus Amerika im Jahre 1949 ein Theaterstück geschickt hatte, schrieb damals an Ihren Mann:

»Sehr geehrter Herr Lingen! Ich höre, daß Ihnen mein Stück nicht gefällt. Das tut mir wirklich leid. Für gewöhnlich bin ich alles andere als objektiv und gar zu bereit, eine solche Haltung persönlich zu nehmen. In Ihrem Fall liegt das anders, und ich möchte diesen nicht wirklich geeigneten Moment benutzen, um Ihnen zu sagen, wie ich nach wie vor Ihre mir bekannte Haltung während der Nazizeit ... aufrichtig bewundere.

In diesem Sinn grüßt bestens

Fritz Kortner.«

Im Jahre 1931 spielte Theo Lingen unter der Regie von Brecht und Erich Engel im Staatstheater in Berlin einen Soldaten in dem Brecht-Lustspiel *Mann ist Mann*. Peter Lorre, den Ihr Mann sehr mochte, und Alexander Granach waren die anderen Soldaten. Die drei sollen Schwierigkeiten mit Brecht gehabt haben?

M. L.: O ja, das kann man sagen. Lorre, Alexander Granach und Theo wollten Brecht verprügeln, weil er die Herren während der Proben ganz schrecklich sekkierte, wie man bei uns in Wien sagt. Mein Gott, konnte der Schauspieler nerven! Die drei sind von der Bühne gesprungen, um Brecht zu verhauen. Wie ein Wiesel ist er aus dem Theater geflitzt und hat sich auf dem Klo einer Kneipe versteckt.

W. E.: Wann haben sich Theo Lingen und Brecht kennengelernt?

M. L.: Das muß 1929 gewesen sein. Theo spielte in der Uraufführung von Dorothy Lanes *Happy End*. Da waren auch Songs drin, Text Brecht, Musik Weill. Caspar Neher hat das Bühnenbild gemacht, und auf der Bühne standen Brechts Lieblingsschauspieler: der alkoholfreudige Oskar Homolka, Peter Lorre, Theo Lingen und der unvergeßliche Kurt Gerron, den die Nazis auch auf dem Gewissen haben. Im gleichen Jahr spielte der Theo noch eine andere Uraufführung von Brecht, *Das Badener Lehrstück vom Einverständnis*.

Das Badener Lehrstück vom Einverständnis behandelt das Schicksal von vier abgestürzten Ozeanfliegern, die gerettet werden wollen. Die Frage, »ob der Mensch dem Menschen hilft«, steht im Mittelpunkt. Im Stück wird die Frage negativ beantwortet. Es stellt sich heraus, daß keine Hilfe möglich ist. Das Kollektiv rät ihnen, sich mit ihrem Schicksal einverstanden zu erklären. Der Pilot ist nicht dazu bereit, er widersetzt sich und stirbt, die drei anderen Ozeanflieger fügen sich und werden vom Tode verschont.

Paul Hindemith verfaßte die Musik. Es wurde mit Bild-Projektionen und Filmschnipseln experimentiert.

Im Zwischenspiel erschienen drei Clowns auf der Bühne. Einen, den Riesen, dem von den beiden anderen alle Körperteile und schließlich auch der Kopf abgesägt wurden, spielte Theo Lingen.

Die Sanitäter sollen viel mit ohnmächtig gewordenen Theaterbesuchern zu tun gehabt haben. Gerhart Haupt-

---

Theater am Schiffbauerdamm

Direktion: Ernst Josef Aufricht

Happy End

Eine Magazingeschichte von Dorothy Lane
Deutsche Bearbeitung: Elisabeth Hauptmann
Songs: Brecht und Weill
Regie: Erich Engel und Brecht
Musikal. Leitung: Theo Mackeben
Kapelle: Lewis Ruth Band
Bühnenbilder: Caspar Neher
Techn. Leitung: Hans Sachs

---

mann, so erzählt Theo Lingen, habe vorzeitig und empört den Zuschauerraum verlassen.

Brecht und Hindemith weilten während der Vorstellung auf der Bühne und gaben Anweisungen an die Schauspieler und Musiker. Sie provozierten das Publikum, wollten es zur Stellungnahme herausfordern. Als auf einer Leinwand die Bilder von Toten erschienen, rebellierte das Publikum. Genau das war Brechts Absicht. Sogleich rief er: »Nochmalige Betrachtung der mit Unlust aufgenommenen Darstellung des Todes!« Die Bilder wurden daraufhin wiederholt.

Damals in Münster sprachen Marianne Zoff und Theo Lingen häufig darüber, daß sie auf Dauer in eine größere Stadt gehen wollten. Lingen verspürte schon lange das Bedürfnis, aus der Provinz auszubrechen und an großen Häusern vor einem breiteren Publikum und kompeten-

Personen:

Lilian Holliday, genannt „Hallelujah-Lilian"	Carola Neher
Bill Cracker, genannt „Ballhaus-Bill"	Oskar Homolka
Die Dame in Grau, genannt „Die Fliege"	Helene Weigel
Sam Worlitzer, genannt „Mammy"	Kurt Gerron
Jimmy Dexter, genannt „Reverend"	Theo Lingen
Dr. Nakamura, genannnt „Governor"	Peter Lorre
Johnny Dutch, genannt „Das Baby"	Albert Hoerrmann
Bob Merker, genannt „Professor"	Karlheinz Carell
Major der Heilsarmee	Paul Günther

Theaterzettel zur Uraufführung »Happy End«, Theater am Schiffbauerdamm Berlin, 31. 8. 1929 teren Kritikern zu spielen. »Große Häuser« – das bedeutete Berlin. Er wußte von Agenten, die Engagements nach Berlin vermittelten und wollte gern einen solchen Agenten kennenlernen, aber dazu mußte er nach Berlin fahren. Und das war unmöglich, denn in Münster mußte er fast jeden Abend spielen und vormittags auf den Proben erscheinen.

Also meldete er sich einfach krank und reiste heimlich nach Berlin. Der Zauber der alten Reichshauptstadt zu Ende der zwanziger Jahre nahm ihm fast die Sinne. Er war wie berauscht, erschlagen vom pulsierenden Lebensrhythmus dieser Stadt. Gleich am ersten Abend besuchte er eine Theatervorstellung – und verlor allen Mut, sich um ein Engagement an einem größeren Theater zu bemühen. Was er hier an Schauspielkunst sah, nahm ihm sein Selbstvertrauen. Er war zufällig in eine Vorstellung geraten, in der zwei Schauspieler mitwirkten, deren Ruhm weit über Berlin hinausreichte: Max Adalbert und Curt Bois. Lingen mußte erleben, daß das, was er da sah, himmelweit von dem entfernt war, was er bisher unter Schauspielerei verstanden hatte. Weder Adalbert noch Bois sprachen gestelzt, ihre Bewegungen waren keineswegs geziert eckig, es gab keine künstlichen Ekstasen, keiner grimassierte! Nein, sie benahmen sich wie ganz normale Menschen auf der Straße. Sie agierten ganz natürlich und selbstverständlich. War das veraltet oder der ganz neue Stil? Ratlos, voller Zweifel, verließ er das Theater. Er verglich ihre Art der Darstellung mit seiner eigenen – und er mußte sich eingestehen, daß er bisher wie eine Marionette, wie eine aufgezogene Puppe agiert hatte.

Befand er sich auf einem völlig falschen Weg? War seine bisherige Ausbildung umsonst gewesen? Ja, sagte er sich zerknirscht, ich liege total daneben. Die Berliner Kollegen setzten neue Maßstäbe. Er sah ein, daß er hier nicht konkurrieren konnte.

Deprimiert reiste er nach Münster zurück, ohne einen Agenten getroffen zu haben. Berlin war plötzlich wieder in die Ferne gerückt.

Ein Unglück kommt selten alleine.

Der Wunsch, an ein »großes Theater« zu kommen, war vorerst begraben. Die Möglichkeit, an einem kleinen Theater zu bleiben, zerschlug sich ebenfalls. Als er nämlich in Münster wieder antreten wollte – von seiner Berlin-Krankheit genesen– teilte ihm der Intendant kurz und bündig seine fristlose Entlassung mit. Grund: unerlaubtes und eigenmächtiges Entfernen aus der Stadt.

Lingen stand wieder auf der Straße, nun zum vierten Mal. Völlig niedergeschlagen und verzweifelt berichtete er Marianne von seinem Berliner Schockerlebnis. Er hatte Angst, weiterhin aufzutreten. Er wollte aufgeben.

Wäre Marianne nicht gewesen, hätte er seinen Entschluß vermutlich wahrgemacht. Sie aber sprach ihm Trost zu und richtete ihn wieder auf. Das Berlin-Erlebnis sei überhaupt kein Grund, so niedergeschlagen und resigniert zu sein. Er solle vielmehr seinen Ehrgeiz anspornen und so gut wie die Berliner werden. Da er sich bisher alles selbst beigebracht habe, werde er auch den Berliner Stil noch schaffen!

Lingen schöpfte wieder Mut.

Zwei Jahre nach seinem Hinauswurf sollte er während

eines Gastspiels Gelegenheit bekommen, den Münsteranern zu zeigen, was sie an ihm verloren hatten. Der Rezensent C. H. Hillekamps widmete seine Kritik über *Der keusche Lebemann,* einen Schwank von Arnold und Bach, fast ausschließlich Theo Lingen:

»Es ist gar nicht von dem Stück... zu sprechen..., sondern von einer Figur dieses Stückes und einem Schauspieler, der dieser Figur ein merkwürdiges Leben gegeben hat.

Die Figur: Max Stieglitz, ein verknöcherter, sittenstrenger Kaufmann, zwanzig, dreißig Jahre Bürodienst, Tag und Nacht das Geschäft, die Firma im Kopf, rechnend, kalkulierend, wortkarg, unhöflich (wenn es nicht um Geschäfte geht), schlechte Manieren, ungepflegte Nägel, keine Bügelfalte, gesteiftes Vorhemd, ›Röllchen‹, Krawatte mit Eisenschienen... Und dieser sehr Gerechte soll die Tochter seines Chefs heiraten, – aber sie wird ihn nur mögen, wenn er interessant erscheint – was er nicht gerade ist –, wenn er eine Liebschaft gehabt hat, – was er nicht von sich behaupten kann: Da dichtet ihm der Schwiegervater ein ›Verhältnis‹ an. Mit einer Filmdiva. O Verwirrungen der Gefühle! Welche Situationen, welche Szenen, – mit Lessing gesprochen!

Der Schauspieler aber: Er heißt Theo Lingen und hat vor zwei Jahren noch hier Tag für Tag gespielt. Er war damals das stärkste Aktivum des münsterschen Ensembles. Aber das Theater der Stadt Münster hat diesen Schauspieler fristlos entlassen: Das war damals das stärkste Passivum in der Tätigkeit des Intendanten. Und heute spielt dieser selbe Schauspieler im selben Theater als gefeierter Gast:

Das ist ein schöner Triumph für ihn, den er kraft seiner Leistung wohl verdient; möchte es auch ein Symbol für grundsätzliche Umstellungen in der ›Politik‹ der münsterschen Theaterleitung sein...

Er ist wirklich ein Schauspieler. Er kriecht in diese Gestalt hinein, er gestaltet ihre Verknöcherung, ihre innerliche Trockenheit, ihre trostlose Trotteligkeit. Klemmer und traurig dahinflatternde Hosenbeine sind nicht Requisit, sondern Teile dieser Person Stieglitz. Die eisengeschiente Krawatte gehört zu dieser Persönlichkeit, notwendig und organisch. Er individualisiert diese Lustspielfigur und typisiert sie zugleich: Er hebt sie über das Flüchtig-Zufällige hinaus ins Allgemein-Menschliche; denn das ist ›der‹ Trottel, ›der‹ Sonderling komischster Dimension, ›der‹ Herbstgeselle, der auf der Bühne steht. Individualisierung und Typisierung: Das ist große schauspielerische Kunst. Er ist wirklich ein Schauspieler. Seine großen Wirkungen schöpft er, so scheint es, ursprünglich aus seiner Begabung, die a priori da ist und bluthaft in ihm wirkt. Er ist Schauspieler aus Bestimmung. Aber seine höchsten Wirkungen kommen aus geistigem, nicht aus blutmäßigem Bereich. Er ist ein kluger Schauspieler. Höhepunkt etwa: Seine Brautwerbung. Das kommt nicht aus dem Gefühl, nicht allein aus dem Instinkt, sondern aus einer verblüffenden Durchgeistigung des Wortes, des Satzes, der Periode – die ihn ganze Worte, ganze Satzteile verschlucken, d. h. konzentrieren läßt, um auf eine Silbe, vielleicht nur auf einen Buchstaben den Akzent legen zu lassen. Wenn ihm der ›Dichter‹, hier besser der Stückeschreiber, nicht das

Material dazu gibt, – im Wort –, so schafft er es sich selber, – nicht wie Pallenberg, indem er improvisiert, wortspielert, sondern indem er Wort und Periode selbständig und selbstverständlich akzentuiert, so, daß etwas Neues, etwas Lingensches daraus wird. So steht er zwischen Max Pallenberg, der nur Intellekt, und Max Adalbert, der – fast – nur Instinkt ist. Damit ist nicht von einer Bewertung, sondern von einer Charakterisierung gesprochen. Aber vielleicht ist sie auch so etwas wie eine Bewertung. Der Verbindung von Individuum und Typ – entspricht die Verbindung von Instinkt und Geist.«

Dieser Rezensent hat, darum wurde er so ausführlich zitiert, alle Wesensmerkmale der damaligen Schauspielkunst Theo Lingens zusammengefaßt. Man kann der Rezension aber auch entnehmen, daß das Spezielle an Lingens Komik noch nicht erkannt war.

Nach seiner Entlassung in Münster wandte sich Lingen schriftlich noch einmal an den Direktor des Bad Oeynhausener Kurtheaters und bat um ein erneutes Engagement für die Sommerspielzeit. Einmal um Geld zu verdienen, zum anderen aber, um sich in aller Ruhe nach einem größeren Haus umsehen zu können. Er wurde engagiert und spielte wieder.

Arthur Hellmer war Direktor des Neuen Theaters in Frankfurt am Main. Irgendwie muß er von dem komischen Talent des jungen Lingen gehört haben. Er meldete sich in Bad Oeynhausen an, um ihn spielen zu sehen. Ausgerechnet an einem Sonntag wollte er kommen. Sonntags wurden regelmäßig Operetten gespielt, die Vorstellungen begannen eine Stunde früher als sonst. Das wußte Direktor Hellmer nicht, und als er ankam, war der erste Akt, in dem Lingen seinen Auftritt hatte, bereits vorüber. Wieder sah Lingen seine Felle davonschwimmen. Doch wußte er nicht, daß sich inzwischen Marianne Zoff wärmstens für ihn eingesetzt hatte. So durfte er bei Hellmer vorsprechen – und erhielt ein Engagement nach Frankfurt.

Zeitgenössische Karikatur

Frankfurt – Berlin,
vierter Klasse, einfach

Die Frankfurter Bühnen waren damals das Sprungbrett nach Berlin. Das Neue Theater genoß in etwa einen ähnlichen Ruf wie zwei andere Privat-Theater in Deutschland: die Hamburger Kammerspiele unter Erich Ziegel und die Münchner Kammerspiele unter Falckenberg. Die drei Intendanten Hellmer, Ziegel und Falckenberg galten als Talentsucher und -finder. Fast alle bedeutenden Berliner Schauspieler hatten zuvor an einer dieser Bühnen gespielt.

Lingen war gewiß nicht der einzige junge Schauspieler, der von sich überzeugt war und weiterkommen wollte. Die Intendanten konnten unter einer Menge begabter Schauspieler auswählen. Nur wenigen allerdings gelang der Sprung nach Berlin. Lingen war fest entschlossen, diese Chance zu nutzen.

Zunächst bot sich aber keine Möglichkeit. Wochenlang bekam er keine Rolle, immer wieder suchte er auf den Probenzetteln der neuangesetzten Stücke seinen Namen. Nichts! Es war wie verhext. Direktor Hellmer schien ihn total vergessen zu haben.

Beschäftigungslos zu sein – das war für Lingen unerträglich. So überbrückte er die Zeit, indem er in Modeschauen als Conférencier auftrat und Kleidungsstücke anpries.

Da es so nicht weitergehen konnte, nahm Lingen all seinen Mut zusammen und ließ sich bei Direktor Hellmer anmelden. Der Herr Direktor hatte ihn tatsächlich vergessen! »Ach ja, Herr Lingen, Sie sind ja bei mir engagiert«, sagte er erstaunt und ein wenig gleichgültig. »Ja – was soll ich mit Ihnen machen? Ich glaube das Beste ist, wir trennen uns. Ich kann Ihnen nichts bieten. Ich mache Ihnen den Abschied leicht, den Vorschuß, den ich Ihnen vorige Woche gegeben habe, können Sie behalten.«

Das war mehr, als Lingen verkraften konnte. Wieder ein unrühmlicher Abgang vom Theater, ganz zu schweigen von der heimlichen Hoffnung, von hier aus nach Berlin aufsteigen zu können – nein, das war zu viel. Diese Unglücksserie mußte ein Ende haben. Er verließ das Büro zwar niedergeschlagen, erbat sich aber einen Tag Bedenkzeit.

Am nächsten Tag erschien er wieder und erklärte seinen festen Entschluß, am Neuen Theater zu bleiben. Direktor Hellmer schüttelte den Kopf. Dieser sture Jüngling ließ sich so leicht nicht abwimmeln, das war nun klar. Um ihm wenigstens den Anschein eines Gefallens zu tun, schickte er ihn zum Oberspielleiter. Der inszeniere gerade ein neues Stück – *Flucht* von John Galsworthy –, allerdings seien alle Rollen bereits besetzt. Aber möglicherweise habe er noch eine kleine Nebenrolle zu vergeben.

Der Oberspielleiter war damals Max Ophüls, ein schon berühmter Theatermann. Er hörte sich Lingens Mißgeschick an und gab ihm das Textbuch. Nur die ganz kleinen Rollen seien noch unbesetzt. Wenn er möge, könne er sich eine davon aussuchen. Lingen war zu glücklich, um das Gefühl der Demütigung aufkommen zu lassen. Da gab es die kleine Rolle eines Tanzmeisters. Der hatte die Aufgabe, der weiblichen Hauptdarstellerin – es war Lucie Englisch – mit knappen Worten den neuesten Modetanz – den Charleston – zu erklären. Es war eine Überbrückungsrolle, um dem männlichen Hauptdarsteller etwas Zeit zum Frackanlegen zu geben. Höchstens fünf Minuten brauchte der Hauptdarsteller dazu, also mußte sich Lingens Auftritt auf diese fünf Minuten beschränken.

Er ging zu Ophüls und fragte, ob er sich diese Rolle für seine Person zurechtlegen dürfe. Der Regisseur willigte ein, viel schiefgehen konnte bei fünf Minuten ja ohnehin nicht.

Lingen lernte also den Text und trainierte einige Tanzschritte ein. Dazu brauchte er nicht lange, in Münster hatte er ja genug Ballett studiert.

Mit seiner Minirolle erschien er am nächsten Tag auf der Probe. Kaum hatte er seinen Tanzmeister zu spielen begonnen, kam Ophüls aus den Kulissen und schaute ihm zu. Auch die anderen Kollegen waren gebannt. Lucie Englisch war fasziniert von ihrem Tanzmeister. Lingen ahnte, daß ihm mit dieser kleinen Rolle der Durchbruch gelungen war. Seine Vermutung bestätigte sich bei der Premiere. Fünf Minuten – und fünfmal Szenenapplaus.

Diese fünf Minuten waren die entscheidendsten seines Lebens. Er hatte Direktor Hellmer überzeugt.

Von nun an spielte Lingen in nahezu allen Stücken, die am Neuen Theater zur Aufführung kamen. Direktor Hellmer richtete sogar bei der Prüfung neuer Stücke sein Augenmerk darauf, ob sie Rollen enthielten, die sich besonders für Lingens Stil eigneten. Und Lingen spielte und spielte. In einigen Stücken – so in *Volpone oder Der Tanz ums Geld* von Stefan Zweig nach Ben Jonson und in *Das Kamel geht durch das Nadelöhr* von František Langer – war Marianne Zoff seine Partnerin. Sie war nicht nur eine glänzende Sängerin, sie verfügte auch über alle Qualitäten einer erstklassigen Schauspielerin.

Die Zeit, in der man Theo Lingen fast ausschließlich in Neben- und Minirollen besetzte, war vorbei. Hellmer betraute ihn von nun an mit größeren Aufgaben, zumindest aber mit solchen Rollen, aus denen Lingen etwas machen konnte. So spielte er unter anderem in *Der Garten Eden, Spiel im Schloß, Eine glückliche Ehe, Fuhrmann Henschel, Kameraden, Der Hexer, Mädel von heute, Die große Katharina, Lumpazivagabundus, Die Premiere, Der Marquis von Keith:* eine breite Palette von seichten wie anspruchsvollen Rollen.

In dem »amerikanischen Zeitbild« *Broadway* der Dramatiker Dunning und Abbott zum Beispiel bekämpfen sich zwei New Yorker Alkoholschmugglerbanden. Der eine Bandenführer, Narben-Edwards, wagt sich in den

Paradies-Nachtclub, um sich mit Steve Crandall, seinem Rivalen, auseinanderzusetzen. Ein kurzer Disput – und er wird von diesem erschossen. Detektiv McCorn wird eingeschaltet.

Das Paradies-Nachtclub Tanzgirl Billie wird von zwei Seiten umworben: von Steve und dem Tanzkomiker Roy Lane, der zum Nebenbuhler des mächtigen Steve wird.

Im weiteren Verlauf verquicken sich der Kampf um Billie und die Suche nach dem Mörder. Schauplatz ist der Garderobenvorraum des Nachtclubs, was zusätzlichen Trubel ermöglicht.

Der Tanzkomiker wird als Mörder beschuldigt. Billie gerät in die Hände des Schmugglers und scheint verloren.

Im dritten Akt schließlich wendet sich das Blatt. Roy Lane kommt wieder frei, die Braut von Narben-Edwards tötet den Mörder ihres Geliebten. Happy End.

Theo Lingen spielte natürlich die Rolle des Tanzkomikers Roy Lane.

Wer zweifelt, daß er diesem Stück zum Sieg verhalf?

Ein nervöser, wortesuchender schwächlicher Mann, der sich in der Sphäre der Fäuste und Revolver zu behaupten sucht und mit seinen ganz eigenen Mitteln verzweifelt um Billie kämpft, und das alles in der Hetze zwischen seinen Tanzauftritten. Eine Glanzrolle, die er mit menschlicher Wärme erfüllte, wie ihm die Kritik bescheinigte.

Über die Erstaufführung von *Broadway* am 9. Mai 1928 im Neuen Theater in Frankfurt schrieb der Kritiker Bernhard Diebold in der »Frankfurter Zeitung«: »Diese zwölf Beine (der Tanzgirls) sind der Gipfel der Schauspielkunst von gestern abend gewesen, das heißt, sie konnten nur gipfeln durch die Bemühungen Herrn Lingens, des Tanzkomikers Roy Lane, des choreographischen Arrangeurs dieser herrlichen Mädchen. Lingen muß Liebhaber und Tänzer spielen, denn er liebt die trotz ihres Girltraumes jungfräulich gebliebene Billie ... Lingen exzellierte in Sprüngen und kletterte wie ein Mensch gewordener Schimpanse. Seine Gage muß verdreifacht werden, mit Pensionsberechtigung. Seine Gewandtheit befähigt ihn zum Außenminister. Die Parteien müßten sich einigen. Briand wird Augen machen.«

Eine Rolle folgte auf die andere.

Direktor Hellmer hatte eine Sonderabmachung mit Georg Kaiser: Er besaß die Uraufführungsrechte für alle seine Stücke. Für *Papiermühle* allerdings hatte Frankfurt gleichzeitig mit Berlin die Uraufführung. Die Kritiker reisten hin und her und zogen Vergleiche. In Frankfurt wollten die Schauspieler natürlich mindestens so gut sein wie in Berlin – und es gelang ihnen. »Papiermühle« – symbolischer Name für ein Literatentum, das Leben in Papier verwandelt. Ein Kritiker über Lingen: »Lingen als einer der vier verliebten Stammgäste federte wie aufgezogen durch Haus und Hof.«

In *Volpone*, jener »lieblosen« Komödie vom Tanz ums Geld im Venedig des Decamerone, spielte Lingen den Mosca, und der Kritiker Willy Schöppe lobte seine Interpretation dieser Rolle nach der Art eines Arlecchino aus der Commedia dell'arte: »Ein wundervolles

50

Galgenvogelgesicht, ein Kerl von spielerischer Beweglichkeit und verhaltenem Menschentum.«

Ein anderer Kritiker zu Lingens Leistung in *Volpone*: »Theo Lingen, der schon öfters in kleineren Rollen zu interessieren wußte, ... zeigt als Mosca von neuem sprühende Begabung. In Miene und Presto, in mitleidheischender Bedrängnis und im Wieder-auf-die-Füße-fallen, selbst in Akrobatik gestaltete der junge Künstler einen Clown, der nicht weit hinter Hermann Thimigs Schöpfungen zurücksteht.«

In der Komödie *Rivalen* von Carl Zuckmayer, ebenfalls am Neuen Theater erstaufgeführt, spielte Lingen einen Sergeanten. Der Kritiker Kurt Offenburg bescheinigte ihm: »Theo Lingen als Sergeant Quirt: Mittelpunkt, Träger der ganzen Komödie. Kaltschnäuziger, zynischer Windhund, der im dritten Akt, als er mit dem Beinschuß in den Unterstand kommt, zu gespenstischer Größe aufwächst.«

Kritiker-Papst war damals Dr. Ludwig Marcuse, der 1933 nach Amerika emigrieren mußte. Zu Lingens Zeit in Frankfurt war er ein vielgelesener Kritiker des Frankfurter »Generalanzeiger«, und von ihm im Feuilleton besprochen zu werden, bedeutete eine große Ehre. Lingen wurde sie zuteil.

Nach der Aufführung der *Zwei Krawatten* von Georg Kaiser und Mischa Spoliansky schrieb er: »Theo Lingen als Jean. Ein zaghafter Beginn. Man spürt den Kellner nicht recht. Dann kommt ein Moment, den der viel charmantere, aber auch viel oberflächlichere Jean des Schauspielers Hans Albers nicht erreicht. Den aus der

Bahn geworfenen, den auf sich zurückgeworfenen. Lingen spielte die Lyrik dieser Gestalt mit. Ihre Hilflosigkeit und ihre Sehnsucht. Er hat eine nüchterne Sentimentalität, die unaufdringlich rührt. Wenn er im letzten Bild vom Schiff kommt, ist er ein lebendes Beispiel für das Schicksal eines Menschen, der in den Fängen der Launen dieses Daseins versickert. Er ist hier wahrer als der Dichter, der ihn schuf. Lingen ist sehr unregelmäßig, oft monoton, oft mehr Beobachter der Mitspielenden als Mitspieler. Oft so reserviert, daß er schon fast farblos ist. Er ist so, als müßte er sich immer wieder ankurbeln. Und dann konzentriert er sich wieder so stark, daß er unmittelbar einschlägt, wie etwa bei dem Song ›Transaktion‹. Lingen ist keine Naturkraft, welche unter allen Umständen sich Bahn bricht, man muß ihn sehr behutsam behandeln und vorsichtig treiben. Er ist einer der interessantesten, originellsten, zukunftsreichsten Darsteller.«

Eine Bombenkritik, geradezu eine Visitenkarte für den jetzt fünfundzwanzig Jahre alten Theo Lingen.

Und wie stolz war er darauf, wenn er auch in späteren Jahren, sich seines Könnens voll bewußt, vom Urteil der Kritiker nicht mehr allzuviel hielt. Da hörte er lieber auf ein vertrauensvolles Wort eines Kollegen – und er verachtete keineswegs die in persönlichen Zuschriften oder in Leserbriefen geäußerten Meinungen aus den Reihen des Publikums.

Überhaupt sollten Kritiker, so meinte er, das Publikum vor der Aufführung eines Stückes über dessen Qualität informieren, damit dem zahlenden Gast die Entscheidung freibliebe, sich eine Theaterkarte zu kaufen oder nicht. Kritiken nach Besuch der Aufführung zu lesen, hielt er für überflüssig.

Das Engagement in Frankfurt bedeutete erste und nachhaltige berufliche Erfolge – und bedeutete privates Glück. In Frankfurt heiratete er Marianne Zoff, und im Hause Lindenring 13 wurde auch seine Tochter Ursula geboren.

Lingen: »Die Hochzeit war trist, weil kein Geld da war. Sie wurde mit einem Losgewinn auf der Eschersheimer Kerb gefeiert, mit einer Flasche Wein. Der Wein war entsprechend.«

Die Frankfurter Jahre darf man wohl als Lingens eigentliche Lehrjahre bezeichnen. Die Arbeit in Hannover, Halberstadt, Oeynhausen und Münster war mehr ein Auftakt, eine erste Erprobung seiner Begabung, seiner Wirkung gewesen. In Frankfurt eignete er sich den letzten Schliff an.

Es gab hier zwei Schauspieler, die ihm besonders imponierten: Karl Günther und Georg Lengbach. Wenn sie ein Konversationsstück spielten, dann plauderten sie so unbefangen, so natürlich über die Rampe, daß der Zuschauer glauben konnte, bei ihnen zum Tee eingeladen zu sein. Die Trennung zwischen Bühne und Parkett schien aufgehoben. Diese Art »Leutseligkeit« imponierte ihm zwar ungemein, aber sie lag ihm selbst nicht sonderlich.

Lingen war immer ein intellektueller Schauspieler, der über seine sämtlichen Rollen Buch führte und sie mit Randnotizen versah. Er arbeitete an den Rollen, er baute sie aus. Er imitierte nicht, er war selbst schöpferisch tätig. Er brauchte die Distanz zu seinen Rollen wie zum Publikum. In der Masse zu baden, lag ihm nicht. Er verpuffte sich nie in emotionaler Verbrüderung mit dem Zuschauer.

Am Schluß seines Buches »Ich über mich« spricht er das ganz offen aus: »Ich war und ich bin immer, wenn ich auf der Bühne stehe, ganz kalt, ganz überlegen und überlegend, kalkulierend und spekulierend, nicht im geringsten angetan von Gefühlen oder Emotionen, die ich darzustellen habe. Ich sage das ganz offen, weil ich (und das hängt ja mit meinen allerersten Anfängerjahren zusammen) die Art der Darstellung, wo eigenes Gefühl – eigene Beteiligung – die Oberhand gewinnt – erstens nicht kann und auch ablehne. Und immer noch, wenn ich große und größere Schauspielerinnen und Schauspieler sehe, sehe ich auch große und größte Techniker, die allerdings ihre Technik so beherrschen, daß das Publikum – unsere Majestät – sie nicht bemerkt – auf alle Fälle nicht ›dahinter‹ kommt.«

Lingen selbst äußerte sich zu seinen Frankfurter Erfahrungen folgendermaßen: »Ich habe in Frankfurt bei Direktor Hellmer, der auch oft selber Regie führte, durch Max Ophüls und durch die vielen Theaterbesuche im Frankfurter Schauspielhaus, das der große Regisseur Richard Weichert leitete, enorm viel gelernt. Ich merkte aber auch, daß das, was ich in meinen Anfängerjahren nolens volens gemacht hatte, eine – wenn ich so sagen darf – Eigenart von mir war, eine persönliche Note. Und die habe ich dann natürlich ›kultiviert‹, so daß, wie

Ludwig Marcuse einmal sagte, meine Tätigkeit ›Lingensch‹ wirkte … Ich gebe … offen zu, daß ich mir große Mühe gab, um das, was mir zum richtigen Schauspieler fehlte, zu verdecken – zu verstecken – durch eine ›Masche‹ … Ich wußte, was mir fehlte, und das wollte ich auf keinen Fall zeigen. Wenn ich aber dann doch einmal mußte, weil der Direktor oder Regisseur kein Einsehen hatte, dann gab es auch immer Durchfälle und Verrisse.« Die waren aber weitaus in der Minderzahl. In *Soeben erschienen* von Edouard Bourdet, einem Stück, das sich um die Frage dreht »Wie wird ein Autor berühmt?«, spielte Lingen den weltfremden blonden Dichterling Marc am Neuen Theater und zeigte eine seiner besten Leistungen. Der Kritiker Werner Deubel: »Gerade die schwierige Mischung von komischer, etwas trottelhaft näselnder Figur und echten, bezwingend menschlichen Zügen (von kindlichscheuer Eitelkeit bis zur hilflosen Pein des Herzens) hat sich im Laufe dieser Spielzeit als die eigenste Domäne seiner Ausdrucksmöglichkeiten herauskristallisiert.«

Und Ludwig Marcuse: »Nur Lingen nahm das Ernste ernst: bezaubernd war vor allem sein erster Akt – ein gestottertes Lächeln, der kleine Beamte, der schüchtern schriftstellert: die Tragikomödie des Winzigen. Lingen ist sparsam in der Verwendung seiner außerordentlichen Mittel: und da er sich die billigen, konventionellen Effekte versagt, wirkt er – inmitten eines meist hemmungslosen Komödiantentums – sehr leise, sehr farblos, sehr eintönig. Lingen fällt oft heraus, weil er (für dies Theater) zu anspruchsvoll arbeitet. Aber sein Leises setzt sich immer gegen das Laute um ihn durch: weil er eine Figur nicht zusammensetzt, sondern in jeder Bewegung durchsetzt.«

Lingen brillierte auch in anderen Rollen: in dem Lustspiel *Die Frau, die jeder sucht* von Ludwig Hirschfeld: »Er schießt wie immer den Vogel ab und reißt als Bertl Baum zu Beifallsstürmen hin.«

Im Molnárschen Einakter *Stilleben*: »Als Komponist immer persönlich und lebendig in der Windigkeit seiner leichten Dümmlinge.«

Und in *Die Premiere* von Svend Rindom. Mit diesem Stück spielte Lingen sich endgültig ins Charakterfach hinauf. Wieder Werner Deubel: »Theo Lingen als Lampe, spindeldürr, schleichend in verbeulten Hosen, den hämischen Kopf ewig hungrig und schnuppernd vorgestreckt, eine schauspielerische Figur, vollendet im Ausdruck noch bis auf die Stellung der Füße und das kleinste neidgestochene Zucken der streberischen Schultern«.

Darüber hinaus spielte er in Georg Kaisers *Die Lederköpfe, in Madame Sans-Gêne* von Sardou und in vielen anderen Stücken.

Vor einer Aufführung allerdings fürchtete sich der inzwischen hochgelobte Lingen: *Fuhrmann Henschel* von Gerhart Hauptmann war angesetzt. Nicht seine Rolle bedrückte ihn, sondern die Tatsache, daß der allgewaltige Heinrich George als Gast verpflichtet war. Vor diesem Mann hatte er Angst. Der große George kam nach Frankfurt zurück, wo er früher zum Ensemble gehört hatte und groß geworden war. Der Fuhrmann Henschel war ihm wie auf den Leib geschrieben. Die Geschichte eines schwerfälligen Menschen, dessen Frau krank darniederliegt und vielleicht nie mehr auf die Füße kommt. Und der sich mit der Frage abquält, ob er, falls seine Frau sterben sollte, vielleicht und möglicherweise mit seiner Magd Hanne anbandeln solle oder nicht. Am Krankenbett soll er schwören, daß er Hanne niemals heiraten wird. Die Frau stirbt, und Henschel heiratet Hanne, die ihn nach Strich und Faden betrügt und ihm die Hölle im Haus heißmacht. Henschels halbjährige Tochter stirbt. Gutmütig nimmt er Hannes uneheliches Kind ins Haus. Die Leute im Ort wenden sich von Henschel ab. Die Gerüchte, die er über Hanne vernimmt, verdichten sich zur Gewißheit. Er versucht sie zur Rede zu stellen, bricht zusammen und begeht, von Schuldgefühlen gepeinigt, schließlich Selbstmord.

In dieses Kleineleuteseelendrama wurde Lingen eingesetzt als windiger, sächselnder Kellner, der als Henschels Nebenbuhler seine Rolle frech meisterte.

George zeigte sich auf der Probe so hingegeben an die Arbeit und ganz ohne Starallüren, daß es Lingen schließlich ein Vergnügen war, mit ihm zu arbeiten. George spielte ihm den Kellner immer wieder vor, schien dabei dünn und schlank zu werden und war vor allem unglaublich komisch.

Eine andere, für Lingen sehr bedeutsame Begegnung war die Zusammenarbeit mit der damals sehr berühmten Schauspielerin Maria Orska, der die Fama vorauslief, sie sei ein männerfressender Vamp und in Komödie wie Tragödie gleichermaßen brillant. Als Lulu in Wedekinds *Erdgeist* und *Die Büchse der Pandora* hatte sie Furore gemacht. Nach Frankfurt nun kam sie als Regisseurin für drei Molnár-Einakter. Und wie gut sie das konnte, wußte niemand. Sie führte nicht nur Regie, sie spielte auch selbst mit – so zusammen mit Lingen in dem Einakter *Das Veilchen*. Lingen war fasziniert von ihr: »Wie sie nuancierte, wie sie die Pointen setzte, wie sie um die Wirkung eines jeden Satzes wußte. Und wie sie das alles auch den anderen Schauspielern – in diesem Falle mir – erklären und klarmachen konnte, das ist gar nicht zu beschreiben. Sie hatte das Theater im kleinen Finger, in jeder Faser ihres zerbrechlichen Körpers. Ich habe nie wieder einen so um alle Dinge des Theaters wissenden Regisseur erlebt.«

Ein anderes Mal gastierte sie in Strindbergs *Kameraden* am Neuen Theater. Ein furioser Kampf der Geschlechter, eine erste Auseinandersetzung mit der Frauenbewegung. Strindberg hatte sich (in diesem Stück) für die zur Gleichberechtigung strebende Frau stark gemacht, mit Argumenten freilich, die schon damals, als Maria Orska spielte, überholt waren. Lebendig geblieben war dagegen das ewige Thema des Geschlechter-Kampfes. Maria Orska hatte als Malweib gegen den Unterdrücker Mann zu wettern – und kompromittierte sich selbst dabei. Ihr gelang es jedoch, die Figur Berta aus Strindbergs Argumentation zu lösen – und sie machte aus Berta eine kapriziöse Orska-Frau. Somit vergaß man, was bewiesen werden sollte, und das war das eigentliche Amüsement ihres Gastspiels.

Lingen hatte nur eine kleine Rolle, war aber, wie ihm Ludwig Marcuse bescheinigte, als einziger im Ensemble fähig, spontan auf die Orska-Linie einzuschwenken. Den anderen Schauspielern gelang es nicht, sich so auf Anhieb zu »entpathetisieren«, wie Marcuse schrieb. Es wurde also weniger ein Strindberg- als ein Orska-Abend. Zum Sprungbrett nach Berlin wurde für Lingen die Rolle des Mackie Messer in Brechts *Dreigroschenoper*. Das Neue Theater war die erste Bühne, die nach der Berliner Uraufführung am 31. August 1928 im Theater am Schiffbauerdamm mit Harald Paulsen den neuen Brecht nachspielte. Theater-Agenten reisten hin und her und zogen ihre Vergleiche.

Mackie Messer – eine Traumrolle für jeden Erzkomödianten. Hier durfte er alle Register seines Könnens ziehen: tanzen und singen, komisch und ernst sein, gerissen und tölpelhaft. Lingen war glücklich und wurde der Rolle bestens gerecht.

Die Folge war ein Angebot aus Wien, dort den Mackie Messer zu spielen. Drei Monate hätte er sich für Wien freimachen müssen, aber so viel Urlaub konnte ihm Direktor Hellmer nicht bewilligen. Also mußte er schweren Herzens absagen. Da man nun in Berlin glaubte, die *Dreigroschenoper* sowieso nur noch einen Monat spielen zu können, entstand ein neues Arrangement: Lingen sollte in Berlin für Harald Paulsen einspringen, und Harald Paulsen ging nach Wien.

Lingen hatte den Sprung nach Berlin geschafft, unter vertrackten Bedingungen freilich und nur für einen Monat! Dann mußte er wieder nach Frankfurt zurück, um dort seinen Vertrag zu erfüllen.

Zeitgenössische Karikatur

> »In Berlin, sagt er, mußt du fein, sagt er,
> und gescheit, sagt er, immer sein, sagt er.«
>
> *Karl von Holtei*

Der Sprung nach Berlin

Lingens größter Traum hatte sich verwirklicht – er hatte den Sprung nach Berlin geschafft. Berlin war nicht nur die Hauptstadt, eine wahrhaft weltstädtische Metropole, Berlin war auch der Mittelpunkt des kulturellen Lebens in Deutschland. Hier dirigierten Wilhelm Furtwängler, Bruno Walter, Richard Strauss, Hans Knappertsbusch, Eugen Jochum, und Otto Klemperer war Chef der Kroll-Oper. Hier lebten und arbeiteten Carl Zuckmayer, Bert Brecht, Walter Mehring, Max Reinhardt, Erwin Piscator, Jürgen Fehling – und unter vielen anderen Claire Waldoff, die Triumphe feierte.

Lingen kam also nach Berlin und traf auf eine bereits eingespielte, von Ernst Josef Aufricht im Theater am Schiffbauerdamm produzierte, inzwischen ins Komödienhaus übersiedelte Inszenierung der *Dreigroschenoper*. Als er um sieben Uhr morgens am Bahnhof Friedrichstraße ankam, hatte er sich einen Zeitplan zurechtgelegt: Zuerst ein Hotel aufsuchen, sich frisch machen und frühstücken; dann um zehn zur Umbesetzungsprobe ins Theater. Der Plan klappte, bis er auf der Bühne stand. Es gab gar keine Probe, keiner der Kollegen, mit denen er am Abend auftreten sollte, ließ sich sehen, mit Ausnahme von Kurt Gerron, dem Darsteller des Tiger Brown. Die anderen Schauspieler hatten für die Umbesetzungs- probe keine Zeit, waren entweder beim Film beschäftigt oder hatten sich ausgerechnet, das Notwendigste mit dem Neuen kurz vor der Aufführung am Abend zu besprechen. Kurt Gerron hatte ein Einsehen und zeigte Lingen jede Stellung auf der Bühne, die er einzunehmen hatte, dazu auch noch die Stellungen der anderen Mit- spieler: »Du da, der dort, die Gangsterbande da drüben.«

Am Nachmittag probierte er mit Theo Mackeben, der die musikalische Leitung hatte, seinen Gesangspart. Das lief reibungslos.

Die Minuten vor der Vorstellung waren so turbulent, daß Lingen keine Zeit fand, sich mit den Kollegen bekannt zu machen. Der Vorhang hob sich. Und jetzt erst, während des Vorspiels, in dem Kurt Gerron seine Moritat zu singen hatte, sah er seine Mitspieler. So konnte er sich den anderen wohl oder übel erst auf der Bühne präsen- tieren – nicht als Lingen, sondern als Mackie!

Am Ende des Vorspiels betrat er im steifen Mackie- Messer-Gang mit Melone und Spazierstöckchen die Bühne und sah zum ersten Mal seine neuen Kollegen: Rosa Valetti, Roma Bahn, Kate Kühl, Erich Ponto, Manfred Fürst, Karl Hannemann und die Mitglieder der Gangster- bande.

Er betrat die Bühne in dem Bewußtsein, im derzeit wohl berühmtesten Stück mit sehr renommierten Kollegen und Kolleginnen zu spielen. Fast alle anderen Berliner Theater hatten Beobachter ausgesandt, um den neuen Mann, den Nachfolger von Harald Paulsen, unter die Lupe zu nehmen. Er überzeugte derart, daß schon am nächsten Tag Rollenangebote von anderen Bühnen bei ihm eingingen: unter anderem vom Deutschen Theater. Lingen blieb jedoch fürs erste Ernst Josef Aufricht treu und unterschrieb schon am nächsten Abend seinen neuen Vertrag bei ihm. Er hatte zwar noch einige Monate bei Arthur Hellmer in Frankfurt zu spielen, doch war er gern dazu bereit, denn der hatte ihm ja den Sprung nach Berlin ermöglicht.

Lingen konnte es selbst noch kaum fassen, daß er das Ziel seiner Träume erreicht hatte. Er spielte den Mackie mit großem Erfolg, der Lingen-Mackie war in aller Munde. Die Kartennachfrage wuchs mit dem allabendlichen Applaus. Aufricht hätte es als Frevel gegenüber seinem Publikum ansehen müssen, die *Dreigroschenoper* nach einem Monat vom Spielplan abzusetzen. Es folgten weitere 150 Aufführungen. Aufricht verhandelte mit Arthur Hellmer in Frankfurt mit der Übereinkunft, daß Lingen zunächst bis auf weiteres für Berlin beurlaubt bleiben könne.

Das war im Jahre 1929.

Lingen blieb fortan bis zur Schließung aller deutschen Theater am 1. September 1944 durch Goebbels in Berlin, bis 1930 war er parallel seinen Verpflichtungen in Frankfurt nachgekommen.

Nach der zweihundertsten Aufführung der *Dreigroschenoper* resümierte ein Kritiker: »Jetzt, im Komödienhaus, gibt Theo Lingen den Mackie Messer; nicht so liebenswürdig wie Harald Paulsen, schärfer im Profil, härter im Ton, aber durchaus überzeugend. Hermann Schaufuß dafür als Bettlerkönig nicht düster wie Ponto, sondern mehr ins Verschmitzte gewendet. Daneben in alter Schlagkraft die Valetti, Kate Kühl, Roma Bahn, Gerron. Stück und Vorstellung haben ihren Glanz durch die Riesenserie glücklich bewahrt. 200mal *Dreigroschenoper*. Im Komödienhaus in ihrem neuen Obdach, hat Brecht/Weills *Dreigroschenoper* bei der 200. Aufführung den alten Erfolg erneuert. Neben Rosa Valetti, Roma Bahn, Gerron teilen sich jetzt Theo Lingen und Hans Herrmann Schaufuß als Nachfolger Paulsens und Pontos in den ungeschwächten Beifall.«

Eine der ersten Berliner Premieren für Lingen war *Die Gartenlaube* von Hermann Ungar unter der Regie von Erich Engel. Das Stück wurde in großer Besetzung herausgebracht mit Hedwig Wangel, Hilde Körber, Dagny Servaes, Erich Ponto, Szöke Szakall, Oskar Sima und Lingen. Die Generalprobe fand nicht, wie sonst üblich, öffentlich statt, sondern vor einem einzigen Mann: dem gefürchteten Kritiker Alfred Kerr. Er galt als Förderer Hermann Ungars, war aber am Premierenabend anderweitig beschäftigt. Er schrieb eine gute Kritik, trotzdem, so Lingen, »wurde das Stück ein Durchfall«. Es wurde auch nur achtzigmal gespielt...

Ein anderer Kritiker dazu: »Krachender Applaus: Ehrensalven über das noch frische Grab Hermann Ungars.

Hätte der gar zu voreilig Verstorbene über diesen Abend eines aus Erschrockenheit (vor saftigen Eindeutigkeiten) und Hingerissenheit (von der flotten Unbekümmertheit der satirischen Zeichnung) seltsam gemischten Erfolges hinausgelebt, eben dieser starke Erfolg würde dem in Kunstmitteln und Zielrichtung noch schwankenden Vierziger bestimmt die Wege gewiesen haben. Diese letzte seiner Arbeiten belehrt uns: wir haben ein Komödientalent verloren ...«

»Gartenlaube«, das war nicht nur die bereits 1853 gegründete illustrierte Zeitschrift für die ganze Familie, die in der Folge auch für eine ganze Spezies von Romanliteratur herhalten mußte und an die Ungar bei der Titelgebung gewiß gedacht hatte – es war die kleinbürgerliche Idylle im Grünen, fein und säuberlich gepflegte Gärten mit Obst, Blumen und Rasen.

Hier spielt Ungars Stück. Denn auch hier gibt es, wie überall, wo Menschen zusammenleben, Himmel und Hölle. Und die Gartenlaubenhölle wirkt auf den, der draußen vorbeigeht und hereinsieht, recht komisch. Da ist der kleinstädtische Villenbesitzer Colbert, der immer nach Paris reisen will, aber nie dazu kommt. Als es eines Tages endlich so weit ist, wird ihm das Unternehmen versalzen durch seinen Diener, der ihm die Komplizenschaft gegen Frau und Familie aufkündigt.

Thomas Mann setzte sich für Ungar ein und bedachte *Die Gartenlaube* mit wohlwollenden Worten.

Lingen spielte eine Nebenrolle, den ewig von Apfelstrudel träumenden Neffen: »Plärrig, kalbsköpfig, ein bürgerliches Malerjüngel«, wie Manfred Georg schrieb.

Lingen erlebte freilich auch schlimme Durchfälle. Im Sommer 1929 trat er bei den Musikfestwochen in Baden-Baden in Brechts Einakter *Das Badener Lehrstück vom Einverständnis* als Clown Herr Schmitt auf. Gespielt wurde in einer großen Turnhalle, und zwar auf allen vier Seiten gleichzeitig, so daß das Publikum sich ständig mitbewegen mußte, um dem Stück folgen zu können.

Der Clown Schmitt war ein Riese, ein äußerst unzufriedenes Subjekt, dauernd von körperlichen und seelischen Schmerzen geplagt. So rieten ihm seine beiden Mitspieler, ebenfalls Clowns, die schmerzenden Glieder einfach abzuschneiden. Lingen agierte auf Stelzen; Arme, Hände und Beine waren überlang, der Kopf riesengroß. Er mußte durch zwei Augenschlitze im Gaze-Kragen hinaussehen. Damit die Amputationen glaubwürdig aussahen, mußte er auf einen Blasebalg drücken, aus dem Blut spritzte. Das Publikum reagierte leicht schockiert. Als man aber daran ging, auch noch den Kopf abzusägen, brach ein Skandal aus. Das Publikum tobte, schrie, warf alles mögliche auf die Bühne, die beiden Mit-Clowns und dann auch Lingen verließen fluchtartig die Szene.

Die meisten Theaterskandale allerdings gab es in Berlin Ende der zwanziger, Beginn der dreißiger Jahre, vor allem wenn es um Stücke jüngerer, avantgardistischer Autoren ging. Bert Brecht war einer der umstrittensten. In seinem Soldatenstück *Mann ist Mann* (Premiere am 6. 2. 1931) liefen die drei Soldaten ebenfalls auf Stelzen, Lingen auf den höchsten. Das Publikum empörte sich – es kam wieder einmal zum Skandal.

Zwischendurch gastierte Lingen an der Volksbühne, wo

Zuckmayers *Der fröhliche Weinberg* neu einstudiert wurde. Er spielte den Assessor Knuzius. »Die interessanteste Figur des Abends war Theo Lingens Knuzius, in der das körperliche Sprachgefühl dieses Darstellers zu einer stupenden Ausdrucksleistung kam«, urteilte wiederum Manfred Georg.

Bei einer der nächsten Einstudierungen im Theater am Schiffbauerdamm lernte er einen Mann kennen, den Lingen bald überaus schätzte und dem er zeitlebens freundschaftlich verbunden blieb: Gustaf Gründgens.

Das Stück hieß *Der Dompteur*, eine Komödie von Alfred Savoir. Neben Lingen und Gründgens spielten Carola Neher, Peter Lorre und Fritz Kampers.

Gründgens war es auch, der Lingen ans Theater am Kurfürstendamm brachte. Hier spielte er 1931 in der Revue *Alles Schwindel*, Text Marcellus Schiffer, Musik Mischa Spoliansky, Regie Gustaf Gründgens. Gründgens ließ die Revuen, die an diesem Haus gepflegt wurden – »Musicals« würde man heute sagen – mit viel Temperament über die Bühne wirbeln. Diese Abende gehörten zu den herausragenden gesellschaftlichen Ereignissen in Berlin.

Das Theater am Kurfürstendamm war eine der Reinhardt-Bühnen. Reinhardt-Premieren waren immer künstlerische Glanzpunkte, so auch Offenbachs *Schöne Helena* am 15. 6. 1931, bei der Lingen ebenfalls mitwirkte. Aus der Besetzungsliste: Jarmila Novotna (Helena), Gerd Niemar (Paris), Otto Wallburg und Hans Moser (Calchas und Menelaus), Egon Friedell (Merkur), Leo Schützendorf (Agamemnon) und die jüngste Reinhardt-Entdeckung Friedel Schuster (Orestes). Die beiden Ajaxe spielten Theo Lingen (Ajax II) und Hubert von Meyerinck (Ajax I).

Lingen teilte während der Vorstellungen mit Friedell und Meyerinck eine Garderobe. Friedell hatte gerade die Korrekturbögen zu seinem Buch »Kulturgeschichte der Neuzeit« erhalten und hatte nicht die geringste Lust, sich über die Fahnen zu setzen und Korrektur zu lesen. Also fragte er bei Lingen an, der – schon aus purer Neugier – gern zusagte und ihm die Arbeit abnahm. So war er der erste Leser des heute noch berühmten Werkes und freute sich mächtig über Friedells handschriftliche Danksagung und Widmung auf einem der ersten Korrekturbögen.

Die Inszenierung Reinhardts barg eine kleine politische Spitze. Lingen und Meyerinck hatten die Bühne vom Zuschauerraum aus zu betreten, um den schlafenden Menelaus (Moser) zu wecken. Sie hatten zu rufen: »Menelaus – erwache!«, eine Abwandlung der Nazi-Parole: »Deutschland – erwache!« Damals, 1931, konnte sich das Publikum noch straflos ein schallendes Gelächter darüber erlauben.

Die »Berliner Nachtausgabe« berichtete unter der Überschrift »Im Zauberreich Max Reinhardts«: »Am Kurfürstendamm blühen keine Bäume mehr; die Welt ist scheußlich geworden, und keiner zahlt keinem. Doch: Max Reinhardt spielt wieder Theater, und man darf Trübsal vergessen und sich des Augenblicks freuen! In diesem Zauberreich geht die Sonne nicht unter... Losgelöst aus dem alten Rahmen, durch die teils mutigen, teils handfesten Neubearbeiter (Friedell und Saßmann) aller dialogischen Fesseln und Hemmungen befreit, erscheint die schöne Königin (Jarmila Novotna) in dem bunten Zauberreich. Fröhlichkeit und zarter Humor, vertreten durch Hans Moser, den Serenissimus der Antike, durch Otto Wallburg, den Auguren-Schwindler von gestern und heute, durch Egon Friedell, der als Merkur so spaßhaft sein Pfötchen hebt, daß man zweifeln möchte, dieser Clown habe eine Kulturgeschichte mit konservativem Gesinnungsmut geschrieben, derbe Laune und übermütige Parodie, der Hubert von Meyerinck und Theo Lingen als groteske Ajaxe am nächsten kommen... Schönheit und Schlauheit, Witz und Tanz – welch herrlicher Anblick die dunkelbraune, wie schon ihr Name sagt, La Jana – Walzer und Melodie (die entzükkende Friedel Schuster läßt sich nicht vergessen), Trubel und Spaß, Finale und Cake Walk, Gesang und Bewegung – sie waren in dieser unwirklichen Welt zu Hause, sie waren Gäste Max Reinhardts.«

Lingen hatte das große Glück, mit vielen bedeutenden Regisseuren seiner Zeit zusammenzuarbeiten.

Mit Gründgens, den er als Regisseur bereits kennengelernt hatte, drehte er 1931 einen seiner ersten Filme: *M* unter der Regie von Fritz Lang. Gründgens war ein echtes Doppeltalent. Auch wenn er als Regisseur arbeitete, war er immer zugleich Schauspieler. Er diskutierte nicht viel. Wenn ihm eine Passage nicht paßte, kam er mit seinem berühmten »Stop!« auf die Bühne und spielte dem Schauspieler die Rolle so vor, wie er sie gespielt haben wollte. Er konnte sich in jede Rolle und in jeden

Schauspieler hineindenken. Was er vorspielte, konnten seine Akteure getrost übernehmen, es stimmte immer.

Theo Lingen erinnert sich:

»Meine Freundschaft mit Gründgens begann während der Dreharbeiten zu dem Film *M*; sie endete mit Gustafs tragischem Tod. Die Arbeit mit Gründgens machte mir immer Freude. In einer Szene des Films *M* saß Gustaf Gründgens mit aufgestülpter Melone als Gangsterchef vor der Kamera. Neben ihm die Gangster-Kollegen Fritz Odemar, Paul Kemp und ich. Wir hielten Gericht über den Mörder, dargestellt von dem Wiener Peter Lorre. Immer war Polizei im Atelier. Denn Regisseur Fritz Lang hatte die edle Garde der Berliner Ringvereine als Komparserie verpflichtet – um der rechten Atmosphäre willen ...

Ob im Film, im Kabarett, auf der Schauspiel- oder Operettenbühne – Gründgens wußte seine Chansons zu bringen wie ein deutscher Maurice Chevalier. Gründgens tanzte immer auf zwei Hochzeiten. In Berlin hatte er in der Städtischen Oper gerade Offenbachs *Banditen* in einer eigenen Bearbeitung inszeniert und spielte zugleich darin die Rolle des Finanzministers im Pleite-Staat. Leider hatte er auch zur gleichen Zeit mit Hamburg abgeschlossen und die Termine hoffnungslos durcheinander gebracht. Rudolf Bing, späterer Met-Chef, war damals Direktor der Oper. Er brauchte Gründgens, Hamburg brauchte Gründgens. Aus Hamburg rief Gründgens mich an.

›Kannst du die Rolle in Berlin übernehmen?‹ – ›Ich kenne weder das Stück, geschweige denn deine Bearbeitung.‹ – ›Kauf dir die beiden Platten mit meinen Chansons, hol dir das Textbuch in der Oper und komm sofort nach Hamburg!‹ Ich tat's. Ich setzte mich in den Zug, und am Abend spielte mir Gründgens in der großen Pause in seiner Garderobe die Rolle vor. Mit dem Nachtzug fuhr ich zurück nach Berlin. Zwölf Stunden später stand ich als Finanzminister auf der Bühne der Städtischen Oper.

Später spielten wir im Berliner Staatstheater zusammen in der herrlichen Traumspiel-Satire *Hans Sonnenstößers Höllenfahrt* von Paul Apel. Hier konnte Gründgens wieder seine blitzenden Chansons singen. Ich spielte die Rolle eines theaterbesessenen Freundes und deklamierte den Mephisto. In drei Fassungen: naturalistisch, klassisch und expressionistisch. Bei den Proben hatte Gustaf großzügig gesagt: ›Du kannst aus der Rolle machen, was du willst.‹

Emil Jannings, der in der Premiere im Parkett saß, kam nach der Vorstellung zu Gründgens und sagte erstaunt: ›Gustaf, so'ne große Rolle hätte ich einem anderen bei mir nicht drin gelassen.‹

Gustaf soll nur verschmitzt gelächelt haben. Er wußte besser, was er ›drin‹ lassen durfte. Ihm kam es auf den schauspielerischen Effekt an. Im übrigen war er immer – auch später – mehr guter Kollege als Chef.«

Gründgens übrigens konnte nicht nur perfekt in Frauenrollen schlüpfen, er war bei Frauen auch als Regisseur besonders beliebt dank seiner außerordentlichen Sensibilität. Er verstand es, seelische Kontakte herzustellen. Das gelang allerdings selten auf Anhieb, oft gingen harte Auseinandersetzungen voraus.

Anläßlich Gründgens' Entnazifizierung bescheinigte Theo Lingen seinem Freund und Kollegen Gustaf menschliche Lauterkeit. Er schrieb einen Brief:

Theo Lingen   den 4. Februar 1946
Wien I, Opernring 3

Es mag unglaubhaft erscheinen, wenn ich zu behaupten wage, daß Gustaf Gründgens in der ganzen Zeit des Hitler-Regimes eine antifaschistische Gesinnung gehabt und ihr, wo er konnte, Ausdruck verliehen hat.

Es wird vielleicht dann verständlich, wenn ich, der ich ihn durch jahrelange Freundschaft so gut kenne, erkläre, daß er nur aus seiner übergroßen Liebe zum Theater, das sein Lebenselement ist, nicht in die Emigration ging und daß er auf seine Weise versuchte, in dem allgemeinen Zusammenbruch der deutschen Kultur wenigstens etwas zu retten, selbst unter der Gefahr, von Außenstehenden falsch beurteilt zu werden. Denn diese Außenstehenden mußten in ihm nur den von Göring begünstigten und mit Titeln und Ehren überhäuften Generalintendanten sehen und demzufolge zu der Auffassung gelangen, Gründgens sei selber Nationalsozialist oder zumindest einer ihrer Mitläufer und Nutznießer.

Daß man aber auch diese Stellung und ihre damit verbundenen Nichtvollkommenheiten bewußt für den Versuch einer Rettung des deutschen Theaters und seiner Künstlerschaft benützen konnte, beweisen einerseits die von ihm geleistete Arbeit und andererseits die durch ihn geretteten Menschen.

Ich erkläre an Eidesstatt,

daß ich mit Gustaf Gründgens seit dem Jahre 1930, anläßlich einer gemeinsamen Arbeit in dem Film *M* von Fritz Lang, eng befreundet bin und mir der Künstler und Mensch GG das Vertrauen, das ich ihm entgegenbrachte, mit demselben Vertrauen und der gleichen Offenheit vergolten hat. Ich weiß daher genau, daß GG trotz seiner Stellung als Generalintendant der Berliner Staatlichen Schauspiele und trotz seines Titels als Preußischer Staatsrat (dies war nur ein Titel und schloß keinerlei politische Tätigkeit oder Verantwortlichkeit ein) in seinen künstlerischen und menschlichen Anschauungen und Handlungen seit dem ersten Tag unserer Freundschaft sich nicht gewandelt hat. Seine eindeutige antifaschistische Einstellung hat er nicht nur mir gegenüber, sondern, wie nachzuweisen ist, auch anderen Kollegen gegenüber oft bekundet.

In meinem persönlichen Fall z. B. hat er, obgleich ich sowohl durch meine familiären Belastungen wie durch meine allgemein bekannte antinationalsozialistische Denkungsweise, die ich unter Hintansetzung jeglicher Vorsicht stets geäußert hatte, ihm hätte sehr hinderlich sein können, seine persönlichen und geschäftlichen Beziehungen niemals auch nur gelockert. Sondern er hat im Gegenteil meine, wenn ich so sagen darf, umstrittene Person, immer wieder an prominenter Stelle an seinem Institut sowohl als Schauspieler wie als Regisseur und Autor eingesetzt. Und stets hat GG sich, wenn ich oder ein anderer meiner Kollegen mit einer Bitte um Unterstützung eines rassisch oder politisch Verfolgten an ihn herantraten, für diesen Fall nicht nur interessiert, sondern tatkräftig eingesetzt. Als der Schriftsteller und Regisseur Moriz Seeler verschickt werden sollte, hat GG sogar nicht die große Gefahr gescheut und sich innerhalb des eigenen Ensembles an die Spitze einer Geldsammlung gestellt, um Seeler die Flucht aus Deutschland zu ermöglichen. Ich hebe diesen Fall besonders hervor, weil diese Aktion leider durch Unvorsichtigkeit scheiterte und alle Beteiligten Gefahr liefen, die Folgen zu tragen. Und auch danach ließ sich Gründgens nicht abhalten, seine Hilfe immer wieder und wieder zur Verfügung zu stellen.

In diesem Zusammenhang möchte ich auch die Tatsache nicht unerwähnt lassen, daß nur durch seine persönliche Initiative und durch seine unablässige Fürsprache diejenigen Schauspieler am Staatstheater, deren Frauen jüdischer Abkunft sind oder die selber nicht »rassisch einwandfrei« waren, bis Kriegsende weiter auftreten durften. Es sind dies: Paul Henckels, Otto Wernicke, Paul Bildt (letzterer hat mit seiner jüdischen Frau vom 30. Januar 1944 bis Kriegsende bei Gründgens in seinem Hause gewohnt, da Bildt ausgebombt worden war) und Erich Ziegel.

gez. Theo Lingen

Brecht war ein Regisseur von ganz anderer Art. Er war überhaupt kein Schauspieler, sondern beeindruckte durch seine Persönlichkeit. Freilich zeigte auch er einem Schauspieler, wie er eine Rolle gern gespielt haben wollte, aber er wirkte ungelenk, sprach Dialekt und vor

allem seinen Gesichtsausdruck, den konnte keiner nach-
machen. Der Schauspieler mußte selbst herausfinden,
wie er sich diese oder jene Szene dachte. Er ließ den
Schauspielern viel Zeit zum Nachdenken, war auch nicht
abgeneigt, die Version eines Schauspielers anzunehmen, konnte aber auch äußerst dickköpfig auf seiner
Auffassung beharren. Dann ließ er so lange probieren,
bis die Darstellung vollkommen seinen Vorstellungen
von einer Rolle entsprach. Er wußte schließlich am
besten, was er mit seinen Stücken ausdrücken wollte.

Ganz anders wiederum war der Regiestil von Max Reinhardt. Seine Regieanweisungen erfolgten fast lautlos. Er
arbeitete in vollkommener Ruhe und höchster Konzentration. Wenn er unterbrechen mußte, tat er es auf die
vorsichtigste Weise. Er winkte den Schauspieler zu sich
ins Parkett. In einem sehr leise geführten Gespräch
machte er seine Vorstellungen klar. Er kannte kein
Schimpfen oder Aufbrausen. Sein Regiestil basierte auf
Intimität, so, als gebe er nur diesem einen Schauspieler
sein ganz persönliches Geheimnis preis. Und das moti-
vierte die Schauspieler ungemein, sie setzten alles daran,
um den Meister zufriedenzustellen. Wer seine Zustim-
mung fand, hatte das Gefühl, daß nun überhaupt nichts
mehr schiefgehen könne.

Reinhardt besaß ein besonderes Gespür für richtige
Rollenbesetzungen. Er wußte genau, daß eine falsche
Besetzung durch keine Probenarbeit korrigiert werden
konnte. Er war ein unaufdringlicher Regisseur, dem es
nie darum ging, anderen seinen Regiestil aufzuzwingen.
An erster Stelle stand das Werk, das er stets im Sinn des

Verfassers inszenierte. Nie ging es ihm um äußerliche Effekte. Dann kam der Schauspieler. Aus dem er herausholte, was in ihm steckte. Wer bei Reinhardt anerkannt war, war es auch bei seinen Schauspielerkollegen.

1932 inszenierte Rudolf Bernauer am Großen Schauspielhaus, einer der Reinhardt-Bühnen, die musikalische Fassung von *Alt-Heidelberg*, die nun *Der Studentenprinz* hieß: eine Revue in zwölf Bildern. Große Besetzung: Willy Domgraf-Fassbaender (Karl-Heinz), Maria Elsner (Kätchen), Wilhelm Diegelmann, Paul Hörbiger, Paul Graetz, Max Gülstorff. Liane Haid spielte die Prinzessin, und ihre Tante war Adele Sandrock. Lingen spielte den Diener von Lutz (Gülstorff), und seine Partnerin war Genia Nikolajeva.

Bei jeder Probe traten Lingen und Genia nach ihrem Duett wieder von der Bühne ab und verschwanden in der Kulisse. Dort warteten jedesmal Adele Sandrock und Liane Haid, die damals die Diva des deutschen Films war, auf ihren Auftritt. Lingen und Genia mußten an den beiden vorbei.

Jedesmal absolvierten sie ihre obligatorisch höfliche Begrüßung. Liane Haid erwiderte den Gruß, Adele Sandrock übersah die beiden einfach. Jeden Morgen wiederholte sich das seltsame Zeremoniell: Vorstellung mit voller Namensnennung, Handkuß beziehungsweise artigem Knicks und keine Reaktion bei der alten Dame. Das ging so über Wochen, bis zur Generalprobe.

Lingen und Genia spielten ihre Szene mit Duett und Nachtanz. Plötzlich erhellte sich der Zuschauerraum. Reinhardt stand unten und winkte die beiden zu sich.

Leise zitternd gingen sie zu ihm hinunter. Er kam ihnen durch die Parkettreihen entgegen und sagte deutlich hörbar: »Sehr nett – sehr nett – kleines Fräulein«, und zu Lingen: »Sie beherrschen diesen großen Raum sprachlich sehr gut.«

Dieser Satz war wie ein Ritterschlag. Als sie diesmal wieder bei Adele Sandrock vorbei mußten, stand sie da mit ausgebreiteten Armen und rief überschwenglich: »Genia und Theo, meine Kinder!« und schloß sie in die Arme. Reinhardts Worte hatten sie in ihren Augen zu vollwertigen Kollegen gemacht.

Filmprogramm zu »Ich heirate meine Frau«, 1934, mit Lil Dagover und Paul Hörbiger

> »Es gibt natürlich Filme, in denen man nicht gerne
> spielt. Aber dann nimmt man als Schauspieler
> auch keine Gagen, sondern Schmerzensgelder.«
>
> *Paul Hörbiger*

Film – Theater – Film

Lingen war nun ein schon so weithin bekannter Schauspieler, daß die Angebote vom Film – inzwischen
Tonfilm – nicht ausbleiben konnten. Die erste Bekanntschaft mit diesem neuen Medium machte er 1930. Unter
der Regie von Anatol Litwak drehte er zusammen mit
Dolly Haas, Oskar Karlweis, Kurt Gerron, Paul Kemp,
Paul Henckels *Dolly macht Karriere*. Diesem seinem
ersten Film sollten zahllose weitere folgen. Lingens Laufbahn als Filmschauspieler war außerordentlich erfolgreich; er brachte es insgesamt auf rund 200 Filmrollen.
Die Hauptdarstellerin Dolly Haas kam vom Kabarett, von
der berühmten »Katakombe«, wo auch Werner Finck
und Rudolf Platte auftraten. Litwak wurde später als
Anatole Litvak ein bekannter Hollywood-Regisseur.
Noch im selben Jahr entstanden drei weitere Filme: *Zwei
Krawatten* nach dem Stück von Georg Kaiser, in dem
Lingen bereits am Neuen Theater in Frankfurt gespielt
hatte, mit Olga Tschechowa; *Das Flötenkonzert von*

Sanssouci unter der Regie von Gustav Ucicky, mit Otto Gebühr, Renate Müller und Attila Hörbiger sowie *Die Firma heiratet*. Im darauffolgenden Jahr drehte er fünf Filme. Im Jahr 1932 ist die Liste mit 17 Filmen dann schon so lang, daß man sich kaum vorstellen kann, wie der präzise Schauspieler Theo Lingen dieses Pensum kräfte-mäßig bewältigen konnte – denn auch in den nächsten Jahren folgte ein Film auf den anderen.

Aus seiner frühen Zeit ließ Lingen selbst nur zwei Filme gelten: *M* (1931) mit Peter Lorre, Gustaf Gründgens, Paul Kemp und *Das Testament des Dr. Mabuse* (1933) mit Rudolf Klein-Rogge, Camilla Spira, Gustav Dießl und Heinrich Gretler – beide gedreht von Fritz Lang.

Alle anderen Filme bewertete er selbst als leichte Lust-spiele, in denen er sein komisches Talent nach Herzens-lust austoben konnte.

So in dem Ufa-Film *Die Gräfin von Monte Christo* (1932): Gedreht wurde in einem eleganten Hotelzimmer mit Empireschreibtisch und Radio als Hauptrequisiten. In diesem Appartement sollen sich zwei Filmstatistinnen, Brigitte Helm und Lucie Englisch, vom Flair der großen Welt überraschen lassen. Es klopft an der Tür. Sie sagen artig und erwartungsvoll »Herein«. Der Hoteldirektor höchstpersönlich betritt den Raum, verbeugt sich char-mant und stottert: »Meine Damen ... Direktion ... hohe Ehre ... beste Wünsche zum Weihnachtsfest ... gestattet sich daher ... Ihnen eine kleine Festfreude ...«

In diesem Moment betritt der Zimmerkellner mit einem Weihnachtsbaum die Szene. Der Kellner (Theo Lingen) im festlichen Frack steht, den Kopf leicht nach vorn gebeugt, vor den Damen und hat den Weihnachtsbaum in der Hand. Dieser Weihnachtsbaum ist ein kümmerliches, wenngleich festlich geschmücktes Bäumchen, das der Kellner leicht mit Daumen und Zeigefinger halten kann. Er bringt es, als trüge er ein Tablett.

Als erste fiel Lucie Englisch aus der Rolle. Sie prustete los, dann bekam Brigitte Helm einen Lachkrampf. Die Beleuchter brüllten, die Bühnenarbeiter, »Kurbelmann« und Friseur bogen sich vor Lachen. Lingen ließ alles über sich ergehen, stand da mit züchtig niedergeschlagenen Augen, mimte professionelle Diskretion, schlich um die Mädchen aus der Provinz ... Diese Szene konnte Regisseur Karl Hartl so nicht durchgehen lassen. Das Publikum sollte ja lachen, nicht die Darstellerinnen. Also wurde weiter geprobt, doch die Lachanfälle wiederholten sich wieder und wieder, nur weil Lingen so komisch war. Ohne ein Wort zu sprechen, erzählte er in diesem knappen Auftritt die Geschichte »seines« Kellnerlebens. Allein dadurch, wie er durch das Zimmer schritt: der Seufzer einer getretenen Männerseele.

Theo Lingen bei Dreharbeiten – ein amüsantes Kapitel für sich. 1940 drehte er den Film *Sieben Jahre Pech* unter der Regie von Ernst Marischka mit Hans Moser und Wolf Albach-Retty –, und zwar in den ehemaligen Flugzeughallen in Göttingen. Durch endlose Gänge, vorbei an Schneideräumen, Studios, Kopierwerkstätten und Garderoben ging es ins Atelier. Plötzlich flammte überall rotes Licht auf: »Achtung! Aufnahme!« Jeder Laut erstarb. Jede Bewegung erstarrte. Vor einer kleinen gepolsterten

Tür wartete der Besucher. Endlich erlosch das rote Licht. Man durfte eintreten. Drinnen ein Gewirr von Kabeln am Boden, Stangen und Bretter, Kulissen und Apparaturen. Ein Torbogen oder eine Alpenlandschaft? Eine Bar oder eine Schlafzimmerecke? Minuten- oder stundenlange Aktualität für eine Filmszene.

Dann ein Wintergarten. Wieder flammt das Licht auf, und jemand flüchtet im Pyjama über die Szene, als wolle er sich aus den sieben Scheinwerfern, die ihn eingefangen haben, wegretten. Es ist Theo Lingen. Er stolpert und murmelt leise einen Fluch. Hinter ihm erscheint eine Kammerzofe und flüchtet ihm nach. Die Scheinwerfer erlöschen, die Szene ist schon beendet. Eines der winzigen Mosaiksteinchen, aus denen später ein kilometerlanger Filmstreifen zusammengesetzt wird.

In der Drehpause legt Lingen den Pyjama ab, darunter trägt er einen Frack. So spart er das Umziehen für die nächste Szene. Auch in der Drehpause »spielte« Lingen häufig, nahm seine Rolle mit in die wenigen Minuten Privatleben. Sein Sinn für Humor und sein sicheres Gefühl für Situationskomik verließen ihn selten.

Ein anderer Film, nach dem Krieg: *Nichts als Zufälle* mit Susi Nicoletti, Sonja Ziemann, Josef Meinrad und Grethe Weiser.

Wieder Drehpause. Man einigt sich auf ein Spiel: Personenraten.

Lingen denkt sich irgendeine Person. Die Partner fragen sich an diese Person heran. Ihre Fragen dürfen nur mit Ja oder Nein beantwortet werden.

»Ist es eine weibliche Person?«

»Nein«.

»Ein Knabe?«

»Nein«. Lingen schüttelt bedauernd den Kopf.

»Ist es ein Deutscher?«

»Nein«.

Grethe Weiser spielt jetzt auch mit: »Ein Europäer?«

»Nein.«

»Ist die Nationalität unbekannt?«

Lingen grinst hintergründig und bejaht. Nun hagelt es Fragen.

»Hat er sich irgendwo hervorgetan?«

»Ist es ein Schauspieler?«

»Hat er eine Entdeckung gemacht?«

Endlich kommt heraus, daß er Amerika entdeckt hat.

»Also Kolumbus!« sagen sie einhellig.

»Nein«, erwidert Lingen mit näselnder Stimme.

»Aber dann doch jemand, der mit ihm auf dem Schiff war?«

»Jaa«, sagt er lächelnd. Sie fragen weiter, kommen nicht dahinter.

Endlich rückt Lingen heraus: »Es war der Schiffsjunge oben im Mastkorb, der hat zuallererst Amerika entdeckt.«

Ein neues Spiel. Diesmal läßt Lingen den Schuster erraten, der den Schuh für Goebbels' Klumpfuß hergestellt hat.

Die Dreharbeiten gehen weiter. Die nächste Szene spielt in einem Büro: eine Auseinandersetzung mit einem hyperbürokratischen Beamten. Lingen und Meinrad versuchen, ihm in aller Eile eine Unterschrift abzuringen. Es geht um einen Hochzeitstermin, beide spielen im Frack und fuchteln dem Beamten mit ihren Zylindern vor der Nase herum. Dabei entdeckt Lingen, daß sein Zylinder eine wesentlich höhere Hutgröße hat als der von Meinrad. Er hat eine nicht im Drehbuch vorgesehene Idee, setzt sie blitzschnell in die Tat um. Als müsse es so sein, legt er demonstrativ seinen Zylinder auf den Schreibtisch. Meinrad glaubt, das gehöre zur Szene und legt seinen Zylinder daneben. Dann (das steht wieder im Drehbuch) stürzen beide aus dem Zimmer. Lingen schnappt sich Meinrads Zylinder – und als Meinrad seinen (Lingens) Zylinder aufsetzt, fällt er ihm bis zum Kragen herunter. Natürlich schallendes Gelächter – und die Szene muß noch einmal gedreht werden.

Trotz aller Scherzeinlagen blieb Lingen immer ein überaus pünktlicher, präziser und vor allem fleißiger Schauspieler. Von den vielen Filmen, die er Anfang der dreißiger Jahre drehte, seien nur noch einige herausgegriffen: *Nie wieder Liebe* mit Lilian Harvey, Regie Anatol Litwak, *Ihre Durchlaucht, die Verkäuferin* mit Willi Forst, *Der große Bluff* mit Harald Paulsen, Paul Hörbiger, Adele Sandrock unter der Regie von Georg Jacoby; *Friederike* mit Mady Christians, Veit Harlan, Paul Hörbiger, Ida Wüst; *Eine Stadt steht kopf*, Gründgens' erste Filmregie, mit Jenny Jugo, Hermann Thimig; *Die Gräfin von Monte Christo* mit Brigitte Helm, Lucie Englisch, Rudolf Forster, Mathias Wieman, Gustaf Gründgens; *Meine Frau, die Hochstaplerin*, Regie Kurt Gerron, mit Käthe von Nagy, Heinz Rühmann; *Das Testament des Cornelius Gulden* mit Magda Schneider; *Der Frauendiplomat* mit Marta

Eggerth, Leo Slezak; *Im Bann des Eulenspiegels* mit Ursula Grabley, Oskar Karlweis; *Marion, das gehört sich nicht* mit Magda Schneider; *Ein toller Einfall* mit Willy Fritsch, Dorothea Wieck, Paul Hörbiger, Adele Sandrock, unter der Regie von Kurt Gerron, *Gern hab' ich die Frau'n geküßt*, Regie E. W. Emo, *Ich heirate meine Frau*, Regie Johannes Riemann.

Lingen konnte auch in späteren Jahren jederzeit genau feststellen, wann er wo gearbeitet hatte. Peinlich genau wie ein Buchhalter führte er einfache Wandkalender.

In diesen Berliner Anfangsjahren gab es Zeiten, in denen er filmte und gleichzeitig am Theater und beim Kabarett spielte – so im »Korso« und in der »Katakombe«.

Einen besonders dankbaren Part hatte er in Friedrich Hollaenders »Tingel-Tangel« als Buddha 1931.

Hollaenders Kabarett, zu dem neben Theo Lingen Max Fromm, Hedi Schoop, Tony van Eyck und Victor Palffi gehörten, war ein beliebter Treffpunkt im an Attraktionen nicht armen Berlin. So gab es eine Nummer zu Melodien von Offenbach, Strauß und Liszt, in der Hollaenders Truppe nichts anderes tat, als die genaue Adresse samt Telefonnummer des »Tingel-Tangel« zu singen.

Die Nummer »Buddha 1931« war eine Persiflage auf das hektische Managerdasein. Lingen spielte einen Generaldirektor, der so viel zu tun hat, daß er nicht weiß, wo er anfangen soll. Er brauchte deshalb sechs Hände, die von Ballettmädchen bedient wurden. Sie taten in einem fort das, wovon er gerade sang: telefonie-

85

ren, essen, trinken, schreiben, Geld zählen, Nase schneuzen und vieles andere mehr. So entstand ein kolossaler Wirbel.

Die Nummer kam hervorragend beim Publikum an. Die Presse jubelte: »Theo Lingen, noch nie so gut wie hier als moderner Buddha-Generaldirektor mit sechs Händen, allererste Klasse!«

Eines Tages gastierte er im Kabarett »Charlott«. Auf dem Besetzungszettel fand er sehr zu seiner Freude den Namen einer Dame, die er von Kindesbeinen an gemocht, ja verehrt hatte: Claire Waldoff.

Vor der Vorstellung klopfte er an ihre Garderobentür, um sich bei ihr wie auch bei allen anderen Darstellern vorzustellen. Kaum hatte er seinen Kopf hineingestreckt, als sie ihm schon entgegenrief: »Ja, ja, ich weiß, da klopft der kleine Schmitz!«

Kein Wunder, daß auf die Vorstellung eine lange Nacht folgte. Lingens frühe Kindheit und Jugend wurden, geschildert von der Waldoff, wieder lebendig.

Es sollte nicht ihr letzter gemeinsamer Auftritt gewesen sein. Sie gingen mehrfach gemeinsam auf Tournee und wurden viel umjubelt. Umso mehr, wenn die Waldoff solche Hits wie »Wenn die Soldaten durch die Stadt marschieren« mit dem Refrain »Ei warum, ja darum, ja nur wegen dem Dschinderassa, Dschinderassa bum« sang – eigentlich ein schlichtes Soldatenlied, das aber in jenen Zeiten, so wie sie es vortrug, eine echte Provokation war.

Überblickt man Lingens Tätigkeit in jener frühen Berliner Zeit, so könnte man meinen, er sei nie ins Bett gekommen, und man muß sich fragen, woher er die Zeit genommen hat, alle seine Rollen zu lernen, denn sein Hauptwirkungsfeld war ja nach wie vor das Theater. An der Volksbühne spielte er in *Der fröhliche Weinberg* und in *Die Weber*; im Theater am Schiffbauerdamm in den Matineen *Die letzten Tage der Menschheit* von Karl Kraus und *Feuer aus den Kesseln* von Ernst Toller sowie in *Die Quadratur des Kreises* von Valentin Katajew und in *Die Regimentstochter* von Donizetti in einer Nachtaufführung. Im Theater der Schulen verkörperte er zum ersten Mal eine seiner späteren Glanzrollen: den Wehrhahn in Gerhart Hauptmanns *Biberpelz*; in *Die Mutter* von Maxim Gorki, bearbeitet von Brecht, spielte er im Komödienhaus; weitere Rollen hatte er in Kästners Kinderstück *Emil und die Detektive* und in *Spiel im Schloß* von Molnár. In der Berliner Städtischen Oper in Charlottenburg übernahm er von Gustaf Gründgens den Antonio in der Offenbach-Operette *Die Banditen*.

Aus einer Kritik: »In Offenbachs *Banditen* … gastiert jetzt an Stelle von Gustaf Gründgens in der Rolle des fürstlichen Schatzmeisters Theo Lingen. Die leichte Zerdehnung des dritten Aktes, die durch die etwas ausführlichen Couplets des Schatzmeisters eintritt, wird leicht vergessen, weil Lingen sie in parodistischem Sprechgesang witzig-hingegeben bringt, und weil er in jener Szene, da er drei Millionen zahlen soll, die er nicht hat, sich äußerst charmant in Peinlichkeiten zu winden weiß …«

Damit nicht genug! *Moral* von Ludwig Thoma spielte er an Viktor Barnowskys Komödienhaus, in der Operette

100 Meter Glück trat er im Metropol-Theater bei den Gebrüdern Rotter auf, und schließlich agierte er in Eugen Gürsters parodistischer Komödie *Wetter – für morgen veränderlich*. Ein wahrhaft prophetischer Titel – man schrieb das Jahr 1932.

Man mag es kaum glauben, aber noch eine weitere Begabung Lingens brach sich Bahn in dieser Zeit. Das Allround-Talent war nicht nur Schauspieler, Kabarettist, sondern auch Schriftsteller.

Schon als Fünfzehnjähriger hatte er eine Mini-Posse in zwei Akten zu Papier gebracht: *Der Raub*. Es folgten kleinere Szenen und Stückchen, darunter *Beim Doktor*, *Der Zigarren-Fritze* und *Das Verhör des Landstreichers*, die er sich selbst nach Nestroy-Art auf den Leib schrieb. »Aufführungsrechte erteilt: Theodor Schmitz, Hannover, Alte Celler Heerstrasse 22,« hatte er auf der Rückseite der kleinen selbstgeschriebenen und selbstgebundenen Heftchen vermerkt.

Im folgenden zwei Proben. Als erste die Soloszene

Der Zigarren-Fritze

Personen: Ein Zigarren-Fritze (sehr schäbig angezogen, um den Hals Hausiererkasten)

Ort der Handlung: Straße

Zigarren-Fritze: Zigarren! Zigarren! Immer heran, nähertreten, meine Waffe ist ein wohl assortiertes Lager bester Ziehjarren, Rauchrollen, billig ist mein Ziel, billiger wie jede Konkurrenz. Warum? Ich zahle keine

Ladenmiete. Die Leistungsfähigkeit eines Kaufmanns gipfelt seit alters her in dem Bestreben, einen möglichst großen Umsatz und wenig Unkosten zu haben. Beides ist mir auf das glänzendste gelungen. Ich inseriere nicht in Zeitungen, ich schreibe meine Ware selber aus. Ich führe nur feinste Marken. Hier zum Beispiel die Freimaurer-Zigarre, die gewöhnlich die Maurer im Freien rauchen. 3 Pfennig das Stück, zwei Stück 5 Pfennige, im Dutzend noch billiger. Ferner die Erlkönigzigarre, ein kräftiges Kraut mit der Devise: Erreicht den Hof mit Müh' und Not. Und hier die Überraschungs-Zigarr' mit der Devise: Und der wilde Knabe brach. Besonders den Herrn Schulknaben zu empfehlen. Hier ein Fabrikat von höchster Bedeutung, die Gerichtsvollzieherzigarre oder Cigarro Executivo ihres vorzüglichen Geschmackes wegen angenehmen Besuchern anzubieten, wie Vollziehungsbeamten, Rechnungen bringenden Handwerkern usw. Die kommen so bald nicht wieder. Zuletzt das non plus ultra, Stinkadores Number one, das großartigste Rauchgerät, das unserer Branche je gelungen ist. Sie gleicht der feinsten Havannazigarre – mit Langzeitwirkung für Groß und Klein geeignet. Meine Auswahl ist unerschöpflich. Also herantreten, auf jede Zigarre gebe ich eine Dämmerzigarette mit berauschendem Aroma dazu. Rauchen ist gesund, ersetzt den Arzt und die Apotheke. Das können sie mir glauben, meine Herren Passanten und Passantinnen, schauen sie mich an, ich bin der lebendige Beweis für meine Ausführungen ...

Der *Zigarren-Fritze* fängt an zu husten und zu keuchen.
Dann bricht er zusammen.
Vorhang

Als zweites Beispiel die Dialektposse in einem Akt

Beim Doktor

Personen: Herr Doktor
              Lubowski, sein Diener
              Eine Frau
              Ein Bauer

Ort der Handlung: Ordinationszimmer des Doktors

*Doktor (hinter seinem Schreibtisch sitzend, eine Klingel
     betätigend):* Lubowski!
Lubowski (mit Schürze eintretend): Herr Doktor befehlen.
Doktor: Wer kommt jetzt?
Lubowski: Der Nächste. *(Abgehend)*
*Eine Frau (eintretend mit einem großen Verband um
     den Finger, ihn ängstlich verbergend):* Is Herr Doktor
     wohl zu sprechen?
Doktor: Er ist es. Na was haben wir denn da? Treten Sie
     näher.
Frau (ängstlich): Aber nicht schneiden, Herr Doktor.
     (Wickelt Verband ab)
Doktor: Ist ja nicht weiter schlimm, machen Sie weiter
     Breiumschläge. *Doktor wäscht sich die Hände)*
Frau (freudig): Nich schneiden, Herr Doktor? Oh, wie
     ich mir da aba freue. Auf Wiedersehen Herr Doktor...
     (geht ab)

Doktor (auf Uhr sehend): Fünf Uhr? Da können wir ja die Sprechstunde schließen. *(Geht ab)*

Lubowski (staubwischend eintretend): Wenn man so ungefähr so 15 Jahre bei Doktors is, is man schon sön halber Doktor jeworden. Da wolln wer denn mal in Doktors seene Bicher en bischen rumblättern. *(Nimmt Buch, setzt sich und studiert. Es klingelt.)*

Lubowski (unwillig): Herein!

Bauer (sehr dick angezogen, Schal um den Hals, dicker Stock in der Hand, Mütze in der anderen Hand): Herr Doktor?

Lubowski (unwillig): Näh.

Bauer: Is denn de Sprechstunne schaun widder as?

Lubowski: Mmm.

Bauer: Ja, awer ike bin doch sau schlimm chrank. Wär unnerseukt mek man blaut?

Lubowski (vor sich hin): Ein Wink des Schicksals. Na, da wolln wer mal unser Kunst verseuken. Na, was hat he denn vir Beswerden?

Bauer: Ja, aber wer sei hei denn?

Lubowski: Ike bin der Assestent des Doktors.

Bauer: Jau ik hew immer sau verdammtes Ziehen innt Kreuz, Herr Oxistenz.

Lubowski (untersuchend): Dat sind die saugenannten Kreuzzüge.

Bauer: Och, Herr Oxistenz, ik hew dann noch sau forchbar Eis inne Feute.

Lubowski (untersuchend): Dat sind de saugenannten Eisbeine. Da müssen wer mal janz was besonners geggen daun. *Holt Flasche vom Tisch, liest leise vor sich hin.)* Vor Gebrauch schütteln. *(Er tut es, verabreicht dem Bauern einen Becher voll davon. Der schluckt, schüttelt sich etwas.)*

Bauer: Na ja, dann wird wohl bald weder bäter sind. Auf Wedderseihn, Herr Oxistenz. *(Geht ab)*

Lubowski (sich vor den Kopf schlagend): Dunnerlittchen, da haw ek dem Kerl ne Portion Arsenik verpaßt... hoffentlich jewöhnt dat Aas sich nich dran. *(Läuft ab)*

Vorhang

In Frankfurt hatte er zusammen mit Georg Lengbach das Hörspiel *Letzte Szene* geschrieben, das auch vom Frankfurter Sender ausgestrahlt wurde.

Nun – in Berlin – griff er als etablierter und vielgefragter Mann wieder zur Feder. Er schrieb zusammen mit Hellmuth Krüger, der ein großer Conférencier seiner Zeit war, ein Funkkabarett, das auch vom Berliner Sender aufgeführt wurde. Freilich schrieben sie ein bißchen gegen den Strich, und das war damals 1933, kurz vor der Machtergreifung, nicht nach jedermanns Geschmack. Arnolt Bronnen, ein expressionistischer Stückeschreiber und Dramaturg beim Sender, versuchte zu verhindern, daß das Hörspiel angenommen wurde. Auch Remarques *Im Westen nichts Neues* paßte ihm nicht. Während der Kino-Premiere ließ er eine Menge weißer Mäuse in den Zuschauerraum springen...

Zum Funkkabarett eine Kritik aus »Tempo«:

»... ein wirklich lustiger Abend aus Berlin, von Hellmuth Krüger und Theo Lingen erdacht und betreut. Kleine Sticheleien, des Hörers spottend und des Rundfunks.

Flott und hübsch gemacht, unterschiedlich in der Wirkung, am besten (fingiertes) Pallenberg-Interview und Reportage vom Gras-Wachsen, das unglückliche, aber übliche Zufälle immer wieder verhindern. Vielversprechende Ansätze zu einem drahtlosen Humor, der natürlich nicht alle zugleich erfreuen kann. (Denn Humor ist immer Geschmackssache!)«

Lingen hat sich bis in seine späteren Jahre die Liebe zum Schreiben bewahrt. Ein besonders hübsches Beispiel ist das Büchlein »Ich bewundere«, in dem er sich übers Theater äußert und alles, was dazu gehört – Theater, Publikum, Schauspieler, Schauspielerin, Theaterdirektoren, Kritiker. Er tut's mit leichtem Augenzwinkern. Hier eine kleine Kostprobe:

»Wenn ich einmal, durch irgendeinen Zufall in den Besitz einer Theaterkarte gekommen, im Theater sitze, bin ich voll banger Erwartungen. Ich starre, ehe die Vorstellung beginnt, auf den Vorhang und warte darauf, ob nicht in letzter Minute doch noch ein verlegen lächelnder Herr heraustritt und verkündet, daß aus diesem oder jenem Grunde die angesetzte Vorstellung nicht stattfinden könne und man daher etwas anderes spielen müsse... Eine meiner Hauptsorgen ist es, nachzuschauen, wo sich mein Platz befindet. Einen Platz in einer Loge kaufe ich mir schon gar nicht. Denn ich müßte während der ganzen Vorstellung daran denken, was einmal in dem kleinen Residenz-Theaterchen des Großherzogs von X passiert ist. Dort brach nämlich die Loge des Großherzogs, der keine Vorstellung in seinem Theater versäumte, bei einer Ballettaufführung, die er besonders gern besuchte, einfach ab... Ich sitze also lieber im Parkett. Aber auch da befallen mich Platz-Psychosen. Sitze ich in der Mitte, so muß ich immer denken: Wenn jetzt ein Brand ausbricht! Sitze ich auf der Seite, also unter dem Logenrand, fürchte ich, im nächsten Moment ein Opernglas auf den Kopf zu bekommen. Sitze ich zwischen der Mitte und der Seite, vergewissere ich mich, daß ich nicht direkt unter einem der riesigen Decken-Lüster sitze, die ja auch schon einmal heruntergefallen sein sollen. In einem wegen seiner Schönheit ganz berühmten Theater hängt so ein Lüster, der diese Zwangsvorstellung besonders stark in mir hervorruft. Dieser Lüster schwebt nämlich, wenn die Vorstellung beginnt und die Lichter im Zuschauerraum – auch am Lüster – verlöschen, langsam nach oben, ganz bis zur Decke, um den Zuschauern in den Rängen und Logen den Blick auf die Bühne freizugeben. In der Pause schwebt er – wieder leuchtend – nach unten; wenn die Pause vorbei ist – verlöschend – wieder nach oben. Und am Ende der Vorstellung wieder nach unten. Also während einer Vorstellung schwebt er viermal.

Wenn ich in diesem Theater bin, fange ich immer an, auf meinem Programmheft auszurechnen: Wann reißen die Halteseile? Wann fällt der Lüster? Denn das ist nicht allein vom Zufall abhängig, obwohl, wie einige Gelehrte behaupten, auch der Zufall berechenbar ist. Meine Formel, die ich mir ausgedacht habe, lautet so: $Z =$ geschätzte Anzahl der bisherigen Vorstellungen in diesem Theater. Dieses X, Y und Z addiere ich und multipliziere das Ergebnis mit $A =$ eigener Angst, und – aber leider bin ich noch nie zu einem Resultat gekommen. Wenn ich nämlich die letzten Resultate niederschreiben wollte, schwebte immer der Lüster nach oben, das Licht verlosch, und die Vorstellung begann. Während des ersten Aktes versuchte ich zwar krampfhaft, im Kopf weiterzurechnen, aber die Vorgänge auf der Bühne machten es mir unmöglich, logisch zu denken. Und so gab ich mich der Illusion hin. Um aber sofort in der Pause, wenn es wieder hell wurde und der Lüster wieder herabschwebte, auf dem Programm weiterzurechnen. Ich kam aber nie dazu, denn immer hatte sich einer meiner Nachbarn inzwischen in mein Programm vertieft...«

Filmprogramm zu »Marguerite: 3«, 1939, mit Gusti Huber, Hans Holt,
Franz Schafheitlin und Hermann Thimig

»Lachen reinigt die Seele.«
Curt Goetz

Komiker in schwierigen Zeiten

Lingen wurde nicht zur Wehrmacht eingezogen, obwohl er im wehrpflichtigen Alter war. Er galt als kulturell wichtige Person, man brauchte seine Fähigkeiten im Film, er diente sozusagen der Volkserheiterung, zumal im Krieg.

Zwischen 1939 und 1945 drehte er achtundzwanzig Filme, darunter nicht wenige in eigener Regie: *Marguerite: 3, Was wird hier gespielt?* (mit Fita Benkhoff, Paul Henckels, Ursula Herking, Paul Kemp), *Herz modern möbiliert* (mit Hilde Krahl, Gustav Fröhlich), *Hauptsache glücklich* (mit Heinz Rühmann, Hertha Feiler, Jane Tilden), *Frau Luna* (mit Lizzi Waldmüller, Fita Benkhoff, Paul Kemp), *Was geschah in dieser Nacht?* (mit Lucie Englisch), *Liebeskomödie* (mit Magda Schneider, Lizzi Waldmüller, Albert Matterstock), *Tolle Nacht* (mit Marte Harell, Gustav Fröhlich), *Das Lied der Nachtigall* (mit Elfie Mayerhofer, Johannes Riemann), *Es fing so harmlos an* und *Das Abenteuer geht weiter* (mit Johannes Heesters). Die Filme *Philine, Liebesheirat* und *Glück muß man haben* wurden erst nach Kriegsende fertiggestellt. Unter Hans Schweikart spielte er in *Das Fräulein von Barnhelm* mit Käthe Gold und Ewald Balser, unter Willi Forst in *Wiener Blut* mit Maria Holst und Willy Fritsch.

Heikler Themen enthielt man sich – mußte man sich enthalten. Lingen kam also ziemlich ungeschoren durch das Dritte Reich.

Es gelang ihm obendrein, seine Stieftochter Hanne Hiob – ihr Vater Bert Brecht war ein verfemter Autor und überdies mit seiner Frau Helene Weigel emigriert – vor Verfolgungen durch die Nazis zu schützen, indem er sie als seine leibliche Tochter ausgab.

Von den Lingen-Filmen der Jahre 1939 bis 1945 sei nur einer stellvertretend für die vielen anderen hervorgehoben: *Marguerite: 3.* Das Drehbuch stammte von Helmut Käutner und Axel Eggebrecht, die Musik von Peter Igelhoff – sein Lied »Die Liebe ist ein Spiel zu zwei'n« wurde zum Schlager.

Mit dieser Komödie, uraufgeführt am 22. Mai 1939, gab Lingen sein Debüt als Film-Regisseur.

Da wird ein Dr. Wolf Findeisen aus der Betreuung seiner provinziellen Tante entlassen, um die Betreuung seiner drei Onkels zu übernehmen. Der eine Onkel ist Arzt, der zweite Kaufmann und der dritte Schauspieler. Sie führen unter der Obhut einer Köchin und eines Dieners einen weiberfeindlichen Junggesellen-Haushalt.

Da tritt Marguerite in ihr Leben, eine Modesalon-Besitzerin. Jung, spritzig und quirlig. Dr. Findeisen erwischt es. Aus der Bekanntschaft wird Verliebtheit und Liebe. Den drei Onkels samt dem Diener verschlägt es die Sprache. Die drei Onkels ziehen sich zur Beratung des Falles zurück und diskutieren das Thema »Weib«. Jeder der drei schildert seine Idealfrau. Zufällig wird Marguerite Ohrenzeugin – und faßt den Entschluß, alle drei an der Nase herumzuführen und ihnen ihre Idealfrauen vorzuspielen. In der darauffolgenden Nacht gelingt es ihr, dem Arzt als zielbewußt mondäne Greta, dem Kaufmann als kapriziöse Rita und dem Schauspieler als hausmütterliches Margalein den Kopf zu verdrehen.

Am nächsten Morgen liegen drei Heiratsanträge vor... aber am Ende bleibt doch eine Liebe zu zweit übrig.

Lingen hatte den *Marguerite*-Stoff, der auf dem Lustspiel von Fritz Schwiefert basierte, bereits auf der Bühne gespielt, was seiner Film-Regiearbeit zugute kam. Marguerite (Gusti Huber) zeigte die weibliche Natur in ihrer Wesensvielfalt. Sie spielte ihre Rolle dreimal anders und war doch dreimal dieselbe, denn jedes Wesen, in das sie schlüpfte, war ein Teil von ihr selbst. Aus diesem Thema machte Lingen einen Schwank, manche Szenen ließ er kabarettreif spielen.

Hermann Thimig gab den äußerst blasierten, innerlich aber doch familiensüchtigen Schauspieler; Franz Schafheitlin den skurrilen Arzt und Lingen selbst den braven, aber einem Seitensprung nicht abgeneigten Kaufmann. Hans Holt war der Neffe Wolf, Richard Romanowsky arbeitete als Diener jede Pointe liebevoll heraus, und Grethe Weiser wirbelte quietschvergnügt als resolute Köchin durch die Szenen.

Die Kritik bescheinigte Lingen: »Er hat ... dieses Lustspiel humorvoll, spritzig, leicht und locker, mit Grazie und Phantasie inszeniert und dem Drehbuch von Käutner und Eggebrecht zum vollen Erfolg verholfen.«

Bei der Uraufführung des Films gab es viel Beifall und Gelächter während der Vorstellung und als Abschluß sogar Applaussalven, die die anwesenden Darsteller immer wieder vor die Leinwand riefen.

Lingen arbeitete über vierzig Jahre mit gleichbleibendem Erfolg mit den gleichbleibenden komischen Mitteln. Sein scharfgezogener Mittelscheitel wurde zu seiner Visitenkarte; dazu das Näseln, seine korrekte Erscheinung, der ewige Zweireiher, das ovale Gesicht mit den eng anliegenden Haaren und den weniger eng anliegenden Ohren, seine pomadig-reservierten Gesten mit dem oft belehrend erhobenen Zeigefinger, seine steifen Bewegungen, sein nadelspitzer Spott.

Beim Stummfilm hätte Lingen gewiß nie die gleiche Popularität erreicht wie beim Tonfilm, denn zu seinem Erfolg als Komiker gehörte unbedingt seine Stimme, die jeden Zuschauer aus der Döse-Stimmung auch des langweiligsten Films aufzurütteln vermochte. Sein Ton war bohrend, er prallte mitunter hart gegen das Ohr. Jedes Wort war scharf akzentuiert – im Gegensatz etwa zu Mosers Nuscheln. Ein einziges »Warum« aus Lingens Mund konnte seine Mitspieler und die Zuschauer in Aufregung versetzen. Er konnte Trivialitäten so formulieren, daß sie wie brillante Pointen klangen. Und Satzungetüme brachte er stets unbeschädigt ans Ziel, atemlos, aber sicher.

In jeder Rolle, mit Gewißheit in jeder Film-Rolle, versuchte er, Leute zum Lachen zu reizen. Und das gelang ihm mit seinen typisierten Gestalten als Faktotum, Koch, Page, Kammerdiener, Empfangschef. Er griff immer wieder bevorzugt zu solchen Rollen – und sie wurden ihm auch bevorzugt angeboten.

In vielen Filmen war Hans Moser sein Partner. Eben weil die Komik der beiden so gegensätzlich war, ergänzten sie sich so vorzüglich.

Moser zeigte die Komik des Kleinbürgers, eines bescheidenen Tierarztes, eines Gewürzkrämers oder eines Kellners. Immer spielte er den Beruf und die soziale Sphäre des Berufs mit.

Lingen dagegen zeigte die Komik der Requisiten. Er kämpfte mit Koffern, mit Rolljalousien, über die er fiel oder in denen er sich verfing. Er fuhr auf Bohnerbürsten wie auf Rollschuhen über das Parkett. Lingens Menschen hatten den Beruf, komisch zu sein. Mosers Menschen waren komisch durch die Ausübung ihres Berufs. Moser konnte in seiner kleinen Welt durchaus einen Kommerzienrat darstellen; Lingen spielte Diener, deren Charakter es war, zurückhaltend, ja neutral zu sein. Er war sozusagen der Darsteller von Unpersönlichkeiten. Er war abstrakt in seiner strengen, wenig gemütvollen Komik, die intellektuell wirkte und nicht selten Lebensangst durchscheinen ließ. Er galt, wie der Kritiker Herbert Ihering 1942 sagte, als der »größte Techniker der Komik in Deutschland«. Er arbeitete mit mathematischer Strategie auf Wirkung hin. Moser dagegen ging eher schlampig mit der Technik um, war großartig als Improvisator.

Doch auch dies äußerte Herbert Ihering über Lingen: »Allen populären Komikern droht die Gefahr, daß ihre Eigenheiten immer wieder betont und dadurch abgenutzt werden. Sie spielen zu viel. Ihre Erfolge sind ihre Feinde. So gleiten sie oft in die erprobten Wirkungen ab, die dann zur ›Klamotte‹ werden.«

Freilich wußte Lingen von solch herber Kritik. Er meinte dazu: »Da gibt's nur eine ganz kurze Antwort. Der Lateiner sagt: ›Non olet‹.« Womit er sagen wollte, daß er viel Geld mit seinen oft seichten Filmen verdient hatte – und Geld stinkt nicht.

Während des Dritten Reiches wurden die Theaterspielpläne von der Reichskulturkammer reglementiert. Vorwiegend klassische Stücke mußten gespielt werden, die meisten modernen Stücke paßten nicht in das kulturelle Konzept der Machthaber. So erklärte sich, daß der Theaterschauspieler Lingen sich aufs klassische Repertoire konzentrierte, während der Filmschauspieler Lingen in unverfänglichen Rollen herumtollte.

Mehr und mehr zog er sich ins Privatleben zurück. Nie wäre er bereit gewesen, sich unter dem Druck der Zeit von seiner Frau Marianne Zoff zu trennen. Lingens Frau war Halbjüdin, seine Schwiegermutter Volljüdin. Er kam zwar relativ ungeschoren durch die Nazi-Jahre, aber im Innersten war er keineswegs der heitere und gelöste, immer lustige Mann, als der er im Film erschien. Sein Privatleben war in dieser Zeit keineswegs komisch. Ängste plagten ihn, die Angst vor möglicher Verfolgung wuchs mit jedem Tag, zumal der Reichspropagandaminister Dr. Joseph Goebbels ihn nicht mochte. Die drohende Gefahr, in einem KZ zu enden, ließ sich nicht aus dem Bewußtsein verdrängen. Zu nahe auch war ihm das Schicksal der Schauspielerkollegen und -kolleginnen und der vielen Schriftsteller, die hatten auswandern müssen und von denen viele ein kümmerliches Leben fristen mußten. Also beschloß er, so unauffällig wie möglich zu leben und so klassisch zu spielen, wie es erlaubt und erwünscht war. Er wußte von der Schwierigkeit, in einer fremden Sprache Gefühle auszudrücken oder Pointen zielsicher zu setzen. Und gewiß war er auch glücklich, daß ihm die eigene Sprache wie eine Heimat erhalten geblieben war.

Die Theaterrollen, die in Deutschland gespielt werden durften, konnten mit wenigen Ausnahmen – so zum Beispiel der Tartuffe von Molière in der Volksbühne Berlin – Lingens Spielleidenschaft nicht genügen. So filmte er viel, und zwar – vor dem »Anschluß« 1938 – häufig in Wien. Hier erreichte ihn – es war im Jahr 1936 – ein Anruf von Gustaf Gründgens, inzwischen von den Parteigrößen, vor allem von Hermann Göring, sehr umhätschelter Generalintendant der Berliner Staatstheater. Er fragte an, ob Lingen bei der Neuinszenierung von Paul Apels *Hans Sonnenstößers Höllenfahrt* mitwirken wolle. Er dürfe sich auch wieder seine Rolle ausbauen, also eigene Ideen einbringen. Lingen nahm gern an.

Er schrieb sich ein kleines Chanson, in dem Sonnenstößers aussichtslose und äußerst bedrängte Situation zum Ausdruck kam. In einer Anspielung auf die politische Lage in Deutschland schrieb er sich den Satz, der zweideutig genug war: »Und ist es nicht vielleicht doch

besser, wenn man mit einem scharfen Messer...«
Gründgens verstand sofort, was er damit meinte.

Theo Lingen dazu:

»Letztendlich entstand ein fast neues Stück. Gründgens
und ich aktualisierten das Lustspiel, das Gustaf die Möglichkeit bot, ›der‹ Gründgens auf der Bühne zu sein – der
ganz private Gründgens.

Sonnenstößer und sein Freund waren keine Studenten
mehr, sie waren bei uns Schauspieler. Die junge Lola
Müthel gab eine stellungslose Schauspielerin, Käthe
Gold war das spießige Mädchen, das verschmäht wird.
Eine Mischung aus Theaterstück, Kabarett und Varieté.
Gründgens inszenierte unter Aufbietung der ganzen
Theatermaschinerie. Er ließ die Bürger-Sippe, die sich
den Sonnenstößer einfangen will, aus der Versenkung
auftauchen und auch wieder darin verschwinden. Die
Leute amüsierten sich köstlich, wenn Gründgens in der
Rolle des stellungslosen Schauspielers erklärte, er solle
am Schauspielhaus den Mephisto spielen – Gründgens
spielte ihn ja da sehr erfolgreich – und ich – nach meiner
Rolle als Diener Johann in meinem eigenen Stück, das
gleichfalls im Haus lief – kundtat, meine Lieblingsrolle
wäre der Diener in einem Stück *Diener wider Willen*.
Gründgens hatte sich selbst ein Chanson verfaßt, das ich
besonders köstlich fand:

>   ›Stop!
>   Ich tret heraus, Ihr glaubt es kaum,
>   Ich tret heraus aus meinem Traum,
>   Ich tret aus ihm heraus.

Ich tret aus meinem Traum heraus
Und stell mich leise neben mich
Und sehe wie das Leben sich
Von hier aus präsentiert.
Ich seh mir selber ins Gesicht.
Ich merke, ich gefall mir nicht.
Was ist denn das mit mir?
Stop!
Stop!
Stop!
Stop!
Stop!
Nein!
Ich gefall mir nicht!‹

Der große Theatermann litt unter ›Aktomanie‹. Seine alte Freundin und Mitarbeiterin Gustl Mayer hatte diese Wortschöpfung für seine Freude an Schreibereien jeder Art erfunden. Wenn es nach ihm gegangen wäre, hätte er nach jeder Besprechung einen Brief oder eine Aktennotiz diktiert. Die Briefe konnte man ihm ausreden, die Aktennotizen nicht. Zu Gustl Mayer sagte er einmal: ›Der Theo Lingen erscheint zu Besprechungen immer mit einem Leitzordner, und alles, was er vorbringen will, kann er belegen. Das imponiert mir unheimlich.‹

Bei dieser Gelegenheit darf ich nicht vergessen zu erwähnen, daß Gustaf Gründgens sich sehr für die sogenannten Jüdisch-Versippten, die Schauspieler mit jüdischen Frauen, die nach den Rassegesetzen nicht mehr spielen durften, einsetzte. GG, wie wir ihn nannten, holte uns alle an sein Theater und hielt uns in schweren Tagen: Otto Wernicke, Paul Bildt, Erich Ziegel, Paul Henckels und mich.

Manch einer befand sich in akuter Gefahr und mußte sofort untertauchen. Es gibt keinen, der sich direkt oder indirekt an Gründgens wandte, dem er nicht geholfen hätte.«

Eine von Theo Lingens Glanzrollen in Berlin unter Gründgens war 1937 der Malvolio in *Was ihr wollt*, eine der schönsten Shakespeare-Komödien. Die Handlung geht auf eine Novelle Bandellos zurück, in der die meisten Motive vorgezeichnet sind. Malvolio war allerdings eine Zutat Shakespeares, eine sehr charakteristische Figur seiner Phantasie. Er wird in dem Stück als »Puritaner« bezeichnet. Die Vermutung liegt nahe, daß Shakespeare mit dieser Figur das Puritanertum verspotten wollte, das sich im damaligen London besonders ausgebreitet hatte. In seiner tragischen Komik wird Malvolio stellenweise zur zentralen Figur.

Das Stück ist ein Verwechslungs- und Versteckspiel um Liebe und Moral: Orsino liebt Olivia, diese liebt Viola, und Viola liebt Orsino. Allein bleibt schließlich nur der Haushofmeister Malvolio, rachsüchtig und ichbezogen.

Die Premiere fand im Juni 1937 bei tropischen Temperaturen statt. Es bedurfte schon einer großen Verzauberung, um sich bis zum letzten Vorhang für dieses altbekannte Stück zu begeistern. Und der Zauber dieses Fastnachtsspiels war so stark, daß die verfrühte Hundstageglut schnell vergessen war. Dank Gründgens' Inszenierung!

Der Vorhang öffnete sich vor einem zierlichen, von der Sonne bestrahlten Palazzo, auf dessen Loggia Herzog Orsino erschien (Wolfgang Liebeneiner). Sofort waren die Zuschauer gefangen – so poetisch hatten sie Schlegels Übersetzungsverse lange nicht gehört. Die Szenen rollten traumhaft ab, sicher geführt durch Gründgens' Meisterhand. Das Bauwerk drehte sich auf der Bühne, immer schönere Bilder entfalteten sich.

Franz Weber war Tobias Rülp: trocken, junkerlich, in knappen Reithosen. Er artikulierte scharf wie ein Gockel mit Sporen. Viktor de Kowa gab den Bleichenwang im schillernden Seidenwams der Commedia dell'arte – ein Ausbund von grazilier Tollheit, ein strahlender Tolpatsch. Aribert Wäscher spielte den Narren groß und bunt, wie dem Komödienwagen gerade entstiegen, souverän und überlegen. Und endlich Lingens Malvolio: Hofmeister in Schwarz, ganz Lakai, aber mit einem Einschlag von Dämonie. »Eine hinreißende Leistung präziser Schauspielkunst«, fand der Kritiker Curt Hotzel.

Weitere Darsteller waren Käthe Haack, Maria Bard, Marianne Hoppe, Hannes Stelzer, Günther Hadank. »Ein schlechthin vollkommener Abend! Der Beifall brandete noch lange zu Gründgens und seinen Künstlern hinauf. Ministerpräsident und Generaloberst Göring und Gemahlin beteiligten sich lebhaft daran«, resümierte ein Kritiker.

Ein anderer jubelte: »Am Hofmeister Malvolio bewährte sich Theo Lingen, er gibt die berühmte und begehrte Rolle, indem er Eitelkeit und Pedanterie zu einem lebensvollen Charakter vereinigt.«

Und anläßlich einer späteren *Was ihr wollt*-Premiere bei den Hersfelder Festspielen 1966 schrieb Hans Ludwig Schulte: »Theo Lingens jahrzehntelang bewährte Mimik, seine Gesten, seine nasal gedehnten Sätze mit den unverwechselbaren Tonlagen bürgen weiter für verdienten Zwischenapplaus, vor allem in der Brief- und Werbeszene... Daß das Zwiegesichtige seines Malvolio, einer auch tragischen Figur, die sich schließlich mit einem bösartigen Racheschwur verabschiedet, dabei untergeht, vergißt man beim Lachen...«

Moralist des Lachens

Lingen gehörte neben Hans Moser und Heinz Rühmann zu den großen Charakterkomikern seiner Zeit.
Es konnte nicht ausbleiben, daß Interviewer sich an
seine Fersen hefteten, wo immer er sich zeigte. Dabei
haßte er nichts mehr als Interviews. Mit viel Geschick
und Raffinesse gelang es ihm auf seine ganz spezielle
Weise, Antworten zu geben, die gar keine waren.
Als er noch in Berlin-Zehlendorf, Hochsitzstraße 149,
wohnte, versuchte ein Journalist sein Glück. Er stand im
Garten des Hauses und riskierte einen Blick durchs
geschlossene Fenster. Im zu ebener Erde gelegenen
Wohnzimmer entdeckte er – gar nichts besonderes: ein
Sofa mit Tisch und Stühlen, einen Sekretär und ein
Klavier. Stockbürgerlich, nichts vom Flair des großen
Stars.
Er drückte auf den Klingelknopf. Nach kurzer Zeit öff-
nete sich die Tür – und ein Kammerdiener im tadellos
sitzenden blauen Anzug erschien. War es Theo Lingen

persönlich? Oder tatsächlich sein Diener? Aber er sah aus wie ein Zwillingsbruder Theo Lingens. Das konnte nicht sein! Also mußte es doch Lingen selbst sein. Aber warum trug er zu Hause Dienerkleidung mit weißem Stehkragenhemd und schwarzer Fliege? Der Frager (= F) war nicht übel verwirrt.

Er faßte sich und forschte schüchtern: »Verzeihen Sie, bin ich hier richtig bei Lingen, bei Theo Lingen?«

Lingen (= L): »Sie sind es, mein Herr. Darf ich Sie fragen, zu welchem Behufe Sie hier erschienen sind?«

F: Ich komme von der »Filmwelt« und habe den Auftrag, Herrn Lingen in seinem Heim zu fotografieren und der Leserschaft der »Filmwelt« etwas über sein Privatleben zu erzählen.

L: Das, mein Herr, wird Ihnen im Augenblick schwerfallen.

F: Warum?

L: Weil, wie Sie sehen, Herr Lingen nicht zu Hause ist.

F: Aber ich sehe Sie doch!

L: Was wollen Sie damit sagen?

F: Sie selbst sind doch Herr Lingen!

L: Mitnichten, mein Herr! Ein Irrtum Ihrerseits.

F: Hm. Das glaube ich nicht.

L: Ich bin der Diener. Der stets dienende Diener.

F: Entschuldigen Sie, daß ich lache!

L: Bitte. Bitte, gern. Ich bin es gewohnt, daß man über mich lacht. Tun Sie sich also keinen Zwang an.

Lingen verzieht keine Miene, bleibt todernst.

F: Aber diese Ähnlichkeit ist doch frappant!

L: Ich bin mir ihrer bewußt und trage dieselbe mit

Würde. – Nun, zu Punkt zwei Ihrer geschätzten Ausführung. Darf ich Sie bitten, näher zu treten! Ich betrachte es als meine Pflicht, meinen sonstigen, selbstverständlich verschwiegenen Charakter den Lesern der »Filmwelt« und Ihnen gegenüber zu verleugnen und das mystische Geheimnis, das die Zusammenhänge augenblicklich noch verschleiert, zu lüften. Bitte, fragen Sie!

F: Wenn Sie nun wirklich nicht Herr Lingen persönlich sind, sondern nur sein Diener – verzeihen Sie nochmals, daß ich mich von meinem verständlichen Erstaunen erst erholen muß und meine Fragen nicht gleich so beieinander habe – aber nehmen wir an, Sie wären tatsächlich der Kammerdiener von Herrn Lingen …

Der Frager hatte sich inzwischen in das im Obergeschoß gelegene Herrenzimmer mit Bücherregal, Schreibtisch, Ruhesofa und blumengemusterten Sesseln komplimentieren lassen.

L: Ich muß mir ganz ergebenst diese Unterstellung verbitten.

F: Also gut, Sie sind der Kammerdiener! Aber wenn Sie nun nicht Herr Lingen sind, wo, bitte, ist dann Herr Lingen selbst?

L: Er ist, wie ich bereits erwähnte, mein Herr – nicht zugegen.

F: Das habe ich bereits von Ihnen gehört, kann es aber nicht glauben.

Lingen wirft dem hartnäckigen Besucher einen bösen, strafenden Blick zu.

F: Also lassen wir das! Wie ich aber sehe, fühlen Sie sich hier ganz wie zu Hause.

L: Kunststück!

F: Entschuldigen Sie – Sie müssen es eigentlich ja am besten wissen ... Ich frage nur, weil es die Leser der »Filmwelt« gewiß am meisten interessiert ... Sie müssen das verstehen ... Also: wie ist denn Herrn Lingens Privatleben? Was tut er in seiner Freizeit, womit beschäftigt er sich?

L: Sie schneiden hiermit ein Thema an, das mich persönlich bis ins Innerste trifft. Trotzdem möchte ich mich über die vorzüglichen Eigenschaften meines Herrn in keine nähere Erörterung einlassen, weil das sonst fast wie Selbstlob klingen würde. Sie wissen ja, ein guter Herr und ein guter Diener sind, wie bereits Goethe einmal gesagt hat, immer ein und dieselbe Person ...

Dieses Interview, ob fiktiv oder nicht, zeigt, wie scharf Lingen sein öffentliches Leben von seinem Privatleben trennte. Da der umjubelte Spaßmacher – dort der in sich gekehrte, verschlossene und hochgebildete Privatmann.

Bei einem anderen Interview antwortete er selbst auf die so naheliegende Frage an ihn als Fachmann, was denn nun eigentlich Humor sei, ausweichend. Verständlicherweise: Schöpferische Künstler interpretieren sich nur ungern selbst.

F: Wie definieren Sie den Begriff Humor, Herr Lingen?

L: Mit dem paradox klingenden, vielgebrauchten Zitat:

»Humor ist, wenn man trotzdem lacht.« Das Wort »trotzdem« beinhaltet, daß man trotz der Widerstände des Lebens, der Schwierigkeiten und des Kummers das Lachen nicht vergessen soll.

F: Welche Autoren liegen Ihnen am meisten – und welche halten Sie für die bedeutendsten auf dem Gebiet des Humors?

L: Wenn es auch nach »Opas Meinung« klingen sollte, für mich sind die Klassiker immer noch die wichtigsten und größten Humoristen.

F: Welche Kollegen schätzen Sie besonders? Gab es für Sie so etwas wie ein Vorbild?

L: Ich bin kein guter Kopierer. So konnte ich die von mir so bewunderten Komiker Charlie Chaplin und Buster Keaton nicht imitieren und mußte einen eigenen Stil entwickeln.

Solche Interviews haben Seltenheitswert.

Lingen galt als der größte Schweiger unter den großen Komikern. Gemessen an ihm war der ebenfalls als interviewfeindlich verrufene Heinz Rühmann ein Ausbund von Kontaktfreudigkeit. Und wenn Lingen sich schon mal ein paar Antworten entlocken ließ, blockte er den Interviewer sofort ab mit der Bemerkung: »Aber das ist nichts zum Schreiben!«

Aber wie kam es nun, daß der große Schweiger in der Rolle des Komikers so beredt wirkte? Wo immer er auftrat, auf der Bühne, im Film oder später beim Fernsehen: Er produzierte einen Generalangriff auf die Lachmuskeln. Seine Komik funktionierte mit der Präzision eines Uhrwerks, er umgab sich mit einer Aura von Pedanterie und der steifen Würde eines Zeremonienmeisters. Immer wußte er sich genau zu präsentieren, fast überkorrekt und distanziert.

Lingens Komik kam sozusagen direkt, ohne Umwege zum Publikum. »Schauspielerisch«, sagte einmal Oskar Maurus Fontana, »beruht das Komische auf dem Widerspruch zwischen einer Existenz, wie sie sicht- und hörbar wird, und dem, was sie sein soll oder sein möchte.« Diese Definition macht begreiflich, warum Lingen immer wieder Diener-Rollen spielte. Als Diener war er trotz seiner Abhängigkeit von seinem Herrn oft klüger als dieser – oder er hielt sich nur für klüger und fiel daher von einer Dummheit in die andere.

Als »Diener wider Willen« bezeichnete er sich einmal. Damit hatte er das Besondere seines charakteristischen Stils genau getroffen. Aus dem Kontrast zwischen seinem eigentlichen Wesen und der äußeren Spielsituation erwuchs beim Zuschauer das Gelächter. Aus der angenommenen oder wirklichen Überlegenheit über den Herrn entsteht ein beifälliges Lachen, aus der Unterlegenheit ein mitleidiges Lachen.

Und das, obgleich Lingen meist mit fast unbeweglichernstem Gesichtsausdruck spielte. Sein Witz galt als scharf und spitz, behend und angreifend. Wo er zum Lachen reizte, übte er somit meist eine gewisse Kritik. Er wollte keine Versöhnung mit den menschlichen Schwächen, sondern durch sein Spiel auf sie aufmerksam machen. Fontana nannte ihn einen »Moralisten des Lachens«.

Lingens Spiel wirkte wie aufgezogen. Er schnurrte seine Rollen herunter, biederte sich nie beim Publikum an. Seine Wirkung beruhte auf motorischer Emsigkeit, auf einer fast inhumanen, herzlosen Intensität, die den Zuschauer vom Stuhl riß. Er war wohl deshalb ein so großer Komiker, weil er immer mehr war als nur ein Darsteller komischer Rollen. Und so gehörte er mit seinem Hüsteln und Räuspern, dem dozierend erhobenen Zeigefinger, seiner besonderen Art, die Stirn in Falten zu legen zum festen Repertoire des deutschen Lustspielfilms. Dieser bis zur Marionettenhaftigkeit präzise Schauspieler wurde zwar jahrelang vom Film regelrecht »verheizt«, aber man konnte ihn trotzdem in jeder Klamaukrolle in neuer Frische erleben, so als bediene er sich seiner altbewährten Technik zum ersten Mal.

Filmprogramm zu »7 Jahre Pech«, 1940, mit Hans Moser, Clara Tabody,
Olly Holzmann und Wolf Albach-Retty

Was wird hier gespielt?

Lingen war nicht nur ein großartiger Darsteller ernster und komischer Rollen, sondern er hatte einen so eigenen Stil entwickelt, daß es ihn immer wieder reizte, sich Stücke sozusagen auf den Leib zu schreiben.

Die Idee zu seinem ersten eigenen Stück hatte Lingen schon lange im Kopf herumgespukt, und als er eines Tages krank wurde und das Bett hüten mußte, nutzte er die Chance, seine Ideen zu Papier zu bringen. Beim Schreiben passierte ihm allerdings Seltsames: Die Rolle, die er für sich selbst erdacht hatte, wurde im Verlauf des Stückes immer älter, und als er mit seiner Arbeit fertig war, mußte er mit Erstaunen feststellen, daß er zu jung für die Rolle war. Gleichwohl übergab er sein Stück einem Verlag, es wurde angenommen, er erhielt einen Vorschuß – aber aufgeführt wurde es nie. So ist der Titel bedeutsam genug für das Stück selbst: *So kann man sich täuschen*.

Lingen, der zur Entspannung sehr gern Krimis las,

schrieb auch selber Kriminalstories, so den Band »Das kann doch nicht wahr sein«, in dem es unter anderem um Geiselnahme und Flugzeugentführung geht. Er war überzeugt, daß gerade das Absurdeste, Grausamste und Schrecklichste leider der Realität häufig am nächsten kommt.

Seine nächste Arbeit fürs Theater war ein Kriminalstück mit dem Titel *Was wird hier gespielt?* Das Stück entstand in einem Schaffensrausch an drei aufeinanderfolgenden Sonntagen in Rom, wo Lingen einen Film mit Benjamino Gigli drehte.

Es war ein sehr heißer Sommer, und Lingen hatte keine Lust, sein Hotelzimmer zu verlassen. Also brachte er jeden Sonntag einen Akt zu Papier. Sobald er fertig war, bat er Paul Kemp, der in jenem Film ebenfalls mitspielte, auf sein Zimmer und las ihm den Text vor. »Paulchen« war begeistert – und eines Tages hörte Gründgens von Lingens neuesten Geistesblitzen. Er las das Stück, brachte einige Änderungen an und übernahm es für das Kleine Haus des Staatstheaters in der Nürnberger Straße in Berlin. In der Uraufführung am 11.5.1939 spielten unter Lingens Regie Hans Leibelt, Paul Henckels, Charlotte Witthauer, Lola Müthel, Franz Weber, Werner Stock, Joana Maria Gorvin, Elsa Wagner und Lingen selbst. Später verfilmte Lingen seinen Stoff in eigener Regie mit Fita Benkhoff, Otto Wernicke, Paul Henckels und Paul Kemp.

Was wird hier gespielt? – eine Pariser Ehebruchskomödie. Die Personen: die junge Frau, der ältliche Ehemann, der Freund, ein Bett und ein Kleiderschrank. Der Freund

(Lingen) – eine zunächst stumme Rolle – muß vor dem plötzlich zurückkehrenden Ehemann (Franz Weber) in den Kleiderschrank flüchten. Der gehörnte Ehemann durchschaut blitzschnell die peinliche Lage, in der sich seine Frau (Charlotte Witthauer) befindet, stürmt zum Schrank, reißt die Tür auf, ruft dabei mit theatralischen Othello-Tönen: »Heraus mit Ihnen, mein Herr, Sie sind erkannt!«

Aber – der Schrank ist leer! Vom Freund keine Spur!

Dieser peinliche Vorfall kommt nun vors Tribunal: Der Zuschauerraum erhellt sich, und das Publikum spielt mit. Ein Kriminalkommissar (Hans Leibelt) steigt über die Rampe und übernimmt die Untersuchung des Falles.

Und nun fragt sich jeder: Wo ist der Mann im Schrank? Da setzt sich die Drehbühne in Bewegung und gestattet dem Publikum einen Blick hinter die Kulissen und auf den nervösen Regisseur (Henckels), die verwirrte Zofe (Müthel), den aufgeregten Inspizienten (Stock) und nicht zuletzt auf den Theaterdirektor Leopold von Ledebur.

Die Probleme häufen sich, denn nicht nur der Freund ist verschwunden, sondern auch die Kassiererin mit der vollen Kasse!

Der Kriminalkommissar hat alle Hände voll zu tun, verdächtigt mindestens drei Personen aus dem Publikum, nimmt Verhöre vor, die Turbulenz steigert sich, die Nervosität von der Bühne greift in den Zuschauerraum über – da, endlich, entdeckt der Kommissar den leicht verletzten Freund in der Versenkung.

Ein »dramatisiertes Preisrätsel«, urteilte der Kritiker Franz Götke, »Theater im Theater«. Es wurde mit viel Tempo und Witz gespielt. Autor, Regisseur und Schauspieler Lingen triumphierte, und das Publikum genoß den Abend mit schmunzelndem Vergnügen, obgleich Lingen für volle zwei Akte verschwunden geblieben war. Der Pfiff an der Sache war, daß das Stück eigentlich aus zwei Stücken bestand: dem ersten Teil bis zum Verschwinden des Freundes im Schrank und dem zweiten – der Suche nach diesem Freund.

In diesem Stück hatte Lingen sich selbst recht stiefmütterlich behandelt, noch keine Hauptrolle zugedacht. Das sollte sich im nächsten grundlegend ändern. Er schrieb das Lustspiel *Johann* mit einer Bombenrolle für sich: einer Dienerrolle!

Dieser Story ging keine lange Gedankenvorarbeit voraus. Die Idee kam ihm schlagartig während einer S-Bahnfahrt mit seiner Frau von Berlin-Zehlendorf zum Potsdamer Platz. Am Schöneberger Bahnhof überkam es ihn: Er blieb stehen und begann seiner Frau die Geschichte zu erzählen. Sie gingen weiter, und als sie am Potsdamer Platz angekommen waren, war die Geschichte zu Ende. Er sagte »Vorhang!« – und das Spiel konnte beginnen.

Johann wurde 1942 uraufgeführt, am Samstag, dem 14. Februar, im Kleinen Haus des Staatstheaters Berlin. Die Uraufführung war ausverkauft, wegen möglicher Luftangriffe begann die Vorstellung schon um 18 Uhr und endete um 20.15 Uhr.

Lingen war wieder Autor, Regisseur und Hauptdarsteller

in einer Person, für das Publikum Garantie genug, einen vergnüglichen Abend zu genießen.

Ort des Lustspiels: Schloß Zierndorf, irgendwo. Diener Johann (Lingen) tritt in drei verschiedenen Lebensaltern auf. Zunächst als Kammerdiener des leicht ermüdeten und ältlichen Grafen Julius Desiderius von Zierndorf (Luis Rainer). Der Graf hatte gerade eine junge Frau geheiratet – und der Diener entdeckte in der aparten Gräfin seine einstige Verlobte, damals das Stubenmädel Miezi und zur selben Zeit wie er im Hotel Adlon beschäftigt. Die alte Liebe bricht wieder auf, und Johann übernimmt weitgehend die Pflichten seines gräflichen Herrn, was nicht ohne Folgen bleibt. Im übrigen bleibt die glanzvolle Karriere der Frau Gräfin (Käthe Haack) ungestört.

Der zweite Akt spielt 25 Jahre später. Die Gräfin, inzwischen Witwe, ist in der gräflichen Umgebung völlig heimisch geworden – dank der weisen Unterstützung und Überlegenheit des Dieners Johann, der sich nun auch mit väterlicher Fürsorge um den jungen Herrn, Graf Kurt von Zierndorf (Kurt Meisel), kümmert.

Zwei Jahre später, letzter Akt: Johann ist mittlerweile einem Schlaganfall erlegen. Da erscheint ein wendiger Finanzberater im Schloß, um die wirtschaftlichen Schwierigkeiten zu überprüfen und Abhilfe zu schaffen. Auf dem Theaterzettel war dieser Herr nicht genannt, aber der Verdacht liegt nahe, daß er – die Ähnlichkeit ist verblüffend – mit dem jungen Johann identisch ist!

»Mit Witz und Lust, aber auch mit Takt hat Lingen dieses Spiel gebaut, sich zum vielseitig bestätigten Erfolg, dem

Publikum zur hellen Freude«, schrieb der Kritiker Otto Schabbel.

»Der Autor Lingen arbeitet nicht bloß mit unverwüstlichen alten Witzen, er arbeitet auch mit theatermäßigen Überraschungen, so vor allem, wenn im dritten Akt die Hauptrolle plötzlich zur Doppelrolle Vater und Sohn erweitert wird ... Im Grunde ist das Stück eine wirksame Haupt- und Doppelrolle, die der Darsteller Lingen mit virtuoser komischer Mimik..., mit geschäftlicher Sachlichkeit, anfangs stilvoll langsam, zuletzt modern tempohaft und mit diskreter Sentimentalität zum Siege führte«, so der Kritiker Walter Kaul.

Und ein dritter Rezensent, Dr. Eugen Hollerbach: »Theo Lingen hat einen tiefen Griff in diese weitschichtige Tradition getan. Sein Stoff ist dem Herodot entnommen ... Theo Lingen aber ist in dieser Komödie noch viel mehr als der Hauptdarsteller. Er ist Autor, Spielleiter, Vater und Sohn, Hauptfigur im weitesten Sinne. Ein bißchen Kolportage, ein bißchen Schwank, ein bißchen Kabarett mit brillierendem Wortwitz, wie ihn einst die Stegreifkomödie zum Maß aller Dinge erhob, ein bißchen Anzüglichkeit und allerlei klug verstreute Überrumpelungen und Überraschungen...«

Im Ensemble befand sich ein Schauspieler, der nicht damit zurückhielt, daß er seine Rolle sehr ungern spielte. Immer wieder fragte er, wann das gräßliche Stück denn endlich abgesetzt würde. Es war Kurt Meisel, der Darsteller des Grafen Kurt von Zierndorf. Doch obwohl er einige hundert Aufführungen über sich ergehen lassen mußte, hielt er tapfer durch und spielte seine

Rolle hervorragend. In der Uraufführung saß auch Lingens kleine Tochter Ursula, die eigentlich noch gar nicht ins Theater hätte gehen dürfen, aber der Papa hatte ihr den Besuch erlaubt. Neben ihrer Mutter sitzend, gefiel Uschi dieser Kurt von Zierndorf ganz besonders. Sie wollte diesen Kurt, der im Stück Lingens Sohn und zugleich Halbbruder war, immer wieder sehen. So lange, bis sie ihn, Jahre später, heiratete und zu Lingens Schwiegersohn machte.

Lingen ging mit seinem *Johann* auf Tournee. Das Stück wurde überall gleichermaßen positiv aufgenommen. Die Wiener Presse zum Beispiel schrieb: »Ein bezauberndes, ungemein menschliches Stück in einer tadelfreien Aufführung: Mehr kann von einem schönen Theaterabend wirklich nicht erwartet werden. Der Autor war so gerührt über den Erfolg, daß er sich von den Hauptdarstellern Autogramme geben ließ.«

Johann wurde auch verfilmt, aber dem Film war kein so günstiges Schicksal beschieden wie den Theateraufführungen. Es gab Schwierigkeiten mit der Reichskulturkammer: In dem Streifen wurde mit den adligen Herrschaften nicht ganz standesfein verfahren. So wurden die »anstößigen« Stellen einfach herausgeschnitten, insgesamt 700 Meter, was dem Film natürlich nicht bekam. Er wurde unverständlich.

Paul Hörbiger erinnert sich an jene Zeit:
»Den Theo Lingen traf ich erstmals in Berlin. Ich wohnte in einem dreieckigen Haus, der Theo in meiner unmittelbaren Nähe. Eines Tages sah ich ihn auf der Straße, er

war mit seinem kleinen roten Auto, für das man keinen Führerschein benötigte, unterwegs. Ich fragte ihn: ›Sagen Sie, Herr Lingen, was denken Sie über Hitler?‹

Seine Antwort war kurz und prägnant: ›Hitler – ein Verbrecher!‹

Am liebsten hätte ich Theo Lingen auf offener Straße abgebusselt. ›Ja‹, sagte ich zu ihm, ›er ist ein Verbrecher, und ein größenwahnsinniger dazu.‹ Über unsere Übereinstimmung sind wir in dieser Sekunde per du geworden.

Mit Theo Lingen war ich auch zusammen, als wir in meinem Berliner Haus über den verbotenen österreichischen Sender am 11. März 1938 die Rede des demissionierten Bundeskanzlers Dr. Kurt von Schuschnigg hörten, mit den historischen letzten Worten ›Gott schütze Österreich‹. Der Willi Forst war auch dabei, dem ist ganz schlecht geworden.

1944 besuchte ich den Theo in seinem Haus im Salzkammergut am Wolfgangsee. Wir angelten den ganzen Tag. Gegen Abend sagte er zu mir: ›Paul, schick die Kinder nach Hause und komm zu mir. Ich krieg heute interessanten Besuch.‹

Ich ging also zu Theo, und knapp vor Mitternacht standen zwei völlig zerlumpte Figuren in der Tür. Es waren zwei Franzosen, Kriegsgefangene, die bei einem Bauern in der Nähe zur Arbeit eingeteilt waren.

Das war eine interessante Nacht. Beide hatten Verbindung zur französischen Widerstandsbewegung. Wir statteten die beiden mit Zivilkleidern aus, so konnten sie untertauchen, bis der Krieg vorüber war.«

Hans Moser erinnert sich:

»Im Dritten Reich gab es eine Liste, die sich dieser schreckliche Goebbels hat einfallen lassen. Darin waren alle jene ›Filmschaffenden‹ aufgeführt, die nur mit seiner ›Sonderbewilligung‹ beschäftigt werden durften. Die Amerikaner haben dann nach 1945 diese Liste veröffentlicht, und ich erinnere mich noch gut daran.

Der Goebbels hat hinter jeden Künstlernamen den Grund der Verteufelung geschrieben. Zum Beispiel:

Theo Lingen:	Mit Halbjüdin verheiratet.
Hertha Feiler:	Vierteljüdin.
Heinz Rühmann:	Mit Vierteljüdin verheiratet.
Leo Slezak:	Mit Volljüdin verheiratet.
Paul Henckels:	Halbjude, mit Volljüdin verheiratet.
Georg Alexander:	Mit Volljüdin verheiratet.
Ralph Benatzky:	Mit Volljüdin verheiratet.
Henny Porten:	Mit Volljuden verheiratet.
Maria Eis:	Mit Halbjuden verheiratet.
Hans Albers:	Mit Volljüdin verheiratet.
Hans Moser:	Mit Volljüdin verheiratet.«

Lingen arbeitete während des Krieges mit besonderer Hektik. Film auf Film entstand, und zunehmend betrauten ihn die Produzenten mit Regie-Aufgaben.

1941 verfilmte Theo Lingen die Operette *Frau Luna* mit der Musik von Paul Lincke. Lizzi Waldmüller, Fita Benkhoff, Paul Kemp, Günther Lüders und Hubert von Meyerinck waren mit von der Partie. Theo Lingen in der Rolle des Lepke hatte einen Ringkampf zu bestehen, der sich sehen lassen konnte. Kurt Seifert als Ringrichter im Frack bemühte sich um Fairneß. Schließlich bekam der Herausforderer im Taumel des beginnenden neuen Jahres den riesigen Klöppel des Gongs, mit dem das neue Jahr angekündigt wurde, auf den Kopf und ging zu Boden. Theo Lingens Rettung. Das Licht ging aus. »1900! Prosit Neujahr!« riefen alle im weiten Rund des Zirkuszeltes und fielen sich in die Arme. Lingen, der Regisseur, amüsierte sich sehr, als sein Film von den Nazis ein Prädikat bekam: Volkstümlich wertvoll.

Daß aus Schauspielern häufig Regisseure werden, ist nichts Neues. Fast jeder Schauspieler, der für seine Rolle mehr mitbringt als Talent und ein passables Äußeres, verspürt früher oder später den Wunsch, selbst einmal Regie zu führen.

In diesem Zusammenhang sind einige hervorragende Filmregisseure zu nennen: Da wäre zum Beispiel an Willi Forst zu erinnern, an Heinz Rühmann, an Viktor de Kowa und an Johannes Riemann.

Lingen als Regisseur war kein stimmgewaltiger Diktator, der seine Darsteller herumkommandierte. Im Gegenteil: seine Regieanweisungen erfolgten ruhig, sie waren eher bittend als fordernd. Er verstand es, mit wenigen Worten das Wesentliche einer Szene herauszuarbeiten. Lingen probte gern ohne Firlefanz, er verzichtete zum Beispiel auf die mit den Namen des Regisseurs und der Schauspieler bezeichneten »Hollywood-Stühle«, er verzichtete auf Scheinwerfer mit grellem Licht, die die Künstler nur unnötig ermüdeten und benützte deshalb hochempfindliches Filmmaterial, für das schwächere Scheinwerfer ausreichten. Und vor allem lockerte er die

Probenarbeit durch heitere Einlagen auf. So hielt er zwischen zwei Einstellungen zu *Marguerite: 3* eine flammende Rede auf den Vamp – und Romanowsky hatte gewettet, daß Lingen sich bei seiner langen Rede trotz großer Zungenfertigkeit verhaspeln würde. Lingen lächelte siegessicher, legte los, alles schien gut zu gehen – dann stolperte er doch über ein Wort.

Romanowsky verließ daraufhin eilig und schuldbewußt den Raum. »Sagen Sie einem«, erklärte er, »er soll drei Minuten lang an keinen Bären denken, und er wird fortwährend daran denken müssen, auch wenn er es sonst jahrelang nicht tut.«

Ähnlich wie bei der Filmarbeit verhielt sich Lingen auch als Theaterregisseur. Es ging ihm ausschließlich um das Stück und um die Schauspieler. Er schätzte es überhaupt nicht, wenn Regisseure ihre Interpretation über ein Stück stülpten. Richtlinie war für ihn ausschließlich die Absicht des Dichters. Und er zitierte gern den Satz: »Der beste Regisseur ist der, den man nicht bemerkt.« Er war der Ansicht, der Regisseur habe lediglich Geburtshelfer für die Idee des Autors zu sein.

Selbst in den Jahren 1944/45 war Theo Lingen ein vielbeschäftigter Mann. Er drehte eine ganze Reihe von Filmen in den Hostiwar-Ateliers in Prag.

Er war unter anderem neben Albert Matterstock und Mady Rahl in der Kriminalkomödie *Schuß um Mitternacht* zu sehen, die erst 1950 zur Uraufführung gelangte. *Glück muß man haben* hieß eine musikalische Liebeskomödie mit Paul Hörbiger, Hans Holt, Hilde Hildebrand und ihm selbst in den Hauptrollen. Auch dieser von Theo Lingen inszenierte Film erlebte seine Premiere erst nach dem Krieg. Die Komödie *Philine* mit Winnie Markus, Siegfried Breuer und Theo Lingen entstand damals gleichfalls unter seiner Regie. Uraufführung war erst 1949.

1 Feingemacht für den Fotografen

2 Klassenbild Goethe-Gymnasium Hannover: Theo Lingen
zweiter von links in der zweiten Reihe

3 Mit Chordamen des Kurtheaters Bad Oeynhausen

5 In Jacques Offenbachs »Pariser Leben«, Städtische Bühnen Frankfurt/Main, 1929 ▷

4 Als Dorantes in Molières »Der Bürger als Edelmann«, Stadttheater Münster, 1925

6 In seinem ersten Film »Dolly macht Karriere« mit (v. l. n. r.) Alfred Abel, Kurt Gerron und Dolly Haas, 1930

7 Als Mitglied des Gangster-Syndikats in dem Fritz-Lang-Film »M« mit (v. l. n. r.) Fritz Gnaß, Gustaf Gründgens, Fritz Odemar und Paul Kemp, 1931

8 In Bertolt Brechts »Mann ist Mann« am Staatstheater Berlin mit (v. l. n. r.) Peter Lorre, Wolfgang Heinz und Alexander Granach, 1931

9 Mit Willi Forst in dem Filmlustspiel »Ihre Durchlaucht, die Verkäuferin«, 1933

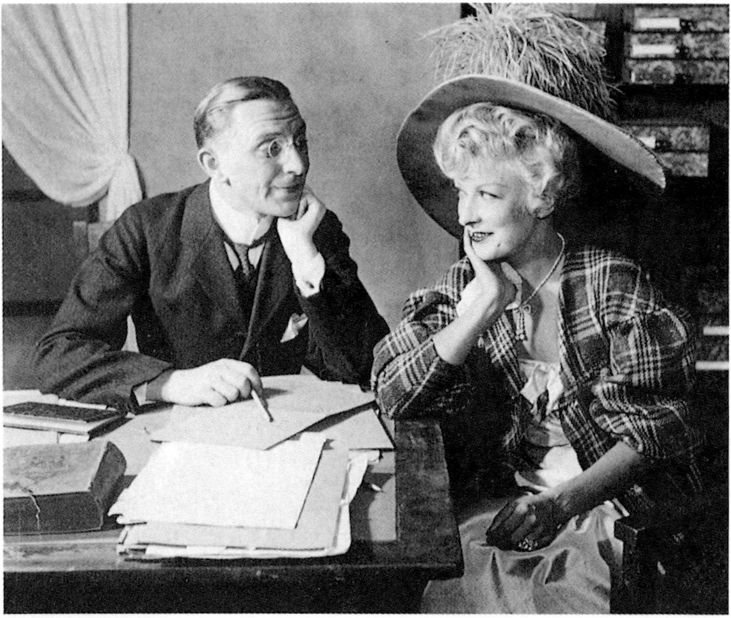

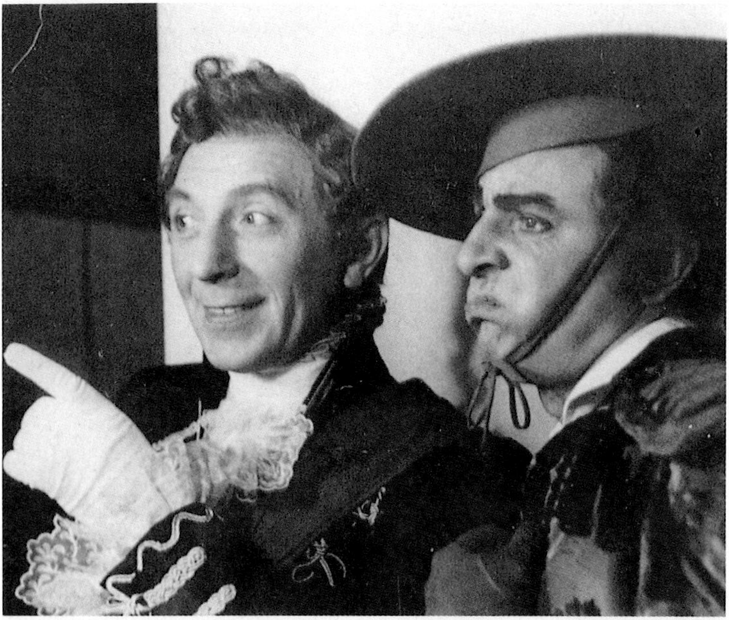

10 Linke Seite oben: Mit Hilde Hildebrand in der Ludwig-Thoma-Komödie »Moral«, Komödienhaus Berlin, 1932

11 Linke Seite unten: In der Gründgens-Inszenierung von Jacques Offenbachs »Die Banditen« als Antonio, Städtische Oper Berlin, 1932

12 Oben: Mit Gustaf Gründgens in Paul Apels »Hans Sonnenstößers Höllenfahrt«, Staatstheater Berlin, 1936

13 Unten: In der Titelrolle von Molières »Tartuffe« mit Jakob Tiedtke, Volksbühne Berlin, 1936 ▷

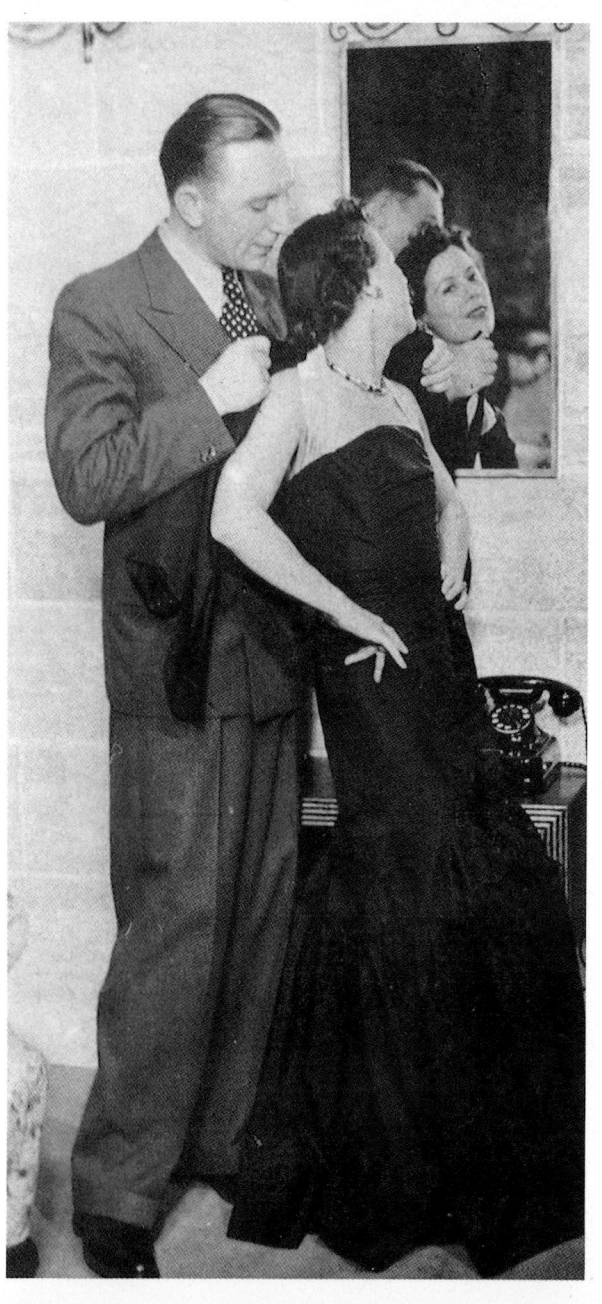

14 Mit Maria Bard
in Fritz Schwie-
ferts »Marguerite:
3«, Staatstheater
Berlin, 1938

15 Mit Heinz Rühmann in der Filmkomödie »Ungeküßt soll man nicht schlafen geh'n«, 1936

16 Mit Gusti Huber in der Verfilmung des großen Bühnenerfolgs »Marguerite: 3«, 1939

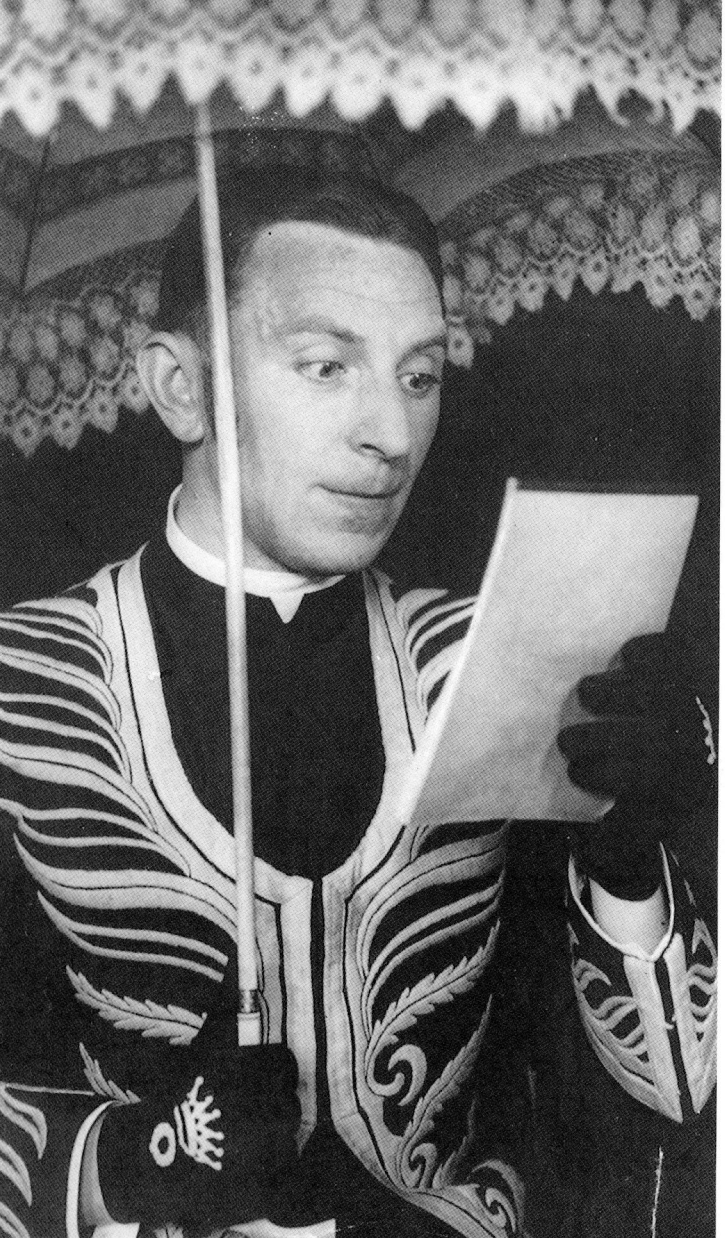

18 Ein bewährtes Komiker-Trio der dreißiger und vierziger Jahre waren Hans Moser, Paul Hörbiger und Theo Lingen: Hier in dem Filmlustspiel »Immer, wenn ich glücklich bin . . .«, 1938.

17 Linke Seite: Als Malvolio in Shakespeares »Was ihr wollt«, Regie Gustaf Gründgens, Staatstheater Berlin, 1937

19 Mit Claire Waldoff in dem Kabarett-Sketch »Romeo und Julia« in der Berliner Scala, 1936

20 In der Verfilmung seines erfolgreichen Bühnenerstlings, dem Kriminalstück »Was wird hier gespielt?«, mit Fita Benkhoff, 1940

21 Einer der größten Filmerfolge des Jahres 1940 war das Lustspiel »Sieben Jahre Pech«: Szene mit Ida Wüst.

»Bevor du lebst, stirbste – denkste.«

Von Lingen oft zitiertes Berliner Sprichwort

Neuanfang und Gedankenfreiheit

L ingen hatte sich schon vor Kriegsende mit seiner
Familie nach Strobl am Wolfgangsee zurückgezogen,
und hier hatte er auch noch seinen Wohnsitz, als das
Dritte Reich endgültig zu Ende ging. Er litt, wie alle
deutschen Schauspieler, unter der schrecklichen, thea-
terlosen Zeit. Besorgt und zugleich erwartungsvoll sah
man nun in eine ungewisse Zukunft. Johannes Heesters
erinnert sich:
»Im Winter 1945/46 erhielt ich mein erstes Nachkriegs-
Rollenangebot. Es kam von den Russen aus Budapest.
Meine erste Reaktion war: ablehnen. Aber dann erfuhr
ich, daß außer einer recht ansehnlichen Gage täglich ein
US-Dollar Diäten bezahlt werden sollte.
Mein Gott, US-Dollar in der damaligen Zeit – unglaublich!
Ich hörte, daß auch Hans Moser und Theo Lingen ein
solches Angebot bekommen hatten. Wir verabredeten
uns und nahmen an.

Mit dem Bummelzug fuhren wir nach Budapest, unter sowjetrussischer Bewachung. Der Zug war völlig überfüllt, die Leute saßen auf den Dächern und hingen zwischen den Waggons.

Nachts um zwei Uhr kamen wir in Ungarns geschundener Hauptstadt an. Es wimmelte nur so von Heimatlosen und Entwurzelten. Flüchtlinge, Soldaten, Zigeuner, endlich befreite und nur mit knapper Not dem Tod entronnene KZler – alles durcheinander. Sie liefen, warteten, lagerten, schliefen. Natürlich trieb sich auch eine Menge Diebesgesindel herum. Um mit unseren Koffern nach draußen zu kommen, mußten wir drei einen Schlachtplan entwickeln. Lingen und ich gingen mit einem Teil des Gepäcks auf die Straße, Moser blieb mit dem Rest zurück. Dann kehrte ich um, Lingen blieb bei der ersten Fuhre. Mit Moser zusammen und den übrigen Gepäckstücken fand ich mich dann wieder bei Lingen ein.

Dann kam ein Wagen, jemand sagte im breiten ›Deitsch‹: ›Bittaschön mitkommen, Reschisssser wartet auf Kinstler schon!‹

Wir landeten in einer Pension. Und schon stand Theo Lingen in meiner Zimmertüre: ›Herr Heesters, wir können hier nicht bleiben, die Zimmer sind voller Läuse, legen Sie sich bloß nicht ins Bett, wer weiß was da drin noch alles herumkrabbelt.‹

Am nächsten Tag zogen wir um, wir bekamen unseren täglichen Dollar und warteten. Der Film wurde nie gedreht. –

Mit Theo Lingen habe ich viele Filme gemacht, ich habe ihn auch als Regisseur kennen- und schätzengelernt. Er war ein guter Kollege und ein sehr lieber Mensch. Ich hatte ihn gern. Wenn wir uns in späteren Jahren zufällig in irgendeinem Hotel trafen, fragte er: ›Herr Heesters, was machen Sie mit Ihrem Geld?‹

Ich sagte: ›Ich lege es für mein Alter zurück.‹

Lingen: ›Wie weit zurück?‹

Ich: ›Soweit, daß ich mich noch nach ihm umdrehen kann, ohne einen Hexenschuß zu bekommen.

Lingen: ›Ich habe VW-Aktien gekauft und Mercedes abgestoßen‹ – oder umgekehrt.

Wir sprachen miteinander wie zwei besorgte Börsen-Makler. Zum Schluß sagte er: ›Verdammt, ich spiele kein Theater mehr, ich mache Schluß mit allem.‹

Und immer wieder sah ich ihn dann im Fernsehen, und er spielte auch im Theater dies und das. Sogar Werbung machte er.

Zuletzt haben wir in der Fernsehfassung von *Hochzeitsnacht im Paradies* miteinander gearbeitet. In der Schwipsszene war er ein wunderbarer Portier.

Nach Drehschluß erklärte er: ›Das war das letzte Mal. Kein Theater mehr, kein Fernsehen.‹

Ich fragte: ›Und was sind Ihre Pläne?‹

Lingen: ›Es kommt darauf an, was man mir anbietet.‹«

Man schrieb das Jahr 1946, und das Schicksal schien es nicht gar zu übel mit Lingen zu meinen. Er war nicht der einzige Schauspieler, der sich vor den Wirren des Krieges nach Österreich und besonders ins Salzkammergut zurückgezogen hatte.

In Bad Ischl, nur zehn Kilometer von Strobl entfernt,

hatte sich zum Beispiel ein ganzes Filmteam niedergelassen, das noch in letzter Minute aus Prag geflohen war. Nichts lag näher, als Kontakt mit den Kollegen aufzunehmen. Zur Freude, den Krieg heil überstanden zu haben, kamen erst zaghaft, dann immer zielstrebiger neue Arbeitspläne.

Alle Möglichkeiten standen offen, es gabe keine Reichskulturkammer mehr, keine Zensuren, keine verbotenen Stücke. So vieles war aufzuarbeiten und nachzuholen, die Literatur stand wieder ohne Einschränkung zur Verfügung. Es war fast unmöglich, von einer Besatzungszone in die andere zu reisen, Postverbindungen bestanden noch nicht, man war auf Kurierdienste von Freunden angewiesen – und es konnte oft Wochen und Monate dauern, bis eine Antwort eintraf. Der Adressat war oft verzogen, verschollen, in den letzten Kriegstagen umgekommen. Die Freude, wieder frei arbeiten zu können, wurde durch diese Einschränkungen jäh gedämpft.

Lingen kam nun eine Sache zu Hilfe, für die er sich im Krieg nie engagiert hatte: Truppenbetreuung. Der amerikanische Standortkommandant von Bad Ischl – das Salzkammergut war amerikanisch besetzt – fragte an, ob er Lust habe, zusammen mit anderen deutschen Kollegen vor amerikanischen Soldaten aufzutreten.

Und ob er Lust hatte. Umso mehr, als zu dem Filmteam, das aus Prag nach Bad Ischl geflohen war, so liebe alte Kollegen gehörten wie zum Beispiel Paul Kemp, Jakob Tiedtke, Gusti Huber. Sie setzten sich zusammen und kramten aus ihrer Erinnerung alte Szenen und Sketche hervor – und so entstand das Programm für einen bunten Abend für die amerikanischen Besatzer.

Das Lehár-Theater in Bad Ischl war intakt und konnte bespielt werden. Welch ein Glück, wieder im Rampenlicht zu stehen!

Auch Theo Mackeben war dabei, spielte verboten gewesene Melodien aus Brechts *Dreigroschenoper*, Johannes Heesters sang Lieder von Emmerich Kálmán, die Schauspieler übersetzten Einakter, die sie zuletzt im Budapester »Orpheum« gespielt hatten, mehr schlecht als recht ins Englische. Lingen atmete wieder die Luft, die ihm am besten bekam, konnte wieder Leute zum Lachen bringen und bekam dafür den Beifall, ohne den kein Schauspieler leben kann. Susi Nicoletti stieß zu ihnen, Siegfried Breuer, Erik Frey, Curd Jürgens.

Bald bekamen sie die Erlaubnis, auch für die einheimische Bevölkerung zu spielen. Sie studierten Franz Molnárs *Spiel im Schloß* ein und fuhren damit durch das ganze Salzkammergut. Auf diese Weise entdeckten viele deutsche Schauspieler Österreich – und Österreich entdeckte sie.

Lingen sorgte dafür, daß auch ein Kindermärchen einstudiert wurde, in dem seine heißgeliebte Tochter Uschi die Hauptrolle spielen durfte: die Prinzessin. Es war ihr erster öffentlicher Auftritt auf einer Bühne ...

Lingen hatte also ohne Bruch den Anschluß an die »neue« Zeit gefunden. Warum sollte er auch, zur Zeit des Zusammenbruchs erst ganze 42 Jahre alt, bereits ein abgeschlossenes Kapitel Filmgeschichte sein? Doch viele aus der alten UFA-Garde versuchten ein Comeback, fanden nicht mehr den Anschluß, schieden aus, wie etwa der charmante Bonvivant Albert Matterstock.

Lingen aber, der denkende, der schöpferische Schauspieler, der seine Komik scheinbar, aber nur scheinbar, aus dem Ärmel schüttelte, hatte sich gewandelt. Sein Wirken während des Dritten Reiches, dieser künstlerische Tanz auf dem Drahtseil, war nicht spurlos an ihm vorübergegangen. Sein Spielstil war nun weniger maneriert, geckig oder betont tolpatschig, er wirkte gereifter, noch präziser, noch schärfer – noch verhaltener in seiner Komik und sparsamer in seinen Mitteln. Es war ihm gelungen, keine Karikatur seiner selbst zu werden. Er hatte an Substanz gewonnen.

Ein Mann, der sich seiner Talente durchaus bewußt war. Wo konnte er sie am besten zum Einsatz bringen? Er sehnte sich danach, wieder einmal echtes, gutes Theater zu spielen. Aber wo? Die Gegend zwischen Linz und Salzburg wurde ihm zu eng.

Große Bühnen lockten ihn, Rollen, die seinem enormen Können und seiner inzwischen noch differenzierteren Rollenauffassung entsprachen. Vereinzelt begannen Theater ihren Betrieb wieder aufzunehmen. Spärliche Nachrichten kamen von Wien, Berlin, München, Hamburg. Keine offiziellen Notizen in der Zeitung, sondern mündlich weitergetragene Neuigkeiten. Die Theater spielten oft unter primitivsten Bedingungen: in ungeheizten Räumen oder mit Heizmaterial, das die Zuschauer mitbrachten. Es wurde durchweg improvisiert, denn Dekorationen, Kostüme und Garderobe waren oft unbrauchbar geworden. Manche Vorstellungen mußten nachmittags gegeben werden, weil für den Abend der Strom gesperrt war.

Das Theaterleben begann wieder zu pulsieren, das war die Hauptsache. Der Mut zum Neuanfang war überall spürbar. Und Lingen in seinem kleinen Strobl sehnte sich danach, selbst wieder aktiv zu werden. Die meisten Schauspieler versuchten, wieder in die Stadt zu kommen, in der sie zuletzt engagiert gewesen waren.

Lingens letzte Theater-Heimat war Berlin gewesen. Aber gerade nach Berlin zu kommen war so gut wie unmöglich. Vier Besatzungszonen in einer Stadt, vier Grenzübertritte, vier Visa – eine Stadt ohne Bewegungsspielraum.

Die Aussichten schienen schlecht, doch blieb Lingen das Schicksal abermals günstig: Ein Kulturreferent der neuen österreichischen Regierung ließ anfragen, ob er nach Wien kommen wolle. Welch eine Frage! Selbstverständlich wollte er.

Er erhielt die erforderlichen Ausweispapiere, doch hing es oft von der Laune der jeweiligen Kontrolleure ab, ob sie sie für gültig erachteten oder nicht. Wien war damals von den Russen besetzt, und der Übergang von der amerikanischen in die russische Zone war nicht selten mit Hindernissen verbunden.

Nun hatte sich aber bei den Schauspielern herumgesprochen, daß das russische Gemüt auf kleine komische Einlagen sehr wohl ansprach. Also setzten sie das Wort *actor* ein, gaukelten den Russen etwas vor – und schon durften sie weitergehen. So auch Lingen.

Als er nach Wien kam, waren sämtliche Bühnen schon

wieder geöffnet, es gab sogar ein neues Theater. Es hieß zeitgemäß: Theater an der Philadelphia-Brücke. Dort trat Lingen zuerst auf. Ein Lustspiel sollte aufgeführt werden, ein Stück von Curt Johannes Braun. Er sah das Textbuch durch, ließ einiges für sich umarbeiten und führte zugleich seine erste Nachkriegsregie in dem in *Benny und Benny* umbenannten Stück: ein heiteres Werk, das den Schauspielern alle Chancen gab, ihre gesamten Möglichkeiten, ihre ganze Skala, an einem Abend zu zeigen.

Schauplatz ist ein kleines Palais in der Vatikanstadt, in dem Diplomaten der verschiedensten Staaten auf neutralem Boden das Ende des Krieges abwarten. Zu ihnen flüchtete sich ein Artist in Zivil und gerät ausgerechnet in das Zimmer der Tochter eines Gesandten. Das Töchterchen ist gerade dabei, dem Herrn Papa zu gestehen, daß ein Kind unterwegs ist. Aber den Namen des Vaters will sie unter keinen Umständen preisgeben. Nun entdeckt der Vater den Fremdling im Zimmer. Sofort bezichtigt er ihn, der große Unbekannte zu sein, und die Tochter bestärkt ihn gewitzt in dem Verdacht, den Vater ihres Kindes vor sich zu haben. Also wird rasch eine überstürzte Vernunftehe arrangiert – und, womit keiner gerechnet hat: zwischen dem Artisten und der Tochter entwickelt sich eine echte und tiefe Liebe. Da der Artist ein prächtiger junger Bursche ist, hat niemand etwas gegen das Happy End einzuwenden.

Lingen spielte den Artisten und gewann nicht nur die Sympathien der Tochter, sondern im Handumdrehen

auch die des Publikums, das ihn nach langer Theaterab-
wesenheit stürmisch feierte.

Wie ein Jongleur spielte er mit den Pointen, immer Herr
der Situation.

Geraldine Katt war ihm eine vollendete Partnerin. Weitere Darsteller: Josef Krastl, Richard Marcell, Maria Wald-
ner, Hans Starkmann und Anton Wengersky.

Lingen stand wieder auf den Brettern, die die Welt
bedeuten – und war selig.

Filmprogramm zu »Nichts als Zufälle«, 1949

Theo – Theophanes

Schon im letzten Kriegsjahr hatte er sich mit einem neuen Stück befaßt. In der »Römischen Geschichte« von Ranke hatte er eine Passage entdeckt, in der der Biograph von Pompejus erwähnt wird, ein griechischer Sklave namens Theophanes, dessen Biographie aber verlorengegangen sei.

Dieser kurze Hinweis war ihm Anlaß genug, sein Stück *Theophanes* zu konzipieren. Und er schrieb zusammen mit seinem alten Freund Franz Gribitz nicht nur eine neue Komödie, sondern zugleich eine Bombenrolle für sich selbst.

Theophanes spielt zur Zeit des Ersten Triumvirats (Cäsar, Pompejus, Crassus), 60 v. Chr. während des Dritten Mithridatischen Krieges. Ein moderner Geschichtsforscher verwandelt sich unversehens in den von ihm entdeckten antiken Chronisten Theophanes, den gebildeten Sklaven und Sekretär des Crassus, der im Auftrag seines Herrn in Kriegsvorbereitungen steckt, mit Pompejus wegen der

Übernahme der Heerführung verhandelt und mit der schönen Seeräuberfürstin Heliane einen Neutralitätspakt abschließen will. Dabei überschneidet sich die Denk- und Ausdrucksweise des klassischen Altertums mit der Terminologie der Gegenwart. Römisches Imperium und moderner Imperialismus gehen eine Begriffsverbindung ein.

Lingen entwickelte dazu dialektisch raffinierte, ironische, an Shaw geschulte Dialoge. Antik gewandet agierte Theophanes auf einer Couch im modernen Appartement mit dem Telefon, und der Anachronismus wurde auch im Bühnenbild auf die Spitze getrieben.

Lingen hatte ein neues deutsches und vor allem ein geistvolles Zeitstück geschaffen. Da wird 60 v. Chr. vom Zehnstundentag gesprochen, von Streikfonds, Demontage, Bridge-Turnier, Stromsperre und Kriegserklärung. Der kluge Theophanes weiß jede noch so verfahrene Situation zu lösen, denn er darf zu jeder Zeit seine Meinung vollkommen frei und straflos äußern.

Die Uraufführung fand am 3. April 1948 am Wiener Akademietheater statt. Die Rollenbesetzung entsprach Lingens Vorstellungen: Susi Nicoletti und Judith Holzmeister in den weiblichen Hauptrollen; Crassus, Pompejus und Cäsar spielten Hermann Thimig, Curd Jürgens und O. W. Fischer. Ernst Pröckl gab einen römischen Sklaven und Erland Erlandsen einen französischen Koch.

Lingen war nie so aufgeregt wie vor dieser Uraufführung. Er registrierte nicht einmal die Publikumsreaktionen, so versunken war er in seine Rolle. Nach der Vorstellung fragte er seine Frau, ob das Publikum überhaupt gelacht habe? Und ob!

Der Erfolg war so überwältigend, daß das Akademietheater, das Kleine Haus des Burgtheaters, den Publikumsandrang nicht mehr verkraften konnte. So zog man ins »Ronacher« um, das den Staatlichen Bühnen Wiens damals, als das Burgtheater noch Kriegsruine war, als Großes Haus diente. Allein in Wien kam *Theophanes* auf fast zweihundert Aufführungen.

Der Kritiker Maximilian Rudolph schrieb: »Während dreier Akte werden beim Publikum sämtliche Heiterkeitsreaktionen – vom fröhlichen Geschmunzel bis zum lautschallenden Gelächter – immer wieder ausgelöst. Wer hier seine Alltagssorgen nicht vergißt, der soll sich am Zwerchfell operieren lassen.«

Oskar Maurus Fontana schrieb in seiner Besprechung zum Kernpunkt des Stückes: »...immer hat der Mensch Angst, immer sind die großen Worte, die im Vordergrund der historischen Szene gesprochen werden, mehr oder minder unwahr, immer gibt es Liebe oder zumindest das, was dafür gehalten wird, und immer schafft sich der Mensch, der eigentlich nichts zu lachen hat, aus dem Gefängnis seiner Zeitlichkeit einen Notausgang ins befreiende Lachen... (Lingen) spielt den Menschen, der über die Fußangeln des Alltags ebenso stolpert wie über die Minen des Zeitschicksals, aber indem er stolpert, rettet er sich auch, seine Komik bringt ihn über die Gefahr der Vernichtung hinweg. Lingens Komik kommt aus Gescheitheit, aber ohne jede Altklugheit oder Überheblichkeit oder intellektualistische Überspitzung...

Freude ist in dieser Komik und nicht zuletzt die Freude
an der Wahrheit... es ist eine Komik, die an den Menschen glaubt...«

Freilich kannte Lingen den Vorwurf, er gebe beim
Abfassen eines Stückes seiner eigenen Rolle alle Rosinen, sprich Pointen, und degradiere die Mitspieler zu
bloßen Stichwortgebern.

Um diesen Verdacht auszuräumen, verwies er auf eine
Stelle im *Theophanes*, die das Gegenteil bezeugen
sollte:

*Cäsar (jung, vorzüglich aussehend, sehr dekorativ
gekleidet, von links. Er grüßt freundlich):* Helloh –
Theophanes!

Theophanes: (verbeugt sich) Exzellenz, meine Vereh-
rung! *(Er gibt Priscus einen Wink, der mit einer tiefen
Verbeugung vor Cäsar verschwindet.)*

Cäsar: Ich komme zu spät, aber nicht ohne Grund. *(Er
legt Theophanes vertraulich den Arm um die Schulter,
sie gehen auf und ab.)* Theophanes, was tut man,
wenn man merkt, daß die eigene Freundin seit sieben Monaten ein Verhältnis mit einem anderen hat
und man noch dazu nicht weiß, wer der andere ist?

Theophanes (prompt): Man schreibt ihr: »Liebe Campia
Salonina, ich wünsche mit meinem Freunde Crassus
die Macht zu teilen, aber nicht meine Geliebte! Unterschrift: Gajus Julius Cäsar!«

Cäsar (überrascht): Theophanes! Sie sind unheimlich!
Ich erfahre erst jetzt von Ihnen, daß die Campia
Salonina den Crassus hat – und Sie wissen schon
längst, daß ich die Campia Salonina habe?!

Theophanes (lächelnd): Ja, Exzellenz, das Konto »Haben« wird bei uns sehr genau geführt.

Cäsar: Kann man wohl sagen! Und was macht mein Vorschußkonto? Ich brauche dringend Geld!

Theophanes (mit sanftem Vorwurf): Schon wieder, Exzellenz! Schon wieder! Sie haben doch erst vorige Woche 400 000 Sesterzen bekommen. Was haben Sie denn damit gemacht?

Cäsar: Ich mußte diesen Smaragd kaufen! *(Er zeigt ihm an seinem kleinen Finger einen Ring mit großem grünen Stein.)* Die Campia will ihn als Abfindung!

Theophanes: Viel zu viel, Exzellenz! Der Herr Präsident wird wieder sagen, ich unterstütze Ihren Leichtsinn!

Cäsar (auf- und abgehend): Der gute Crassus ist etwas älter als ich. Da verändert sich die Einstellung zu den Frauen und zum Geld! *(Er bleibt vor der Cäsarbüste stehen, sieht sie an.)* Auch so ein alter Jahrgang. Nichts als Glatze und Falten! Wer ist denn das eigentlich?

Theophanes: Ämilius Basiliscus Crassus, der verewigte Onkel des Herrn Präsidenten und Begründer unseres Bankhauses. Ein großer Geschäftsmann.

Cäsar: Ein großer Schieber, ich erinnere mich. Wofür hat dieser alte Basiliscus eigentlich den Lorbeerkranz bekommen?

Theophanes: Ich glaube für nichts. Wahrscheinlich wollte er damit nur seine Glatze verdecken!

Cäsar: Ich dachte schon, für seine Finanzskandale! *(geht nach rechts zum Tisch)*

Theophanes (folgt ihm): Die waren sein Fach, Exzellenz! Darin hat er das Menschenmögliche erreicht *(schenkt ein Glas Sekt ein)*.

Cäsar: Scheußlich sieht er aus! Und wahrscheinlich werde ich auch einmal so aussehen, wenn ich in meinem Fach das Menschenmögliche erreicht habe... wenn ich keuchend und ausgepumpt am Ziele stehe.

Theophanes: Exzellenz, bei Ihnen ist es anders: Ihre Ziele laufen Ihnen doch nach!

Cäsar (sieht ihn forschend an): Und was ist mit Ihren Zielen?

Theophanes: Ich habe keine. Ich laufe nicht mit. Ich bin nur Zuschauer. Meinem Ehrgeiz genügt es, der prominenteste Sklave Roms zu sein.

Cäsar: Ein beachtenswerter Standpunkt. Aber bedenken Sie, nur als führender Kopf der herrschenden Klasse kann man in die Weltgeschichte eingehen!

Theophanes: Halten Exzellenz das für ein Vergnügen?

Cäsar: Der Politiker ist nicht zum Vergnügen auf der Welt!

Theophanes: Wenigstens nicht zum Vergnügen der anderen.

Cäsar: Und warum predigen und prophezeien Sie dann immer die große politische Laufbahn?

Theophanes: Weil Exzellenz für das Leben im Vordergrunde prädestiniert sind durch Talente, Geist und Skrupellosigkeit. *(Er erschrickt vor dem letzten Wort.)*

Cäsar: Erschrecken Sie nicht. Das finde ich sehr schmeichelhaft. Und Sie, Theophanes – wozu sind Sie prädestiniert?

22 In der Verfilmung der Berliner Operette »Frau Luna« von Paul Lincke mit Paul Kemp, 1941. Theo Lingen führte, wie so oft, auch Regie.

23 Eine weitere Operettenverfilmung: Johann Strauß' »Wiener Blut«, Regie Willi Forst, 1942. Lingen spielte, neben Hans Moser, den Diener Jean.

24/25 In seinem Theaterstück «Johann» hatte sich Theo Lingen eine wirksame Doppelrolle auf den Leib geschrieben, die er 1943 auch in der Verfilmung mit Fita Benkhoff verkörperte (oben), auf der Bühne war Käthe Haack seine Partnerin, Staatstheater Berlin, 1942 (unten).

28/29 Typisch Theo Lingen: Als Diener Philipp in der Filmoperette »Opernball«, 1939 . . .

26/27 Auf mehreren Bühnen in
Österreich und Deutschland brillierte Theo Lingen in seiner eigenen Komödie »Theophanes«, die ebenfalls
eine wirksame Doppelrolle für ihn
enthielt. Oben: Zum ersten Mal mit
seiner Tochter Ursula als Partnerin,
Renaissance-Theater Berlin, 1950;
unten: In der Uraufführung am Akademietheater Wien, 1948

... und als Bibliotheksdirektor in
dem Film »Hurra – ein Junge«, 1953

30 Ein glückliches Ehepaar: Theo Lingen mit seiner
Frau, der ehemaligen Opernsängerin Marianne Zoff

31 Mit Tochter Ursula und Enkelsohn Christoph

32 Großvater und Enkel

33 Tochter Ursula spielte Theo Lingens Ehefrau in Sacha Guitrys »Nicht zuhören, meine Damen!«, Renaissance-Theater Berlin, 1951.

34–44 Wandlungsfähigkeit war oberstes Gesetz in
der Bühnen- und Filmlaufbahn Theo Lingens. Ob
als Hofschranze, Diener oder Faktotum, als Ganove,
Pauker, komischer Onkel oder schrullige Tante und
in den großen Rollen des Welttheaters bei Shakespeare, Molière, Lessing, Hauptmann, Sternheim,
Brecht oder Dürrenmatt – immer erarbeitete er sich
einen anderen Gestus, einen variierten Sprachduk-
tus und zeigte ein neues Gesicht. Und blieb dabei
doch immer: Theo Lingen.

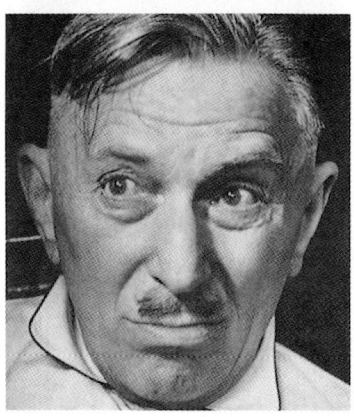

45 Mit Grethe Weiser als Erfinder Fritz Sperling in der Film-Groteske »Hilfe, ich bin unsichtbar«, 1951 ...

46 ... und noch einmal als Diener Philipp in der Neuverfilmung der Richard-Heuberger-Operette »Opernball«, 1956, mit Johannes Heesters

47 Eine von Theo Lingens Paraderollen war der Amtsvorsteher von Wehrhahn in Gerhart Hauptmanns Diebskomödie »Der Biberpelz«. Hier eine Szene mit Horst Sachtleben in der Aufführung des Münchner Residenztheaters, 1962.

48 Bei den Salzburger Festspielen 1964 spielte Theo Lingen in der Rudolf-Steinboeck-Inszenierung von Shakespeares »Die lustigen Weiber von Windsor« den Pfarrer Sir Hugh Evans.

49 Als Einstein in der Uraufführung von Friedrich Dürrenmatts »Die Physiker«, Schauspielhaus Zürich, 1962 ▷

51 Rechts außen: Mit Liselotte Pulver in seiner letzten Theaterpremiere als Styx in Jacques Offenbachs Opéra bouffe »Orpheus in der Unterwelt«, Staatsoper Hamburg, 30. 12. 1971

50 Eine weitere Glanzrolle war der Heinrich Krull in Carl Sternheims bitterböser Komödie »Die Kassette«, hier in der Berliner Rudolf-Noelte-Inszenierung, Theater am Kurfürstendamm, 1960.

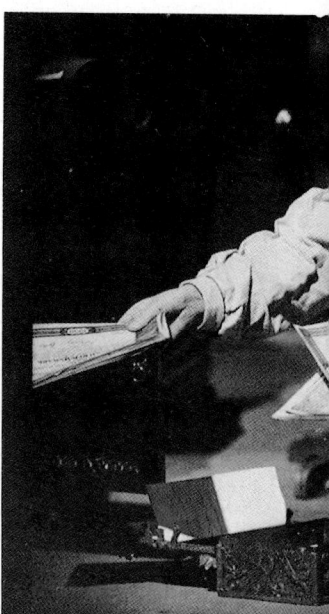

52 Als Malvolio in Shakespeares »Was ihr wollt«, Festspiele Bad Hersfeld, 1966

Theophanes: Ich bin der geborene Theoretiker, Exzellenz. Ich experimentiere gern mit Menschen, aber ich ziehe es vor, es im Verborgenen zu tun *(deutet in eine Ecke).*

Cäsar: Ohne Publikum keine Macht, mein Lieber! Und ohne Macht kein Publikum. Das können Sie drehen, wie Sie wollen!

Theophanes: Exzellenz, die Macht ist wie eine schöne Frau. In der Öffentlichkeit zeigt sie sich gerne an der Seite ihres legitimen Besitzers. Aber in Wirklichkeit gehört sie meist einem anderen – dem Manne im Hintergrund! *(Deutet in dieselbe Ecke.)*

Cäsar: Und welche Lehre, mein Freund, soll ich daraus ziehen, der ich die Macht ganz allein haben will? *(Legt seine Hand auf den Globus.)*

Theophanes: Exzellenz, geben Sie nur acht, daß sie Ihnen treu bleibt. Denn wenn sie einmal von Ihnen genug hat, dann engagiert sie auch Mörder mit Dolchen!

Cäsar (steht auf, lachend): Warnungen haben mich noch nie von einer Eroberung abgehalten!

Lingen war also 1948 an das Wiener Burgtheater verpflichtet worden, er gehörte aber gleichzeitig weiterhin zum Ensemble des Berliner Renaissance-Theaters. Das bedeutete, daß er immer wieder auf Reisen gehen mußte. Er bevorzugte den Zug, am liebsten das Erste-Klasse-Abteil. So konnte nicht ausbleiben, daß Fahrgäste ihn ansprachen, den Mann, von dem keiner wußte, wie gern er sich vor Fremden abkapselte, der verschlossen bis unfreundlich wirkte, dann aber wieder, wenn ihn die

Laune packte, ein sehr charmanter Plauderer sein konnte, dem Selbstironie wahrhaftig nicht fremd war.

Lieber als im bequemen Sitzabteil reiste er im Schlafwagen. »Schlafend ans Ziel zu gelangen, das ist nicht nur angenehm, sondern auch eine optimale Ausnutzung der Reisezeit«, sagte er einmal.

Reisen mußte er nun mehr denn je. Er spielte seinen Theophanes nicht nur an der Wiener »Burg«, sondern auch in München, in Berlin (zusammen mit Tochter Ursula), in anderen Städten, sogar in Argentinien im Jahre 1954 und in New York, wo er in einer »Personal Performance« im Deutschen Kino in der 86. Street als *Theophanes* auftrat. Überall fand er großen Beifall; in München mußte das Ensemble sogar vom Theater im Bayerischen Hof, der provisorischen Bühne des zerstörten Volkstheaters, in die Kammerspiele an der Maximilianstraße umziehen, um die Publikumsnachfrage befriedigen zu können.

Die Gastspieltourneen liefen nur nebenher, denn sein Hauptwirkungsfeld blieb das Burgtheater. So machte er im Jahr 1950 als Amtsvorsteher von Wehrhahn in Gerhart Hauptmanns *Biberpelz* von sich reden. Mit dem treffenden Wort des Dichters enthüllte der große Komödiant hier eine perfekte Skala menschlicher Schwächen.

Der Biberpelz ist eine Diebskomödie. Gerechtigkeit findet nicht statt, keiner wird bestraft, keiner belohnt: ein Schelmenstück über die Bocksprünge einer von impotenten Popanzen vertretenen Bürokratie. Die Gerechtigkeit über einen Pelzdiebstahl vollzieht sich nicht auf der Bühne, sondern in den Sympathien und Antipathien des

Publikums gegenüber den handelnden Personen auf der Bühne. Das war 1893 eine neue Art von Theater gewesen, die das Uraufführungspublikum überhaupt nicht begriffen hatte. Nach dem Ende des vierten Aktes warteten die Leute auf einen fünften, in dem der Diebstahl aufgeklärt werden sollte, aber diesen fünften Akt gab es nicht. Das Urteil lag beim Publikum.

Wehrhahn war wieder eine der typischen Rollen, auf die Lingen sich spezialisiert hatte: ein dummer, aber umso arroganterer Amtsvorsteher, den Lingen lispelnd und lamentierend, verschroben und kleinkariert spielte.

Der Kritiker Edwin Rollet urteilte: »In den Typ des hirnlosen Bürokraten schlüpft Lingen und macht eine entzückend lebendige Gestalt daraus. Die ahnungslose Idiotie dieses nur auf Phrasen gaukelnden, nur von Schlagworten aus zweiter Hand lebenden Nichts auf dem Beamtensessel wird mit einer solchen Selbstverständlichkeit dargeboten, daß man belustigt und schaudernd fragt: ›Und so etwas wird auf die Menschheit losgelassen?‹ Er ist beileibe keine Karikatur, o nein. Lingen spielt dezent, zurückhaltend, vermeidet jedes noch so naheliegende Mätzchen. Übertreibungen sind überflüssig; er wird ganz von selbst lächerlich. Dieser charmante Quadrat-Piefke und Amtsstubentyrann ... ist so klein, daß er schon wieder groß wird und gewinnt sein Format aus seiner absoluten Formatlosigkeit. Wie er nur hinpiepst – nicht als ein wehrhafter Hahn, höchstens als ein Hühnchen: ›Hier bin ich auch ein König‹ und sein Schreibtischlineal als Zepter gebraucht, das ist bis in die Knochen entlarvend für eine Zeit, aus deren Sumpf er als

Blase aufsteigt und deren Hintergründe so ungemein deutlich werden, weil er sie nicht betont, sondern eben da sein läßt.«

Lingen hatte sich jahrelang und immer wieder mit dem Wehrhahn auseinandergesetzt, zumal er manch eine Inszenierung sah – und auch spielen mußte –, die an der Intention des Dichters vorbeiging. So erzählte er, daß einst Otto Brahm, der viele Hauptmann-Uraufführungen an seinem Deutschen Theater in Berlin brachte, einen entscheidenden Aspekt nicht erfaßt hatte. Gerhart Hauptmann fragte ihn auf einer Probe, warum er (Brahm) die Liebesszenen nicht inszeniert habe. Brahm verstand Hauptmann nicht, er hatte in dem Stück überhaupt keine »Liebesszenen« entdeckt.

Und nun erklärte ihm der Dichter, daß die Verhöre, die Wehrhahn auf Frau Wolff niederprasseln ließ, in Wahrheit Liebeserklärungen seien. Hauptmann hatte Frau Wolff mit Absicht eine Waschfrau sein lassen: Sie kam aus der dampfenden Waschküche, in deren Dunst sich ihr dünnes Kattunkleid höchst verführerisch eng an ihren Körper schmiegte. Wehrhahn vergaß sein Verhör und hatte nur noch Augen für die Reize dieser Person, die sie auch voll ausspielte. Der Verdacht, daß sie die Diebin sein könnte, ging total unter in seinem Begehren.

Hauptmann hatte den Wehrhahn sozusagen in zwei Hälften geteilt, in eine obere, die scharf das Verhör führte, und in eine untere, die auf Frau Wolffs sinnliche Reize hereinfiel.

Deshalb verlangte Hauptmann als Schreibtisch einen ganz einfachen vierbeinigen Tisch, so daß man am Spiel seiner Beine sehen konnte, was sich »unten« abspielte, daß Wehrhahns »untere« Hälfte in krassem Widerspruch stand zu dem, was er »oben« scharf formulierte.

Vielleicht gab es einen ähnlichen Zwiespalt auch im Schauspieler Lingen. Mit zunehmendem Alter übernahm er auf der Bühne immer mehr ernste Rollen, die heiteren Dienerrollen spielte er fast ausschließlich im Film.

Schon 1946 inszenierte Theo Lingen zusammen mit Hubert Marischka in Wien die musikalische Liebes- und Verwechslungskomödie *Wiener Melodien* mit Elfie Mayerhofer, Johannes Heesters und der großen Hedwig Bleibtreu vom Burgtheater.

1949 spielte er die Hauptrolle in dem grotesken Verwechslungsspiel *Nichts als Zufälle*, das E. W. Emo nach einem Buch des aus der Emigration zurückgekehrten Altmeister des Wiener Kabaretts, Karl Farkas, in Szene setzte. Farkas war ein Genie seines heiteren Faches, seine berühmten Doppelconférencen, ursprünglich mit dem einmaligen Fritz Grünbaum begonnen, führte er nach dem Krieg mit Ernst Waldbrunn und Maxi Böhm fort. Von Farkas stammt der schöne Ausspruch: »Das Schönste am Seitensprung ist der Anlauf.«

Um eine Nasenlänge ist der Titel eines Filmschwanks nach einem Drehbuch von Bobby E. Lüthge, den gleichfalls Emo mit Lingen, Moser, Sonja Ziemann und Rudolf Prack drehte. 1950 machte der Schwank *Der Theodor im Fußballtor* von Jo Hanns Rösler und Karl Farkas Furore. Theo Lingen sang darin den »Gassenhauer« von Werner Bochmann: »Der Theodor, der Theodor, der steht bei uns im Fußballtor, wie der Ball auch kommt, wie der Ball auch fällt, der Theodor, der Held, der hält, – der hält, der hält.« Diesen Schlager kannte jeder, dank Lingens komischer Interpretation. Lingen spielte in diesem Film zusammen mit so hervorragenden Kollegen wie Hans Moser, Josef Meinrad, Gustav Knuth und Lucie Englisch.

Hin und her (1948), *Es schlägt 13* (1950), *Hilfe, ich bin unsichtbar* (1951), *Durch dick und dünn* (1951), *Man lebt nur einmal* (1952), *Die vertagte Hochzeitsnacht* (1953), *Wenn die Alpenrosen blühen* (1955), die Neuverfilmung von *Opernball* (1956) sowie *Drei Mann auf einem Pferd* (1957) sind nur einige von vielen Titeln, meist Lustspielen, aus jenen Nachkriegsjahren.

Auch *Hin und Her* war einer jener leichten Filme. Man drehte in Österreich. Die Außendreharbeiten hatten sich über Gebühr hingezogen, und die Schauspieler wurden langsam nervös. Zuerst fehlten Zement und Beton für die Brücke, auf der wesentliche Szenen des Films spielten. Als die Brücke endlich stand, war sie so ungünstig gebaut, daß die Lichtverhältnisse nicht stimmten, die Sonne warf zu viel Schatten. Der Regisseur raufte sich die Haare. Endlich kam der Tag, an dem Lingens Szene auf dem Freigelände fällig war. Lingen mußte auf einem Balken balancieren, um richtig ins Bild zu kommen. Kameramann Karl Kurzmayer lag auf dem Boden und drehte von unten herauf. Das war mit Komplikationen verbunden: Stimmte die Belichtung, warfen die Holzpflöcke Schatten, versetzte man die Holzpflöcke, schoben sich Wolken vor.

So ging das eine Weile. Der sonst gut gelaunte Lingen – hier als Fotograf Vogel – blickte stirnrunzelnd zur Sonne.

Seine Ungeduld wuchs. Endlich – für einen Moment das rechte Licht, rasch über den Balken, und die Szene war im Kasten.

Vogel ist ein Mann, der sich mit Mühe durchschlägt und in einer kleinen Brückenbehausung kampiert.

Eines Abends kommt er nach Hause und stößt sich in der Dunkelheit an den Wänden seines winzigen Heimes. Er fragt vor sich hin: »Wo ist mein Feuerzeug?«

In diesem Moment flammen sechs Feuerzeuge auf, in deren Lichtkreis die Gesichter von sechs fragwürdigen Kerlen auftauchen. Kriminelle Typen, mit denen Vogel einige krumme Dinger gedreht hatte und von denen er sich hatte absetzen wollen. So ohne weiteres scheint ihm aber das nicht zu gelingen. Sie werfen ihm vor, ihnen die Geschichte mit dem Schmuckdiebstahl vermasselt zu haben, seinetwegen sei einer der Kumpels durchge- brannt. Dann kommt das Hauptproblem: »Wir sind ar- beitslos!«

Vogel ist bei Gott nicht wohl in seiner Haut. Er versucht einzulenken: »Das Arbeitslosenproblem hat mich im- mer interessiert. Aber warum sind Sie arbeitslos? Weil Sie in einem überfüllten Beruf arbeiten. Anständige Menschen werden heute überall gebraucht.« Eine ordentliche Arbeit annehmen? Nein, damit sind die Kumpels nicht einverstanden. »Wir wollen uns auf Kokain werfen. Ein bißchen hin- und herschmuggeln.«

Dazu brauchen sie Geld, und da Vogel gerade eine Erbschaft gemacht habe, sei er sicher bereit... Zum Nachdruck ihrer Bitte spielen sie mit ihren Revolvern.

Vogel läßt nicht locker: »Wozu das heimliche Hin und

Her in finsterer Nacht?« Er rät ihnen zur Gründung einer Transportgesellschaft. Es dauert, bis sie sich überzeugen lassen.

Die Moral von der Geschicht: Ehrliche Arbeit ernährt ihren Mann und bietet eine bessere Garantie für die Zukunft als dunkles »Hin und Her«. Und Vogel ist froh, daß es ihm gelungen ist, diese abgeirrten jungen Burschen auf den rechten Weg zurückzuführen. –

In dem Film *Durch dick und dünn* hatte er wieder seine bewährte Dreifachfunktion inne – Drehbuchautor, Regisseur und Hauptdarsteller: eine Produktion, in der ein ausgedienter Ford eine wichtige Rolle spielte.

Dieses Vehikel, ein Erbstück seines Onkels und seiner Frau Else (Fita Benkhoff), bereitet dem wohlbestallten Juwelier Müller (Lingen) zuerst schweren Kummer. Doch dann überwindet Müller mit diesem Benzinungeheuer unvorstellbare Verkehrshindernisse, deckt einen Juwelenschwindel auf, ertappt seine Frau Else bei einem kurz bevorstehenden Seitensprung und seinen Sohn bei einer beginnenden Liebschaft.

Nun – mit Hilfe dieses Autos, das bockt und knattert und sich gegen Müllers Fahrkünste zu wehren scheint, gelingt es Müller, drohende Familientragödien aufzuhalten und am Ende eitel Sonnenschein und Harmonie zu stiften.

Im selben Jahr bezauberte die *Mitternachts-Venus* das Kinopublikum. Lingen in der Hauptrolle – ein getretener Typ: Meister Anton (Lingen) fristet mit seinem Gehilfen Hansl (Paul Kemp) das ärmliche Dasein eines Flickschneiders. Er könnte ein wohlhabender Mann sein, denn er versteht sein Handwerk. Aber er hat sich mit einem gewissen Tick seine Kleinstadtkunden vergrault. Er kann es nämlich nicht lassen, alle Kleider nach seinen eigenen, etwas verrückten Ideen zu schneidern. Die Kunden glauben, er spinne hochgradig. Sogar seine liebliche Nachbarin, Frau Anna (Maria Andergast), will nichts mehr von seiner Zuneigung wissen und zieht sich zurück.

Meister Anton und Hansl suchen ihr Glück in der nahen Großstadt. Der Meister findet eine Anstellung bei einem Modehaus – aber als Nachtwächter. Hier erlebt er die große Wende seines Schicksals. Auf einem seiner nächtlichen Rundgänge kommt er ins Atelier der Direktrice Madame Lavable (Fita Benkhoff). Hingegeben betastet er die Stoffe und Modelle. Da überfällt ihn ein schöpferischer Rauschzustand. Er zerrt das aufgesteckte Kleid von einer der Puppen und entwirft im Handumdrehen ein neues, ein eigenes Modell: Er nennt es »Mitternachts-Venus«.

Als am nächsten Morgen die Direktrice Antons Entwurf erblickt, fällt sie fast in Ohnmacht. Noch größer ist ihr Erstaunen, als ihre verwöhnteste Kundin, Miss Spleen, gerade an Antons Modell Gefallen findet. Sie sieht darin den »dernier cri«, woraufhin ihr Freund, ein Maharadscha, eine ganze Kollektion dieser neuen Moderichtung bestellt.

Der Direktor des Modehauses (Hubert von Meyerinck) ist entzückt über den geschäftlichen Aufschwung.

Doch die Direktrice kommt aus dem Schrecken nicht heraus, denn sie muß ja nun all die Modelle entwerfen und schneidern lassen. Doch Meister Anton kommt ihr zu Hilfe. Jede Nacht schleicht er ins Atelier und läßt seinem Tatendrang freien Lauf. Er arbeitet wie ein Süchtiger – und wird plötzlich mitten in der Nacht von Madame Lavable überrascht.

Zuerst sieht sie in ihm einen Spion der Konkurrenz, läßt sich aber rasch überzeugen, daß hier ein einfacher Schneider den genialen Funken des Künstlers in sich trägt. Sie unterwirft sich seinem Können und leistet ihm Hilfe.

Da ertönt plötzlich die Warnanlage. Einbrecher sind im Haus! Meister Anton besinnt sich auf seine Pflichten als Nachtwächter. Die Einbrecher, die Anton nun mit Bravour niederschlägt, sind allerdings keine Einbrecher, sondern zwei Inhaber der Firma. Anton wird fristlos entlassen – und Madame Lavable sitzt in der Patsche, denn der Termin für die nächste Modenschau drängt. Wohl oder übel gesteht sie ihrem Chef, wer der wirkliche Modeschöpfer ist. Also wird Anton flugs wieder eingestellt, freie Entfaltung seiner Ideen wird ihm garantiert, mehr noch: er wird Modechef. Von nun an nennt er sich Maître Antoine, kleidet sich weltmännisch und sorgt für seinen Gehilfen Hansl. Die von ihm vorgeführte Modenschau ruft wahre Beifallsstürme hervor. Miss Spleen persönlich präsentiert Antons Modell »Mitternachts-Venus«. Anton hat den Zenit seiner Schneiderlaufbahn erreicht, die Kundinnen reißen sich um ihn.

Nach der Uraufführung des von Werner Jacobs inszenierten Films *Zur Hölle mit den Paukern* (1968), dem ersten von sieben höchst erfolgreichen Paukerfilmen

nach dem Roman »Die Lümmel von der ersten Bank«
von Alexander Wolf, in denen Lingen die Rolle des
Studiendirektors Taft spielte, gab er eines seiner
berühmten Anti-Interviews (Frager = F, Lingen = L):

F: Können Sie sich erinnern, wann und wo das erste
Mal über Sie gelacht wurde?

L: Vielleicht bei meiner Geburt? Wer weiß?

F: Spielen Sie lieber eine komische Situation oder ist es
leichter, einen Witz erfolgreich zu erzählen?

L: Beides ist gleich schwierig und erfordert entspre-
chende Mittel.

F: Wen schätzen Sie von Ihren Kollegen am meisten:
Buster Keaton, Jacques Tati, Bourvil, die Marx Broth-
ers oder Laurel und Hardy zum Beispiel?

L: Ich finde sie alle gleich stark und hervorragend.

F: Was für eine Rolle würden Sie am liebsten spielen,
wenn Ihnen irgendjemand jegliche Komik verbieten
würde?

L: Das würde ich keinem raten ...

F: Wie hat man, als Sie auf der Schulbank saßen, die
Lehrer geärgert?

L: Die Welt verändert sich zwar schnell, aber ich
glaube, daß man die Lehrer heute nicht wesentlich
anders ärgert als zu meiner Zeit.

F: Sie sind als Autor bekannt. Sind Sie mit einer neuen
Arbeit beschäftigt?

L: Es ist ein kleines Büchlein in Arbeit.

F: Was täten Sie jetzt am liebsten?

L: Kein Interview geben, sondern spazieren gehen.

Lingens Popularität war inzwischen so groß geworden, daß man nicht nur in seine Filme ging oder seine Theaterauftritte besuchte, sondern daß Kabarettisten ihn parodierten und kopierten.

Wer kopiert wird, hat Stil – eine alte Wahrheit.

Nun gab es bei Lingen freilich unzählige Details, die zur Imitation anregten. Sein nervöses Hüsteln, sein genäseltes »Äh-hü«, dieses scharf rasierte Gesicht, der hochgereckte Hals, der federnde, tänzelnde Gang, die devote Dienerhaltung, seine eher hohe Stimme, sein gedehnter Tonfall, Sätze ohne Punkt und Komma, nur durch kurze Schnaufer-Akzente unterbrochen, in permanenter Hochspannung dahingewirbelt, animierten natürlich die Nacheiferer. Selbst das Spiel seiner Hände, kleine, absurde, aber genau gezügelte Tänze, entfesselte schon Gelächter. Wie er etwa mit gespreizten Händen die Speisekarte hielt und dabei seine feinschmeckerischen Wünsche kundtat, das war unnachahmlich. Friedrich Luft nannte ihn einmal einen intellektuell-disziplinierten Clown, der im Komischen kein Pardon zuließ. Seine Suada, manchmal von durchdringender Schärfe, wirkte komisch und unheimlich zugleich, seine beflissene Dynamik, wie der Kritiker Peter Gerhard feststellte, stand dauernd unter Dampf: »...aber es kommt zu keiner Explosion, es knistert und knattert nur pausenlos im motorischen Getriebe, das funktioniert wie geölt, unter dem Druck schauspielerischer Atmosphären, die keinen Leerlauf dulden.«

Oft kopiert – nie erreicht.

Seine Komik war viel zu vielschichtig, als daß sie nachahmbar gewesen wäre. Er verschwieg mehr, als er sagte, man mußte zwischen den Zeilen lesen. Er liebte vorsichtige, vieldeutige und ironische Formulierungen.

Der unvergeßliche Clown Charlie Rivel sagte einmal über Komiker und Spaßmacher: »Wir, die Clowns, müssen Traurige froh machen, auch wenn wir Kummer haben. Wir, die Clowns, dürfen nicht klagen. Und wenn wir weinen, lachen die Leute. Das ist unser Lohn. Theo Lingen gehörte zu den wenigen Künstlern, über die auch ich lachen konnte.«

Filmprogamm zu »Der Theodor im Fußballtor«, 1950, mit Lucie Englisch,
Charlott Daudert, Gustav Knuth und Hans Moser

Privat ein ernster Komiker

Wie war nun dieser Mann, dieser Komiker mit philosophischem Tiefgang privat? Kein Mensch könnte diese Frage besser beantworten als seine Frau Marianne Zoff. Als sie den jungen Lingen kennenlernte und heiratete, fürchtete sie sich geradezu davor, er könne zu Hause auch nur den Clown spielen und zu keinem ernsthaften Gespräch bereit sein. Das Gegenteil war der Fall.

Gerade weil Lingen selbst sein Privatleben so sehr hütete, wurde seine Frau gern als Auskunftsperson herangezogen. Auf die Frage: »Nimmt Frau Lingen ihren Mann ernst?« gab sie in den fünfziger Jahren der Illustrierten »Constanze« einiges preis:

»Wenn ich Besorgungen in der Stadt mache, werde ich oft gefragt: ›Sagen Sie, Frau Lingen, ist Ihr Mann im Leben auch so komisch wie im Film?‹ Manchmal tut es mir richtig leid, wenn ich diesen Leuten die Illusion nehmen muß, daß mein Mann im privaten Leben nicht so komisch ist wie im Film oder auf der Bühne. Warum können sich die Leute nicht vorstellen, daß auch dieser Beruf genau so ein Beruf ist wie jeder andere? Natürlich haben wir es manchmal sehr lustig zu Hause, wenn mein Mann von seinem Beruf erzählt. Aber nur ganz selten erzählt er mir und seinen beiden Töchtern, wie er selbst zu spielen gedenkt... Hanne ist jetzt verheiratet und ist in München ansässig geworden. Ursula, die Jüngere, ist seit ihrem sechzehnten Lebensjahr am Theater. Zur Zeit ist sie in Wien engagiert und hat auch schon in zwei Filmen die weibliche Hauptrolle gespielt. In dem Film mit dem Titel *Hin und Her* spielte sie sogar die Partnerin meines Mannes. Frage sie einmal, ob sie ihren Vater ernst nimmt. Ich glaube, es wird ein Donnerwetter auf Dich prasseln, denn so pedantisch und gewissenhaft ist er in der Arbeit, daß es nicht einmal ein richtiges Vergnügen ist, bei ihm zu drehen. In diesem Film *(Hin und Her)* hatte er nämlich auch die Regie, und Uschi hat manchmal sehr geklagt, wie schwierig es ist, mit ihm auszukommen. So ernst nimmt eben mein Mann seine Arbeit, und so ernst wünscht er auch von uns genommen zu werden. Und denke Dir, liebe Constanze, es scheint außer mir auch noch einige andere Leute zu geben, die sich auf diesen Standpunkt stellen. Ich las vor einiger Zeit in der Zeitschrift ›Der Spiegel‹ die Beantwortung einer Umfrage ›Wer soll Bundespräsident werden?‹ Ich traute meinen Augen nicht, als ich unter den Bundespräsidenten-Anwärtern auch den Namen meines Mannes fand.«

Marianne Zoff begleitete ihren Mann auf allen Reisen, machte sämtliche Film- und Bühnenpremieren mit. Als

Finanzminister übernahm sie die Bezahlung der Rechnungen und verschaffte ihm die nötige Ruhe für seine Arbeit. Denn so elegant und selbstverständlich Lingen seine Rollen spielte, so anstrengend waren sie auch. Lachen ist eben einfacher, als andere zum Lachen zu bringen.

Ursula Lingen denkt mit dem Gefühl tiefer Dankbarkeit an ihren berühmten Vater zurück. Sie trat im Berliner Renaissance-Theater 1950 zusammen mit ihm in *Theophanes* auf und 1951 im gleichen Theater in *Nicht zuhören, meine Damen!* von Sacha Guitry. »Ich habe bei solchen und ähnlichen Gelegenheiten immer sehr viel von Vater gelernt, dankbar seine Ratschläge angenommen und seine Weisungen befolgt.« Ursula Lingen, mit Kurt Meisel verheiratet, gesteht: »Wenn ich heute als Schauspielerin so erfolgreich bin, dann verdanke ich das nicht zuletzt meinem geliebten Vater. Er brachte mir schon sehr früh bei, daß Anstand und Disziplin im Leben enorm wichtig sind – und in unserem Beruf ganz besonders. Ich habe auch von ihm gelernt, daß eine Schauspielerin niemals ihre persönlichen Probleme, Stimmungen und Sorgen mit ins Theater oder ins Studio tragen darf.«

Theo Lingen ein Komiker? Das wollte im Laufe seines Lebens immer weniger zusammenpassen. In seinen jungen Jahren identifizierte er sich voll mit der Rolle eines Spaßmachers der Nation. Mit zunehmendem Alter aber ließ er nur seine schauspielerische Leistung in ernsten Bühnenrollen gelten. Das verdeutlicht eine Begegnung Theo Lingens mit Paul Dahlke.

Lingen und Dahlke hatten 1940 gemeinsam vor der Kamera gestanden für den Film *Das Fräulein von Barnhelm*. Lingen hatte damals seinen Höhepunkt als Komiker erreicht, als solcher war er bekannt, und nur als solchen schätzte man ihn.

Viele Jahre später, 1974, begegneten sich die beiden wieder bei Dreharbeiten zu dem zweiteiligen Fernsehkrimi *Der Monddiamant* in England. Lingen spielte den skurrilen Scotland-Yard-Inspektor Cuff, Dahlke den Butler Betteredge.

In Drehpausen trafen sich beide meistens auf einer Wiese hinter dem Hotel mit ihren Frauen. Dahlke sah wohl in Lingen immer noch den Komiker schlechthin, denn er sprühte vor Witz und Temperament, riß alte Geschichten an, versuchte sozusagen in der komischen Seite Lingens zu bohren. Dieser aber gab sich außerordentlich wortkarg und ernst. Er wollte nicht an seine früheren Erfolge erinnert werden. Aktuelle Aufgaben reizten ihn.

So zum Beispiel die 1959 von Helmut Käutner in Frankreich in Szene gesetzte Komödie *Die Gans von Sedan* nach dem Roman »Une dimanche au champ d'honneur« von Jean L'Hôte. Käutner drehte diesen Film mit Hardy Krüger und Jean Richard in den Hauptrollen. Theo Lingen spielte einen verwundeten Ulanen-Offizier und lieferte wieder einmal ein Kabinett-Stückchen ab. Helmut Käutner: »Theo Lingen war einer der wenigen Schauspieler, die mit kleinen, fein dosierten Mitteln größtmögliche Wirkungen erzielen konnten. Ich hatte immer großen Respekt vor ihm. In *Die Gans von Sedan* bestand seine wesentlichste Maske darin, daß ich ihm die Ohren ankleben ließ.«

Unter der Regie von Rolf Thiele spielte Theo Lingen 1964 den Tanzmeister Knaak in der Verfilmung von Thomas Manns »Tonio Kröger«.

»Mon nom est Knaak... Und dies spricht man nicht aus, während man sich verbeugt«, sagte Theo Lingen zu seinen Schülern, denen er »Benimm« beizubringen hat. Wie immer arbeitete er äußerst konzentriert, spielte sich schon Minuten vor den Filmaufnahmen ein. In der Rolle des französisch parlierenden Tanzmeisters – »was für ein unbegreiflicher Affe«, sagt Tonio Kröger von ihm – erinnert Lingen an seinen grandiosen Riccaut de la Marlinière in Lessings *Minna von Barnhelm*, den er vor Jahren in Wien und in Berlin gespielt hatte.

Thomas Mann beschrieb seinen Knaak wie folgt: »Jedermann war erdrückt durch das Übermaß seiner Sicherheit und Wohlanständigkeit. Er schritt – und niemand schritt wie er – elastisch, wogend, wiegend, königlich – auf die Herrin des Hauses zu, verbeugte sich, trat federnd zurück, wandte sich auf dem linken Fuß, schnellte den rechten mit niedergedrückter Spitze seitwärts vom Boden ab und schritt mit bebenden Hüften davon.«

An Lingens Knaak hätte der Dichter seine helle Freude gehabt.

Regisseur Rolf Thiele über Theo Lingen: »Seine ausholende Gestik und die Konzentration des Gesichts auf die Nasenspitze machten jeden Satz zu einer Kapriole. Jede an Lingen gerichtete Frage erfuhr vor ihrer Beantwortung eine mimisch-gestische Wiederholung in seinem scharf akzentuierten Gesicht. Er rekapitulierte spottend die Worte des anderen durch reine Mimik, die er wie kein anderer beherrschte. Theo Lingen war ein glänzender Komödiant.«

> »Man muß schon etwas Ernstes geleistet haben,
> damit man als Komiker ernstgenommen wird.«
>
> *Theo Lingen*

Das Glück, ein Schauspieler zu sein

Lingen hatte schon in vielen – man kann heute sagen –
»klassischen« Theaterstücken mitgewirkt, unter anderem in *Die Kassette* von Carl Sternheim, *Verbrecher*
von Ferdinand Bruckner, *Moral* von Ludwig Thoma,
aber einen Höhepunkt seiner schauspielerischen Laufbahn bildete zweifellos der Einstein in Friedrich Dürrenmatts *Die Physiker*.
Der Direktor des Zürcher Schauspielhauses, Kurt
Hirschfeld, kannte Lingen seit vielen Jahren, hatte seine
Karriere verfolgt und trat immer einmal mit der Bitte an
ihn heran, in Zürich eine große Rolle zu übernehmen.
Lingen war keineswegs abgeneigt, aber die Suche nach
einer großen Rolle für ihn verlief stets im Sande, bis
Dürrenmatt *Die Physiker* vorlegte.
Regisseur Kurt Horwitz studierte, zusammen mit dem
Dichter, das Stück ein. Zum Ensemble gehörten Stars wie
Therese Giehse, Hans-Christian Blech, Gustav Knuth,
Hanne Hiob. Auf Dürrenmatts improvisatorische Art

165

sprach Lingen sehr an. Dürrenmatt, der nun sein Stück zum ersten Mal umgesetzt sah und quasi als Co-Regisseur fungierte, hatte wie Brecht die Eigenschaft, während der Proben plötzlichen Einfällen der Darsteller zu folgen, den Vorschlag zu prüfen, sozusagen »abzuschmecken«, anzunehmen, zu verwerfen, zu variieren. Lingen hatte seinen Text regelmäßig bereits vor der ersten Probe fest im Kopf, auch den Einstein.

Die Proben unter Horwitz und Dürrenmatt waren fast spielerisch, Annäherungsversuche an eine gültige Interpretation von Stück und Rollen. So war für Lingen die langsame, sich immer schärfer herauskristallisierende Entstehung der Aufführung viel interessanter und erregender als die Uraufführung selbst. Die Arbeit entsprach seiner eigenen Methode, eine Rolle auf sich selbst hinzuformen. Und Dürrenmatt ging auf ihn ein. Am liebsten hätte Lingen dieses Frage-Antwort-Spiel auch auf sein Publikum übertragen, nach Art der Commedia dell'arte, in der der Schauspieler direkt das Publikum ansprach und fragte, auf welche Art das Stück nun weitergespielt werden solle. Er brauchte die Wechselwirkung, er, der in seiner Anfängerzeit vom Publikum überhaupt keine Kenntnis genommen und wie in einem Kokon agiert hatte.

Die Physiker waren *das* Theaterereignis der Saison, und so wurde die Uraufführung auf eine »drei Tage dauernde Uraufführung« erweitert (21., 22. und 23. Februar 1962).

Dürrenmatt maskierte sein Drama als Komödie, weil die Wahrheit zu grauenvoll ist, um sie ungeschminkt zu ertragen. Es geht um ein herrliches, glänzend gebautes, witziges, amüsantes und skurriles Denkspiel, eine Paraphrase über den Satz: »Die Welt ist ein Irrenhaus«. Drei berühmte Physiker, Einstein (Lingen), Newton (Knuth) und Möbius (Blech) befinden sich in einer bedrückend prächtigen, etwas heruntergekommenen hochherrschaftlichen Villa unter Kuratel einer irrsinnigen Irrenärztin (Giehse) und diskutieren angesichts von Schmutz, Gift und Lärm in der Welt über die menschenvernichtende Wirkung der Atombombe. Lingen machte seinen Einstein zu einer zwielichtigen, geborstenen, höhnisch leidenden Figur von unheimlicher Tiefe, in der Genie und Wahnsinn nebeneinander wohnen.

Von den etwa hundert Bühnenrollen, die Lingen verkörperte, seien nur einige noch erwähnt.

Nicht zuhören, meine Damen!, eine Komödie von Sacha Guitry, wurde, wie bereits erwähnt, 1951 am Renaissance-Theater in Berlin neuinszeniert. Lingens Tochter Ursula war seine attraktive junge Gattin. Alice Treff, Alexa von Porembsky, Joachim Teege, Kurt Vespermann spielten mit, Regie führte Direktor Kurt Raeck. Friedrich Luft schrieb dazu in der »Neuen Zeitung«: »Boulevardtheater besten Sinnes. Dies unterhält, vertreibt die Zeit angenehm, ist durchsetzt von kleinen darstellerischen Rosinen und überstreut mit der sanft gewürzten Klugheit des Autors Sacha Guitry. Ein Abend guten Geschmacks... Ein großer Erfolg für alle Teile. Eine Serie ist hier aufgelegt, die bis in die Puppen laufen müßte.«

In *Die Kassette* von Sternheim, 1960 von Rudolf Noelte am Theater am Kurfürstendamm in Berlin inszeniert und im Jahr darauf am Residenztheater in München, jedesmal mit Bruni Löbel, spielte Lingen den Oberlehrer Krull. Noelte inszenierte die Geschichte vom treudeutschen Heinrich Krull, der katzbuckelt, um in den Besitz von Tante Elsbeths Kassette mit dem Erbe von 140 000 Mark zu kommen, trotz viel satirischen Gifts mit großer komödiantischer Spielfreude. Er führte sein Publikum in die Gruselkammer der deutschen Bürgerstube und zeigte ihm einige Prachtexemplare spießbürgerlichen Philistertums. Der ältliche Krull wird vorgeführt, wie er sich im Kampf zwischen seiner jungen Gattin und der Tante, einer eifersüchtigen alten Jungfer, aufreibt. Zunächst bugsiert sie die junge Gattin aus dem Ehebett – sie braucht dazu nur die Kassette zu zeigen. Die Anziehungskraft des Geldes ist stärker. Dann landet sie ihren zweiten Coup und vermacht das Geld der Kirche, läßt aber ihren Neffen weiter danach zappeln. Am Ende steckt Krull mit seinem Geldfieber auch noch den Schwiegersohn an, so daß das Stück schließlich mit der Zerstörung zweier Ehen endet.

Der Kritiker Rolf Michaelis schrieb über Lingen: »Theo Lingen, mit Beifall bei seinem ersten Auftreten begrüßt, verwirklichte die Commedia-dell'arte-Absichten der Regie am besten. Er kam nie in die Nähe des Klischees vom deutschnational-professoralen Rauschebart mit gymnasialer Strenge. Kein Professor Unrat, sondern ein gerissener Erbschleicher tänzelte über die Bühne. Die Leichtigkeit des Spiels überraschte zunächst, war aber jeweils gut motiviert aus der Situation der Frischvermählten. Mit welchem Übermut ließ er die Tortenstückchen auf die Teller kippen, mit welch ganovenhafter Angeberei steckte er die Daumen unter die breiten Hosenträger, um sich auf seinen ausgelatschten Filzpantoffeln zu wippen. Kraftvolle Eleganz eines Matadors hatte Lingen im Kampf mit den beiden Frauen, die er vergebens gegeneinander auszuspielen trachtet. Doch kennt sein Krull sehr wohl den fiebrigen Glanz in den Augen, wenn er sich im Nachthemd an die Kassette schleicht, um die Aktien zu zählen, zu revidieren, zu streicheln.«

In *Bobosse* von André Roussin spielte er am Renaissance-Theater in Berlin einen seriösen Taschendieb im Ruhestand und am Wiener Akademietheater den Riccaut in Lessings *Minna von Barnhelm* mit Käthe Gold: ein Kabinettstückchen, in dem er glanzvoll brillierte; ein französischer Glücksritter in scharlachrotem Gewand mit blitzartig zuckenden Gesten und sprudelndem Redefluß, nur ein kurzes Intermezzo mit Charme und Taschenspielergewandtheit, aber eine große Szene.

In der *Schule der Ehe* von André Roussin trat er in einer Doppelrolle als Lehrer und Schüler auf, spielte diese Rolle am Renaissance-Theater in Berlin, in Baden-Baden, am Thalia-Theater in Hamburg, in München und in Frankfurt, immer mit gleichbleibendem Erfolg.

Sehr stolz war Lingen auf eine Kritik von Friedrich Luft, in der er nicht nur Lob sah, sondern vielmehr eine Bestätigung seiner Tätigkeit, einen Beleg dafür, daß seine Rollenauffassung sich als richtig erwiesen hatte:

»Warum ist Theo Lingen so komisch? – Roussins *Schule der Ehe* im Renaissance-Theater:

Was Theo Lingen hier in zwei Gangarten des Komischen treibt, ist exorbitant. Diesmal führt er zwei Kurzdramen, zwei Unterhaltungsstückchen von André Roussin, Schnellkomödien im Sakko, selige Gebrauchsware des amüsanten Amüsiertheaters, vor. Der Boulevard wird bedient. Skepsis und leichtes Gelächter werden gefördert. Das, wenn man so klassifizieren will, theatralisch Unerhebliche wird zum Vergnügen der Einwohner hergestellt. Aber wie es hergestellt wird, ist hier nicht unerheblich. Lingen krönt das Beiläufige und macht es wichtig. Er gibt der netten Künstlichkeit der Texte so viel Kunstfertigkeit des Schauspielerischen bei, er entwickelt so viel pure Kunst und bestechendes Können, daß sich die Waage senkt: Hier passiert viel mehr als nur ein amüsanter Abend. Man wohnt einer Erquickung bei. Ein großer Schauspieler zeigt, wie ernst und perfekt man auch das scheinbar Leichtfertige nehmen kann. Ein Abend hoher Befriedigung und Erfreulichkeit geht vonstatten.

Man denkt, wenn man Lingens darstellerischen Paradeakt verfolgt, an die Veredelung durch komisches Genie, die der große Pallenberg in der gleichen Sphäre einst vollbrachte. Aber Pallenberg, wenn er herrlich und ganz er selbst war, schwappte immer über. Er pallenbergisierte jeden Text. Lingen bleibt bei der Stange. Er improvisiert nie. Er tritt niemals über die Ränder. Er ist ein Wunder der Ökonomie. Der Mann ist wie eine Maschine. Ein komischer Motor, immerzu bis zum Anschlag aufgezogen, schnurrt. Lingens Wunderwirkung hat etwas Mechanisches, immer einen Puppeneffekt. Er agiert wie eine Marionette. Die komische Menschlichkeit, die er herstellt, hat heimlich eine artistische Beigabe des Unmenschlichen. Vielleicht ist das ein Teil der Erklärung, warum er so komisch ist. Seine Spielfigur schwebt dauernd ein paar heimliche Zentimeter über der Bühnenerde. Die Gestalt, die er faßt, die er rundet und zwerchfellschädigend komisch werden läßt, hat durchweg Zeichen der Stilisierung. Lingen scheint einen komischen Motor verschluckt zu haben. Der Gestus, den er zeigt, ist wie nicht von dieser Menschenwelt. Man rätselt, während man seinem kühlen Geniestreich der Schauspielerei auf höchster Ebene zusieht, dauernd, wie er, was er da zustande bringt, wohl zustande bringen mag. Er ist unheimlich komisch. Und ist dabei immer noch von einem kalten Ernst. Er holt Wellen der Symphatie und Übereinstimmung aus dem Parkett. Aber er macht sich keinen Augenblick mit dem Publikum gemein. Man denkt, er würde genauso spielen, wenn auch kein Aas im Zuschauerraum säße. Der Mann ist ein Phänomen. Er hat hohen Seltenheitswert. Ihn sehen, bedeutet die Versuchung, eine Doktorarbeit über ihn und seine fulminante, kalte Wirkung zu schreiben.«

Lingen war sich seines Wertes und seiner außerordentlichen komischen Begabung voll bewußt. Aber die nachschöpferische Arbeit des Schauspielers genügte ihm nicht. Immer mal wieder reizte es ihn, selbst zu schreiben: Stücke, Kriminalgeschichten, sogar ein Opernlibretto:
»Ich schrieb zunächst Stücke nur als Rollenausweg. Eben

für mich. Doch jetzt habe ich auch ein Opernlibretto geschrieben. *Der mysteriöse Herr X* zu der Musik des Wiener Professors Alfred Uhl. Und eigentlich ist das nichts anderes als ein ganz frühes Theaterstück von mir: *Was wird hier gespielt?*. Uhl wollte einen Stoff: spannend, kriminalistisch, lustig und von heute. Nun, die Oper wurde in Wien uraufgeführt und kürzlich auch in der CSSR in tschechischer Sprache.«

Der mysteriöse Herr X (1966) ist eine Opera buffa, ein sorgfältig gearbeitetes Werk, Theater auf dem Theater, in der Art etwa von *Ariadne auf Naxos* von Richard Strauss. Die Oper beginnt in einem leicht persiflierenden Stil, wird durch einen unvorhergesehenen Zwischenfall unterbrochen und findet dann keine Weiterführung. Dem Orchester ist ein »Schmiß« in die Partitur komponiert, und der Chor aus der nicht beendeten Oper tritt mehrfach auf und fragt: »Was ist denn mit uns? Was sollen wir tun? Werden wir noch gebraucht?« Im Lauf des scheinbar improvisierten Spiels wird es im Zuschauerraum hell, verwechselt der Beleuchter alle Schalter, werden Versenkung und Drehbühne bemüht, muß aber das Publikum plötzlich auch einen nicht vorhandenen Vorhang als vorhanden akzeptieren, damit das Spiel zu einem Ende kommen kann. Und zuletzt stellt sich heraus, daß all dies nur geschehen ist, weil dem Tenor die Oper nicht gefiel und er einen Mord vortäuschte, um dem Publikum einmal etwas anderes zu bieten.

Lingen, der Theatererfahrene, hatte reichlich komische Effekte eingebaut. So kommt der Tenor über seine Anfangsphrase nicht hinaus, weil seine Partnerin zu viel singt. Oder eine Souffleuse verfällt bei der Vernehmung vor dem Kommissar in ihren gewohnten Flüsterton. Sänger, die hauptsächlich zu singen gewohnt sind, müssen plötzlich wie perfekte Schauspieler sprechen und dergleichen mehr. Lingen hatte versucht, die Oper sozusagen auf den Kopf zu stellen, parodierte das ewige Dreiecks-Liebesdrama, baute eine Kriminalkomödie, erlaubte den Blick hinter die Bühne. Dennoch wurde das Werk kein durchschlagender Erfolg.

Ein Kritiker resümierte: »*Der mysteriöse Herr X* hielt nicht, was er selber im Stück versprach und was man sich von ihm vor der Premiere erhofft hatte. Die Uraufführung des Werkes im Theater an der Wien (ein Gastspiel des Linzer Landestheaters im Auftrag der Wiener Festwochenintendanz) war bestenfalls ein Achtungserfolg. Der Beifall klang matt, und das Publikum verließ nicht gerade mit heiterer Miene das Theater...«

Den mysteriösen Herrn X spielte und sang Peter Minich, den Kommissar Günter Gützloff, Eva Maria Kaspar spielte die Zofe und Friedhelm Rosendorf den Komponisten.

Lingen war natürlich mit dem halben Erfolg seiner Oper nicht zufrieden. Aber er wischte den schwarzen Fleck in seiner Künstlerbiographie weg mit der Bemerkung, er beachte nur gute Kritiken. Und er berief sich dabei gern auf André Roussin, der die männliche Hauptrolle in der *Schule der Gattinnen*, den Schriftsteller Carruche, den Lingen zu spielen hatte, sagen ließ:

»Vernimm, geliebte Mutter, den Künstler interessiert nur die Kritik, in der er angebetet wird.

Nur regelrechte Hymnen sind unsereinem recht,
schreibt einer, daß wir schlecht sind, dann schreibt er
eben schlecht.
Und ist ein Stil noch so perfekt, brillant voll Geist,
ein guter Rezensent ist nur der, der uns preist!«
Über Lingens Einstellung Kritikern gegenüber im folgenden Kurzkapitel nun einige seiner höchst speziellen
Reflexionen zu diesem Thema.

> »Ein Kritiker ist eine Henne, die gackert,
> wenn andere legen.«
>
> *Giovanni Guareschi*

Lingen und die Kritiker

In seinem Buch »Ich bewundere ..., Liebeserklärungen an das Theater« äußert Theo Lingen sich mit feiner Ironie über die Kritiker: »Ich bewundere die Kritiker ohne jeden Hintergedanken.« Er bewundert die Schnelligkeit, mit der sie ihre Kritiken verfassen, ihre Fähigkeit, nach einmaligem Erleben einer Aufführung ihre Ansicht »über Stück, Darstellung, Regie und Bühnenbild klar und bestimmt zu fixieren«. Beileibe solle man den Kritikern nicht Besserwisserei unterstellen. Denn »das, was der Kritiker schreibt, will nie mehr sein als seine bescheidene persönliche Meinung, die er – um das noch zu betonen – ja auch manchmal nur mit *einem* Buchstaben seines Namens signiert.«

In seiner Bewunderung fährt Lingen fort: »... was müssen sie nicht alles verstehen! Sie müssen wissen, was Dichtung und was Tagesschriftstellerei ist – ob ein Stück gut oder schlecht gebaut ist. Von der Kunst der Regie müssen sie alles verstehen – von der Schauspielerei genauso viel wie von der Bühnenbildnerei. Von allem und jedem, was sie darüber urteilen können. Und nirgendwo kann man das lernen! Es gibt keine Kritiker-Seminare, keine Akademien, auf denen Kritiker ausgebildet werden. Kein Lehrer kann jemanden zum Kritiker machen. Man kann sich nur eines Tages selber entschließen, ein Kritiker zu sein... Von dieser Stunde an weiß er, wie man Stücke schreiben muß – wann sie gut und wann sie schlecht sind – ob sie zu kurz oder ob sie zu lang sind – wie sie zu inszenieren sind und wie man sie spielen muß – welcher Schauspieler für eine Rolle geeignet ist und welcher nicht. Der neugebackene Kritiker kann entscheiden, ob die Dekoration dem Stück entsprach oder ob sie überhaupt nicht zu dem Stück paßt. Man sieht, wie vielfältig die Arbeit der Kritiker ist.«

Aber er wird noch deutlicher, hält mit seiner Kritik an den Kritikern nicht zurück: »Also meine wirkliche Meinung über die Kritik am Schauspieler ist die: man soll sie nicht so wichtig nehmen, nicht so wichtig... Ich meine, bei unserem Theaterbetrieb (in den Ländern Deutschland und Österreich) ist die Kritik eigentlich ein Nonsens, denn mit Ausnahme einiger weniger Privattheater haben wir doch in diesen Ländern nur Theater, die staatliche oder städtische Subventionen erhalten, deren Spielplan – allein schon bedingt durch das Abonnementsystem – vorher genau festgelegt ist. Auch die vernichtendste Kritik kann den so betroffenen Theaterleiter gar nicht davon abhalten, dieses Stück ruhig weiter zu spielen (im Gegensatz zum Beispiel zu New

York, wo ›Verrisse‹ dazu führen können, daß das Stück sofort nach der Premiere abgesetzt wird). Hier aber muß ja die Aufführung durchs Abonnement! Und unser Abonnent kann sich auch gar nicht dagegen wehren. Er hat ja im voraus sein Abonnement bezahlt.«

Wie kann aber ein Theaterleiter sich gegen den Verriß eines Kritikers, – dessen Beruf übrigens, wie Theo Lingen bemerkt, nie im Telefon- oder Adressbuch steht (es heiße hier »Journalist«), dem noch nie jemand ein Denkmal gesetzt habe, wie der Maler Edgar Degas feststellte, – wehren? Lingen erzählt dazu eine amüsante Geschichte: »Ein amerikanischer Theaterunternehmer erfand ein probates Mittel, schlechte Kritiken in gute umzufunktionieren. Als wieder einmal eine seiner Premieren von den bekannten New Yorker Kritikern verrissen wurde, standen acht Tage später wahre Hymnen über Aufführung und Stück in denselben Zeitungen mit den Unterschriften derselben Kritiker. Mr. Derek, so hieß der Theaterdirektor, hatte im Adreßbuch von New York Leute mit denselben Namen der Kritiker gesucht und gefunden und hatte diese zu einem Besuch des verrissenen Stücks eingeladen, mit der Bitte, ihre Meinung über Stück und Aufführung den Zeitungen schriftlich mitzuteilen. Angetan von der freundlichen Einladung – mit Freikarten natürlich –, unbelastet von allen Kriterien, schrieben nun diese Herren die freundlichsten und enthusiastischsten ›Rezensionen‹. Allerdings standen diese Rezensionen nicht ›unter dem Strich‹, wo im allgemeinen Kritiken stehen, sondern gleich auf der ersten Seite der Zeitung. Was ja noch eindrucksvoller war und was Mr. Derek erklärlicherweise besonders freute.«

Neben dem Berliner Kritiker Friedrich Luft schätzte Theo Lingen Alfred Kerr und Herbert Ihering besonders. »Kerr und Ihering waren grundsätzlich und immer entgegengesetzter Meinung. Was der eine tadelte, lobte der andere und umgekehrt.«

Beide waren große Entdecker und Förderer von Schriftstellern und Dichtern. Ihering war der Mentor von Bert Brecht, sorgte dafür, daß er den Kleistpreis bekam und führte ihn in die deutsche Theaterlandschaft ein. Kerr war Entdecker und Förderer von Gerhart Hauptmann.

»Kritiker dieses Formats sind natürlich sehr selten«, bemerkt Lingen und fährt fort: »Der Wiener Alfred Polgar war auch so eine Seltenheit. Ein scharfer aber durch und durch ehrlicher Kritiker – mit umwerfend treffenden Bemerkungen – und daneben ein bedeutender Schriftsteller und Essayist. Eine seiner hübschesten Bemerkungen über den Kritiker: ›Der Kritiker läßt den Künstler, den er nicht versteht, das fühlen. Er behandelt ihn sehr von unten herab‹. Und auf Polgar paßt, wie selten auf einen anderen Kritiker, die Definition, die Diderot einst über Kritiker gab: ›Ein qualifizierter Kritiker ist ein Mensch, den sein künstlerisches Empfinden, seine literarische Bildung, sein kritischer Verstand und seine Fähigkeit, sich anderen verständlich zu machen, in die Lage versetzt, zu Bühnenwerken und Aufführungen und zu allen Problemen des zeitgenössischen Theaters Stellung zu nehmen‹.«

> »Die große Kunst ist dann erreicht,
> wenn man nichts mehr weglassen kann.«
>
> *Theo Lingen*

Ausklang

Ende der sechziger Jahre machte sich Theo Lingen noch einmal auf, um in Sachen Bert Brecht tätig zu werden. Seine Brecht-Matinée war außerordentlich erfolgreich. Die Kritiker überschlugen sich.

Franz Hitzenberger schrieb: »Noch nie hat man in Wien den bei aller finsteren Aggressivität heiteren Brecht auch nur annähernd so authentisch, so mitreißend dargeboten wie an diesem denkwürdigen Vormittag. Theo Lingens Diktion, die späteren Geschlechtern als Synonym für ›messerscharf und glashart‹ überliefert werden wird, hat in diesen Breiten nicht ihresgleichen. Da Lingen auch in Brechts geistige Bereiche mit spielerischer Leichtigkeit vorzudringen vermag, waren seine Beiträge ein bestürzendes Vergnügen. Tragik und Komik wohnten dicht beieinander, aus der Pointe erwuchs die gefährliche Dimension des schillernden Bösen, das (nach Brechts Überzeugung) fortzeugend Gutes müsse gebären: Nur, wenn man dem Menschen sagt, wie abgrundtief schlecht er sei, vermöchte er sich zu bessern. Lingens Beitrag aus dem Badener Lehrstück *Menschen helfen einem Menschen*, die Vorwegnahme des absurden Theaters, war das Gustostückchen des Tages, dem das Höchstprädikat der Theaterbranche zuzuerkennen ist: unvergeßlich...«

Im Jahr 1964 spielte Theo Lingen im Wiener Theater an der Josefstadt in *Kolportage* von Georg Kaiser, einer Komödie, die vielleicht einmal als »klassisch« bezeichnet werden wird. In diesem Stück hat Kaiser tatsächlich eine »klassische« Grundsituation auf den präzisesten Nenner gebracht. Hans Jaray inszenierte und spielte neben Hilde Krahl den Grafen Stjernenhö. »Theo Lingen«, so bescheinigte ihm die Wiener Presse, »weiß einen Baron Barrenkrona mit aller Simplicissimus-Schärfe zu gestalten, was bei diesem Könner nicht überrascht, aber ein unentwegtes Vergnügen darstellt.« An anderer Stelle heißt es über ihn: »Theo Lingens Baron stimmt großartig! Lingen findet im Alleingang den Stil für den vom Expressionismus geprägten Kaiser-Text und seine zeitkritische Dimension. Er fasziniert in der Groteske eines eitlen, kleinen, aber reichen Adeligen. Er setzt ihn geradezu vor unseren Augen zusammen, wenn er sich, verkalkt, leicht vorgeneigt, beschränkt, marionettenhaft über die Bühne bewegt, sich setzt, aufsteht, Hände schüttelt, Treppen steigt, niederbricht. Und er trifft auch mit Intelligenz und Präzision die ›akustische Maske‹ der Figur.«

Eine seiner letzten großen Regieleistungen ließ Lingen Ende 1968 einem Lustspiel des Engländers Alan Ayckbourn angedeihen, mit dem er auf Tournee ging. Das Stück hieß *Halbe Wahrheiten*, darin ging es um Irrtümer, Mißverständnisse, Andeutungen, eine Verwechslungskomödie also, in der das Quartett Grit Böttcher, Gundel Thormann, Eckart Dux und Theo Lingen die Bühne zum Lachkabinett machten.

Lingen hatte das Stück schon im Jahr zuvor am Thalia-Theater in Hamburg inszeniert.

Zum Inhalt, der nicht besonders nacherzählenswert ist, weil die Komik ganz aus der Situation erwächst: Ein junger Mann namens Greg liebt Ginny, ein Mädchen mit lockerer Moral, das die Adressen seiner diversen Verehrer auf Zigarettenschachteln notiert. Ein verräterisches Requisit, das Ginny zum Lügen animiert, sobald sie genauer gefragt wird. Der naive Greg will bei Ginnys Eltern um deren Hand bitten, gerät aber in den Haushalt eines Liebhabers von Ginny. Das Ehepaar spielt mit, man weiß nicht, warum, vielleicht weil es ganz natürlich ist, daß ein junger Mann ins Haus kommt und wirres Zeug schwätzt. Der Ehemann meint, Greg wolle ihm seine Frau ausspannen, die Frau spielt mit, man weiß abermals nicht warum. Im dritten Akt löst sich endlich das Mißverständnis auf.

Der Dialog kreist dauernd um peinliche Sachverhalte, ohne sie offen zu nennen. Darin besteht die Komik. Funkelnde Wortspielereien, die das Stück in Spannung halten. Lingen hatte diese »lockere« Komödie mit beschwingter Hand inszeniert und, so schrieb der Kritiker Piero Rismondo: »... man kam vor Lachen und Amüsement über die Dummheit der Leute, die so gescheit

daherreden konnten, gar nicht auf die Idee, seine Regie-
art genauer zu untersuchen.« Herbert Berger meinte:
»Theo Lingen brennt während der Umwandlung vom
Liebhaber zum Daddy ein kleines Feuerwerk in mimi-
scher und dialogischer Hinsicht ab. Alles in allem: Gold-
schmiedearbeit auf Mist.«

»Daß man älter wird, merkt man an dem schwarzen
Fleck auf der Krawatte, dort, wo das Doppelkinn auf-
tippt«, sagte der Jubilar. Die Zeit war gekommen, ein
Fazit aus einem reichen und erfüllten Schauspielerleben
zu ziehen. Aus dem virtuosen Komödianten war ein
grandioser Darsteller von Klassikerfiguren geworden.
Geblieben waren seine näselnde Stimme, das Räuspern,
seine eckigen Bewegungen.

Auch seine gescheiten Stücke – *Johann, Theophanes,
Was wird hier gespielt?* und *Der mysteriöse Herr X* –
würden Bestand haben. Der »Komiker aus Versehen«,
wie er sich selbst nannte, kehrte immer stärker zu
seinem wahren Wesen zurück, ins Ernste, Grüblerische,
Philosophische. Zu dem ernsten Job, Menschen zum
Lachen zu bringen, sagte er in einem Interview: »Es ist
ein Hauptfehler, die Leute für dümmer zu halten als sie
sind, beziehungsweise als man glaubt, daß sie sind. Das
Publikum darf man nicht für dumm nehmen, sondern es
gilt, seine Phantasie anzuregen.«

Die Phantasie anregen, das konnte er, der phantasierei-
che Mann. Er brauchte dazu nur Andeutungen, knappe
Hinweise. Die Ausformulierung, das Nachlachen, wenn
die Pointe verklungen war, das überließ er getrost seinem Publikum..

Der damalige Bundespräsident Heinrich Lübke schrieb ihm ein Glückwunschtelegramm: »Es ist Ihnen gelungen, deutlich zu machen, daß es im menschlichen Leben Situationen gibt, in denen die Grenze zwischen Komik und Tragik fließend wird. Ich glaube, daß hier das Geheimnis Ihres Erfolges zu suchen ist, indem Sie dem Ernst seine scherzhafte Seite abgewinnen und im Scherz den Ernst durchblicken lassen.«

Lingen war 1946 österreichischer Staatsbürger geworden, er hatte seit langem festen Wohnsitz in Wien genommen. Sein »Leinwandhumor« glitt in seinen alten Tagen von ihm ab, es blieb der distinguierte Herr. Als Witzprofessor trat er in der *Witzakademie* im Fernsehen auf, ein weiser Abglanz früheren Klamauks. Privat lebte er seinem Hobby als Schmalfilm-Amateur, und seine Schallplatte: »Theo Lingen – Portrait eines Schauspielers«, die er im Jahr 1976 machte, wies ihn noch einmal als präzisen, disziplinierten Sprecher aus.

Der »Meister des Witzes« brauchte auf seine alten Tage Ruhe und Konzentration, um seine »Liebeserklärungen an das Theater (Ich bewundere)« zu verfassen. Er war anders als viele Schauspieler nie abergläubisch, spielte in seinem Leben nie Lotto und interessierte sich weder für Glückszahlen noch für Horoskope.

Aus einem seiner späten (ungeliebten) Interviews: »Was würden Sie als die bedeutendste Stunde in Ihrem Leben bezeichnen?«

»Meinen Geburtstag am 10. Juni 1903!«

»Mögen Sie selbst gern Witze?«

»Nur, wenn sie geistreich sind.«

Bis auf seine letzten Jahre, in denen er sehr krank war, blieb er von schweren Krankheiten sein Leben lang verschont. Gefragt, ob er ein Rezept fürs Alter habe, sagte er: »Ein glückliches Familienleben und viel Schlaf. Ich weiß: das glückliche Familienleben kann man sich nicht aussuchen, daran muß man bauen. Nur das mit dem Schlaf – das kann man sich schon einteilen.«

Seit seinem 65. Geburtstag war er Pensionär des Wiener Burgtheaters und nahm nur selten Engagements an. Am liebsten nur dort, wo gerade auch seine Tochter Ursula oder deren Mann Kurt Meisel gastierten. Und wenn mit dem Engagement noch eine hübsche Reise verbunden war – nicht unbedingt aufs Land, große Städte waren ihm lieber –, dann griff er gern zu. Im übrigen aber füllte er seine alten Tage am liebsten mit Schreiben. »Das Schreiben ist für mich eine der angenehmsten Tätigkeiten. Man sitzt zwar vor einem Blatt Papier, aber niemand drängt einen.«

Lingen lebte im Alter völlig zurückgezogen, selbst die Wiener bekamen ihn selten zu sehen. Er hatte unter seinen Beruf den Schlußstrich gezogen. »Man soll im richtigen Augenblick aufhören, wenn das Publikum den Schauspieler noch in schönster Erinnerung hat.«

Doch auch als Pensionär verbrachte er seine Tage nach einer strengen Zeitordnung. Pünktlich um sieben Uhr stand er auf. Nach der Morgentoilette wählte er einen seiner grauen Anzüge, schlüpfte in den eleganten schwarzen Mantel, setzte den dazu passenden Hut links schief auf, fuhr in die Wiener Innenstadt ins Café Sacher und setzte sich pünktlich um neun Uhr auf seinen

Stammplatz in einer stillen Ecke vor der Spiegelwand unter kostbaren Kristallüstern und bestellte jeden Tag das gleiche: eine Tasse Kaffee, ein Glas frischgepreßten Orangensaft, dazu einen kleinen Imbiß – und die neuesten Tageszeitungen. Nach Frühstück und Lektüre traf er sich mit seiner Frau, machte mit ihr Einkäufe, bummelte durch die Straßen und traf Punkt elf Uhr wieder daheim ein. Und er war heilfroh, wenn die Straßenpassanten ihn nicht erkannten. »Ich glaube, daß mich mein Publikum von einst verstehen wird. Ich habe seit jeher Arbeit und Privatleben streng getrennt. Und jetzt, wo ich in Pension bin, will ich mich nicht mehr feiern lassen.«

Nach einem guten Mittagsmahl zog er sich zu einem gesunden Schläfchen zurück. Diese Ruhepause war ihm heilig, niemand durfte ihn stören. »Sie haben ja keine Ahnung, wie sehr ich mich in meiner turbulentesten Filmzeit nach so einem Mittagsschlaf gesehnt habe. Jetzt kann ich mir so etwas endlich leisten.«

Sein liebstes Hobby neben dem Schreiben von Romanen und Kurzgeschichten war das Filmen – immer wieder seine Familie in den verschiedensten alltäglichen Situationen. In seinen Kriminalromanen mangelte es weder an Leichen noch an makabren, absurden Gags. Aber er zeigte seine Schöpfungen nicht vor. Nur seinen engsten Verwandten waren sie bekannt.

Lingen verfolgte regelmäßig Fernsehkrimis wie *Derrick*, *Der Alte* oder *Tatort*. Er fand, daß ein Fernsehkrimi ein erholsamer Abschluß eines genau eingeteilten Tages sei.

»Ich bin ein ganz gewöhnlicher Zeitgenosse, der seine

Ruhe haben will«, sagte er häufig. »Spielen, nicht reden, das ist meine Devise.«

Theo Lingen, der Hannoveraner, der Österreicher geworden war, der helle Kopf mit dem klaren Verstand, der Meister der präzisen Sprache, der glänzende Formulierer, der Mann mit dem scharfen Intellekt und dem scharfen Profil, der Meister der intelligenten, fast angelsächsischen Komik, der selbst der trivialen Klamotte eine geistreiche Variante zu geben vermochte, blieb immer für jedermann verständlich.

Keiner konnte so herzerweichend singen: »Schenk mir doch ein kleines bißchen Lie-be, Lie-be, sei ein bißchen nett zu mir – zwei, drei, vier...«

Theo Lingen liebte keine Überraschungen, er liebte die Ordnung. Und vieles von dem, was er wußte, behielt er lieber für sich. Er war ein Grübler, er war, manchmal auf anstrengende Art und Weise, seriös, pünktlich, diszipliniert – im Beruf wie im Privatleben.

War Theo Lingen ein Menschenverächter?

»Ein Menschenverächter – nein! Das wäre ja Hochmut. Aber gewisse Menschen darf und sollte man, finde ich, verachten.«

Theo Lingen hat in seinem Leben viele »gewisse« Menschen kennenlernen müssen.

1976 mußte Theo Lingen sich einer Operation unterziehen. Daß seine Krankheit unheilbar war, erfuhr er nicht. Zwei Wochen vor seinem Tod wurde er erneut ins Wiener Spital »Confraternität« eingewiesen.

Lingen ahnte nicht, daß er sterben mußte. Er machte Pläne, ordnete seine Entlassung aus dem Spital an, gab der Haushälterin Rosl Anweisungen für seine Rückkehr in die Familie.

Daraus wurde nichts. Er starb am 10. November 1978.

ANHANG

Rollenverzeichnis Theater
(soweit feststellbar)

Zusammengestellt von Lothar Schirmer, ergänzt von
Eva-Maria Schattenhofer für Aufführungen
an österreichischen Bühnen

Verwendete Abkürzungen: TL = Theo Lingen (nur als Schauspieler;
als Regisseur oder Autor ausgeschrieben), R = Regisseur, BB =
Bühnenbildner, Mu = Komponist, U = Uraufführung, DE = Deutsche Erstaufführung

Die Gattungsbezeichnung erfolgte jeweils nach der Ankündigung
des Theaters (Programmheft etc.); wenn dieses Material nicht vorhanden war, wurde die Gattungsbezeichnung nach der jeweiligen
Buchveröffentlichung ermittelt.

1921

30. 9. **Faust**
Residenztheater   Tragödie von Johann Wolfgang von Goethe
Hannover   TL (Valentin)

10. 10. **Rosmersholm**
Residenztheater   Schauspiel von Henrik Ibsen
Hannover   TL, Irene Triesch

12. 10. **Alt-Heidelberg**
Residenztheater   Schauspiel von Wilhelm Meyer-Förster
Hannover   R: Ewald Schindler
                   TL (Student), Willy Maertens, Rudolf Platte,
                   Heinz Rühmann, Ewald Schindler

25. 10. Residenztheater Hannover	**Der Biberpelz** Diebskomödie von Gerhart Hauptmann TL (Glasenapp), Albert Bassermann

1922

1. 2. Residenztheater Hannover	**Beethoven** Von W. Weber-Brauns R: Carl Wilhelm Burg TL (Sohn des Köhlers), Willy Maertens, Rudolf Platte, Heinz Rühmann

4. 3. Residenztheater Hannover	**Kabale und Liebe** Bürgerliches Trauerspiel von Friedrich Schiller TL (Ferdinand), Maria Fein

26. 3. Residenztheater Hannover	**Elga** Drama von Gerhart Hauptmann TL (Ritter)

31. 3. Residenztheater Hannover	**Die Verschwörung des Fiesco zu Genua** Republikanisches Trauerspiel von Friedrich Schiller TL (Bourgognino), Ernst Deutsch

1923

21. 12. Stadttheater Halberstadt	**Othello** Tragödie von William Shakespeare TL (Rodrigo), Max Grube

1924

12. 5. Stadttheater Münster	**Ende gut, alles gut** Komödie von William Shakespeare TL

7. 11. Stadttheater Münster	**Kolportage** Komödie von Georg Kaiser TL

20. 11. **Der liebe Augustin**
Stadttheater Operette von Rudolf Bernauer und Ernst We-
Münster lisch; Mu: Leo Fall
TL (Fürst Nicola)

31. 12. **Orpheus in der Unterwelt**
Stadttheater Opéra bouffe von Hector Crémieux und Ludo-
Münster vic Halévy; Mu: Jacques Offenbach
TL (Styx)

1925
25. 7. **Gräfin Mariza**
Kurtheater Operette von Julius Brammer und Alfred Grün-
Bad Oeynhausen wald; Mu: Emmerich Kálmán
R: Curt Grebin
TL (Kammerdiener Penižek)

20. 9. **Der Bürger als Edelmann**
Stadttheater Komödie von Molière
Münster R: Hanns Niedecken-Gebhard; BB: Hein Heck-
roth
TL (Dorantes), Liska Bonney, Marianne Zoff,
Cläre Gadebusch, Ellen Hammacher, Werner
Bukofzer, Herbert Dreyer, Hans Epskamp, Al-
bert Johannes, Karl Maier, Richard Ortmann,
Erwin Parker

22. 9. **Richard II.**
Stadttheater Tragödie von William Shakespeare
Münster R: Hermann Schultze; BB: Hein Heckroth
TL, Elisabeth Hillemann, Herbert Dreyer, Hans
Epskamp, Hans Grell, Paul Pape

14. 10. **Die Andacht zum Kreuze**
Stadttheater Drama von Calderón de la Barca in der Bearbei-
Münster tung von Otto Zoff
R: Fritz Alexander Cohen; BB: Hein Heckroth
TL

5. 11. U Stadttheater Münster	**Die Bettler** Schauspiel von Alexander Victor Franz von Frankenberg R: Hanns Niedecken-Gebhard; BB: Hein Heckroth TL (Hembyze), Herbert Dreyer, Hans Epskamp, Albert Johannes, Karl Maier, Ludwig Poetsch, Wolf Weyrauch
17. 11. Stadttheater Münster	**Bunbury** Komödie von Oscar Wilde R: Theo Lingen TL (John Worthing), Cläre Gadebusch, Elisabeth Hillemann, Dörte Pralle, Elli Reicher, Werner Bukofzer, Karl Maier, Erwin Parker, Wolf Weyrauch
3. 12. Stadttheater Münster	**Charleys Tante** Schwank von Brandon Thomas R: Theo Lingen TL (Lord Babberley), Elisabeth Hillemann, Luise Stoll, Hans Epskamp, Karl Maier
15. 12. Stadttheater Münster	**Nebeneinander** Volksstück 1923 von Georg Kaiser R: Hermann Schultze TL (Neumann), Werner Bukofzer, Herbert Dreyer
	1926
21. 4. Stadttheater Münster	**Der Diener zweier Herren** Komödie von Carlo Goldoni TL
4. 12. Neues Theater Frankfurt/Main	**Flucht** Schauspiel von John Galsworthy R: Max Ophüls; BB: Friedrich Kalbfuß TL, Traute Carlsen, Dora Debicke, Lucie Englisch, Anny Hannewald, Hilde Wall, Marianne Zoff, Otto Braml, Bruno Glaß, Alois Großmann, Karl Günther, Fritz Hube, Hermann Kner

25. 12. Neues Theater Frankfurt/Main	**Der Garten Eden** Vier Kapitel aus dem Leben eines »unanständi- gen Mädchens« von Rudolf Bernauer und Ru- dolf Oesterreicher R: Max Ophüls TL (Tanzmeister), Dora Debicke, Lucie Eng- lisch, Anny Hannewald, Anton Gaugl, Alois Großmann, Karl Günther, Fritz Hube, Lothar Körner, Paul Oellers, Karl Stadi

1927

15. 1. Neues Theater Frankfurt/Main	**Zweimal Oliver** Stück von Georg Kaiser R: Arthur Hellmer; BB: Friedrich Kalbfuß TL (Regisseur), Traute Carlsen, Dora Debicke, Lucie Englisch, Maria Rix, Hilde Wall, Marianne Zoff, Alois Großmann, Fritz Hube, Hermann Kner, Siegfried Nürnberger, Karl Staudt
26. 2. Neues Theater Frankfurt/Main	**Volpone oder Der Tanz ums Geld** Lustspiel nach Ben Jonson von Stefan Zweig R: Max Ophüls; BB: Friedrich Kalbfuß TL (Mosca), Hilde Wall, Marianne Zoff, Anton Gaugl, Alois Großmann, Fritz Hube, Hermann Kner, Siegfried Nürnberger, Karl Staudt
12. 3. Neues Theater Frankfurt/Main	**Spiel im Schloß** Anekdote von Franz Molnár R: Arthur Hellmer; BB: Robert Wollmann TL (Sekretär), Lucie Englisch, Karl Günther, Georg Lengbach, Paul Oellers, Karl Staudt
9. 4. Neues Theater Frankfurt/Main	**Eine glückliche Ehe** Lustspiel von Peter Nansen R: Willy Chmelnitzky TL (Martin) Herta Hambach, Maria Rix, Alois Großmann, Karl Günther

14. 5. Neues Theater Frankfurt/Main	**Fuhrmann Henschel** Schauspiel von Gerhart Hauptmann R: Willy Chmelnitzky TL (Kellner George), Dora Debicke, Lucie Englisch, Gustel Hansen, Helga Nielsen, Heinrich Fuchs, Heinrich George, Alois Großmann, Hermann Kner, Siegfried Nürnberger, Max Patschky, Karl Stadi
17. 5. U Neues Theater Frankfurt/Main	**Papiermühle** Lustspiel von Georg Kaiser R: Max Ophüls; BB: Friedrich Kalbfuß TL (Einer der Stammgäste), Herta Hambach, Bruno Glaß, Alois Großmann, Karl Günther, Hermann Kner, Siegfried Nürnberger, Karl Stadi
4. 6. Neues Theater Frankfurt/Main	**Der, der die Maulschellen kriegt** Spiel von Leonid Nikolaevic Andreev R: Ilja Motylew; BB: Friedrich Kalbfuß TL, Ilse Straßburger, Elsa Tiedemann, Marianne Zoff, Heinrich Fuchs, Anton Gaugl, Alois Großmann, Karl Günther, Lothar Körner, Siegfried Nürnberger, Paul Oellers
20. 6. Neues Theater Frankfurt/Main	**Kameraden** Komödie von August Strindberg R: Ilja Motylew TL (Literat Willmer), Anny Hannewald, Maria Orska, Elsa Tiedemann, Alois Großmann, Siegfried Nürnberger
23. 6. Neues Theater Frankfurt/Main	**Stilleben** Komödie von Franz Molnár R: Alois Großmann TL (Komponist), Maria Orska, Elsa Tiedemann, Florence Werner, Marianne Zoff, Alois Großmann, Karl Günther

23. 6. Neues Theater Frankfurt/Main	**Das Veilchen** Komödie von Franz Molnár R: Alois Großmann TL (Assistent des Theaterdirektors), Maria Orska, Elsa Tiedemann, Florence Werner, Marianne Zoff, Alois Großmann, Karl Günther
20. 8. Neues Theater Frankfurt/Main	**Der Hexer** Kriminalstück von Edgar Wallace R: Willy Chmelnitzky; BB: Julius Hahlo TL (Bliss), Elsa Tiedemann, Florence Werner, Carl Amsel, Heinrich Fuchs, Alois Großmann, Karl Günther, Franz Massareck, Siegfried Nürnberger, Max Patschky, Rudolf Schündler
10. 9. Neues Theater Frankfurt/Main	**Mädel von heute** Lustspiel von Gustav Davis R: Willy Chmelnitzky; BB: Friedrich Kalbfuß TL (Geoffrey Norman), Dora Debicke, Lucie Englisch, Annie Reiter, Elsa Tiedemann, Florence Werner, Heinrich Fuchs, Karl Günther, Max Patschky, Rudolf Schündler
17. 9. Neues Theater Frankfurt/Main	**Das Kamel geht durch das Nadelöhr** Lustspiel von František Langer R: Max Ophüls TL (Kammerdiener), Lucie Englisch, Annie Reiter, Marianne Zoff, Alois Großmann, Hermann Kner, Franz Massareck, Josef Renner, Karl Staudt
1. 10. Neues Theater Frankfurt/Main	**Die große Katharina** Komödie von George Bernard Shaw R: Max Ophüls; BB: Friedrich Kalbfuß TL, Kitty Aschenbach, Alois Großmann, Hermann Kner, Franz Massareck, Karl Stadi
1. 10. Neues Theater Frankfurt/Main	**Inka von Perusalem** Komödie von George Bernard Shaw R: Max Ophüls; BB: Friedrich Kalbfuß

TL, Kitty Aschenbach, Dora Debicke, Hermann Kner, Josef Renner

10. 10. U Neues Theater Frankfurt/Main	**Bayerische Königstragödie** Drama von Friedrich Lichtneker R: Max Ophüls; BB: Friedrich Kalbfuß TL (Hoppe), Walter Fried, Bruno Glaß, Karl Günther, Eugen Jensen, Hermann Kner, Franz Massareck, Siegfried Nürnberger, Max Patschky, Josef Renner, Karl Staudt
22. 10. Neues Theater Frankfurt/Main	**Fußballspieler und Indianer** Komödie von Melchior Vischer R: Melchior Vischer; BB: Friedrich Kalbfuß TL, Lucie Englisch, Anny Hannewald, Dora Thalmer, Florence Werner, Heinrich Fuchs, Bruno Glaß, Alois Großmann, Hermann Kner, Carlo Lichtenberger, Franz Massareck, Siegfried Nürnberger, Josef Renner, Georg Schmidt, Rudolf Schündler, Karl Stadi
4. 11. Neues Theater Frankfurt/Main	**Lumpazivagabundus oder Das liederliche Kleeblatt** Zauberposse mit Gesang von Johann Nestroy R: Max Ophüls; BB: Franz Nitsche TL (Lumpazivagabundus), Dora Debicke, Lisa Doree, Lucie Englisch, Anny Hannewald, Eva Maria Löwenfeld, Annie Reiter, Dora Thalmer, Elsa Tiedemann, Florence Werner, Marianne Zoff, Carl Amsel, Heinrich Fuchs, Bruno Glaß, Alois Großmann, Karl Günther, Eugen Jensen, Hermann Kner, Carlo Lichtenberger, Franz Massareck, Siegfried Nürnberger, Max Patschky, Josef Renner, Rudolf Schündler, Karl Stadi, Karl Staudt
25. 12. Neues Theater Frankfurt/Main	**Dover – Calais** Lustspiel von Julius Berstl R: Max Ophüls; BB: Friedrich Kalbfuß TL (Rhinelander), Elsa Tiedemann, Heinrich

Fuchs, Bruno Glaß, Alois Großmann, Hermann Kner, Carlo Lichtenberger, Max Patschky, Josef Renner, Karl Stadi, Karl Staudt

1928

28. 1. U
Neues Theater
Frankfurt/Main

Der Frauenarzt
Schauspiel von Hans José Rehfisch
R: Arthur Hellmer
TL (Losch), Kitty Aschenbach, Lucie Englisch, Annie Reiter, Hilde Wall, Marianne Zoff, Karl Günther, Hermann Kner, Siegfried Nürnberger, Max Patschky, Josef Renner, Karl Staudt

25. 2.
Neues Theater
Frankfurt/Main

Die Premiere
Lustspiel von Svend Rindom
R: Max Ophüls; BB: Friedrich Kalbfuß
TL (Lampe), Lucie Englisch, Anny Hannewald, Elsa Tiedemann, Hilde Wall, Marianne Zoff, Alois Großmann, Eugen Jensen, Hermann Kner, Carlo Lichtenberger, Franz Massareck, Siegfried Nürnberger, Josef Renner

27. 3.
Neues Theater
Frankfurt/Main

Der Marquis von Keith
Schauspiel von Frank Wedekind
R: Max Ophüls
TL (Kriminalkommissar Raspe), Lucie Englisch, Elsa Tiedemann, Hilde Wall, Heinrich Fuchs, Bruno Glaß, Alois Großmann, Eugen Jensen, Hermann Kner, Franz Massareck, Siegfried Nürnberger, Max Patschky, Josef Renner, Karl Stadi

21. 4.
Neues Theater
Frankfurt/Main

Die Opunzie
Komödie von Max Brod und Hans R. von Nack
R: Max Ophüls
TL, Lucie Englisch, Annie Reiter, Heinrich Fuchs, Alois Großmann, Karl Günther, Hermann Kner, Max Patschky, Josef Renner, Karl Staudt

9. 5. Neues Theater Frankfurt/Main	**Broadway** Amerikanisches Zeitbild von Philip Hart Dunning und George Abbott R: Arthur Hellmer; BB: Gustl Heilig TL (Roy Lane), Christl Ebling, Jolanda Elting, Hella Gantzert, Lieselotte Henke, Camilla Lundt, Annie Reiter, Gustel Walle, Florence Werner, Carl Amsel, Heinrich Fuchs, Bruno Glaß, Alois Großmann, Karl Günther, Franz Massareck, Siegfried Nürnberger, Max Patschky, Rudolf Schündler, Karl Stadi, Karl Staudt
25. 5. Neues Theater Frankfurt/Main	**Madame Sans-Gêne** Komödie von Victorien Sardou R: Alois Großmann TL (Tanzmeister), Käthe Dorsch, Karl Günther, Siegfried Nürnberger, Josef Renner, Karl Staudt
2. 6. Neues Theater Frankfurt/Main	**Fünf von der Jazzband** Komödie von Felix Joachimson R: Max Ophüls; BB: Friedrich Kalbfuß TL (Jean), Hilde Wall, Florence Werner, Heinrich Fuchs, Hermann Kner, Franz Massareck, Siegfried Nürnberger, Karl Staudt
9. 6. Stadttheater Münster	**Der keusche Lebemann** Schwank von Franz Arnold und Ernst Bach TL (Max Stieglitz)
11. 8. Neues Theater Frankfurt/Main	**Der Prozeß Mary Dugan** Stück von Bayard Veiller R: Willy Chmelnitzky; BB: Robert Wollmann TL (Madison), Hella Gantzert, Alice Lach, Annie Reiter, Gretel Rieser, Sophie Sack, Tatjana Sais, Ady Schulder, Elsa Tiedemann, Marianne Zoff, Carlo Arendt, Frank Brown, Fritz Erhardt, Frank Falkner, Karl Günther, Anton Guthke, Walter Jelski, Henri Kaiser, Sergej Kampe, Franz Kitz, Hermann Kner, Franz Massareck, Friedrich

Maurer, Theophil Murawski, Siegfried Nürnberger, Carl Theodor Schmidt, Heinrich Schmidt, Willi Schneider, Karl Stock, Paul Thümmler, Kurt Wohlgemuth

1. 9.	**Zwischen tanzenden Kleidern**
Neues Theater	Schauspiel von Pier Maria Rosso di Secondo
Frankfurt/Main	R: Hans Feist
	TL (Valpol), Armande Appelt, Hella Gantzert, Anny Hannewald, Lieselotte Henke, Alice Lach, Ada Lübben, Annie Reiter, Tatjana Sais, Susanne Schäfer, Elsa Tiedemann, Irene Triesch, Marianne Wilke, Mia Zinke, Marianne Zoff, Frank Brown, Frank Falkner, Hermann Kner, Franz Massareck, Siegfried Nürnberger

20. 10.	**Die Dreigroschenoper**
Neues Theater	Stück mit Musik nach dem Englischen des John Gay von Bertolt Brecht; Mu: Kurt Weill
Frankfurt/Main	R: Renato Mordo; BB: Lothar Schenck von Trapp und Peter Beck
	TL (Macheath), Hella Gantzert, Anny Hannewald, Lieselotte Henke, Alice Lach, Annie Reiter, Tatjana Sais, Marianne Wilke, Luci Zink, Marianne Zoff, Frank Brown, Martin Costa, Frank Falkner, Bruno Glaß, Alois Großmann, Otto Kindler, Friedrich Maurer, Friedrich Norbert, Hannes Stelzer, Friedrich Voss, Kurt Wohlgemuth

24. 11. U	**Lederköpfe**
Neues Theater	Schauspiel von Georg Kaiser
Frankfurt/Main	R: Arthur Hellmer; BB: Robert Wollmann
	TL (Stadthauptmann), Elsa Tiedemann, Franz Massareck, Siegfried Nürnberger, Fritz Valk

5. 12.	**Aschenputtel**
Neues Theater	Märchenspiel von Robert Bürkner
Frankfurt/Main	R: Hans von Wild; BB: Kurt Baer
	TL, Hella Gantzert, Anny Hannewald, Lieselotte

Henke, Marianne Wilke, Martin Costa, Frank Falkner, Franz Massareck, Friedrich Maurer, Hannes Stelzer

31. 12.
Neues Theater
Frankfurt/Main

Varieté
Ein Akt von Heinrich Mann
R: Hans von Wild
TL (Komponist), Lydia Busch, Hella Gantzert, Martin Costa, Alois Großmann, Siegfried Nürnberger

1929

26. 1.
Neues Theater
Frankfurt/Main

Verbrecher
Schauspiel von Ferdinand Bruckner
R: Renato Mordo; BB: Alfred von Beckerath
TL (Gustav Tunichtgut), Lydia Busch, Hella Gantzert, Anny Hannewald, Lieselotte Henke, Maria Karsten, Alice Lach, Alice de Majo, Annie Reiter, Elsa Tiedemann, Marianne Wilke, Frank Brown, Martin Costa, Frank Falkner, Bruno Glaß, Alois Großmann, Karl Günther, Eugen Jensen, Otto Kindler, Franz Massareck, Friedrich Maurer, Siegfried Nürnberger, Hannes Stelzer

9. 2.
Neues Theater
Frankfurt/Main

Weekend im Paradies
Schwank von Franz Arnold und Ernst Bach
R: Willy Chmelnitzky
TL (Lehmann), Lydia Busch, Lieselotte Henke, Alice de Majo, Annie Reiter, Martin Costa, Alois Großmann, Karl Günther, Eugen Jensen

23. 2.
Neues Theater
Frankfurt/Main

Der Marsch auf Rom
Komödie von Robert Emmet Sherwood
R: Willy Chmelnitzky
TL (General), Lydia Busch, Annie Reiter, Martin Costa, Eugen Jensen, Franz Massareck, Siegfried Nürnberger

1. 4.	**Die Dreigroschenoper**
Theater am Schiff-	Stück mit Musik nach dem Englischen des John
bauerdamm Berlin	Gay von Bertolt Brecht; Mu: Kurt Weill
(Spielort: Komö-	R: Erich Engel; BB: Caspar Neher
dienhaus Berlin)	TL (Macheath), Roma Bahn, Kate Kühl, Lotte
	Lenya, Rosa Valetti, Josef Bunzel, Manfred Fürst,
	Kurt Gerron, Karl Hannemann, Werner Masch-
	meyer, Ernst Rotermund, Hans Herrmann
	Schaufuß, Albert Venohr

19. 4.	**Die Ursache**
Neues Theater	Schauspiel von Leonhard Frank
Frankfurt/Main	R: Willy Chmelnitzky
	TL (Lehrer Mager), Alice Lach, Franz Massareck,
	Siegfried Nürnberger

30. 4. U	**Die Umkehr**
Neues Theater	Schauspiel von Arnold Zweig
Frankfurt/Main	R: Arthur Hellmer; BB: Julius Hahlo
	TL (Koch), Anny Hannewald, Marianne Zoff,
	Martin Costa, Frank Falkner, Bruno Glaß, Alois
	Großmann, Eugen Jensen, Franz Massareck,
	Friedrich Maurer, Siegfried Nürnberger, Han-
	nes Stelzer, Kurt Wohlgemuth

9. 5.	**Die Dreigroschenoper**
Theater am Schiff-	Stück mit Musik nach dem Englischen des John
bauerdamm Berlin	Gay von Bertolt Brecht; Mu: Kurt Weill
	R: Erich Engel; BB: Caspar Neher
	TL (Peachum), Gerda Kuffner, Lotte Lenya, Ca-
	rola Neher, Rosa Valetti, Ernst Busch, Karlheinz
	Charell, Hans Leibelt, Otto Matthies, Hermann
	Thimig

18. 5.	**Soeben erschienen**
Neues Theater	Komödie von Edouard Bourdet
Frankfurt/Main	R: Lydia Busch
	TL (Marc), Elsa Tiedemann, Martin Costa, Alois
	Großmann, Karl Günther

10. 7. Städtische Bühnen Frankfurt/Main – Schauspielhaus	**Pariser Leben** Eine leichte Angelegenheit von Henri Meilhac und Ludovic Halévy in der Bearbeitung von Peter Scher und Karl Salomon; Mu: Jacques Offenbach R: Richard Weichert; BB: R. Heinisch TL, Clara Ebers, Constanze Menz, Lene Obermeyer, Hertha Schwarz, Kundry Siewert, Claire Winter, Leopold Biberti, Toni Impekoven, Georg Lengbach, Richard von Schenck, Franz Schneider, Arthur Simon, Ben Spanier
Juli U Musikfestwochen Baden-Baden	**Das Badener Lehrstück vom Einverständnis** Von Bertolt Brecht; Mu: Paul Hindemith TL (Herr Schmitt)
31. 8. U Theater am Schiffbauerdamm Berlin	**Happy End** Magazingeschichte von Dorothy Lane R: Erich Engel und Bertolt Brecht; BB: Caspar Neher TL (Jimmy Dexter), Carola Neher, Marianne Oswald, Erna Schöller, Helene Weigel, Karlheinz Charell, Kurt Gerron, Paul Günther, Erich Harden, Albert Hoerrmann, Oskar Homolka, Peter Lorre, Sigismund von Radecki
22. 10. Neues Theater Frankfurt/Main	**Rivalen** Komödie von Carl Zuckmayer R: Renato Mordo; BB: Julius Hahlo TL (Sergeant Quirt), Lydia Busch, Harald von Anderten, Michael Arco, Rudolf Basil, Karlheinz Baulig, Martin Costa, Frank Falkner, Curt Hahn, Harry Just, Otto Kindler, Walter Loth, Arthur Mainzer, Fritz Saalfeld, Bruno Sarowy, Hannes Stelzer, Max Wittmann, Kurt Wohlgemuth

9. 11. Neues Theater Frankfurt/Main	**Die Frau, die jeder sucht** Lustspiel von Ludwig Hirschfeld R: Willy Chmelnitzky; BB: Gustl Heilig TL (Bertl Baum), Lydia Busch, Annie Reiter, Camilla Weber, Karl Günther
12. 12. U Theater am Schiff- bauerdamm Berlin	**Die Gartenlaube** Komödie von Hermann Ungar R: Erich Engel; BB: Caspar Neher TL (Ferdinand), Hilde Körber, Gerda Kuffner, Dagny Servaes, Hedwig Wangel, Erich Ponto, Oskar Sima, Szöke Szakall

1930

15. 1. U Theater am Schiff- bauerdamm Berlin (Matinee)	**Die letzte Nacht** Epilog der »Letzten Tage der Menschheit« von Karl Kraus R: Leo Reuß TL (Totenkopfhusar), Agnes Straub, Ernst Gins- berg, Wolfgang Heinz
15. 2. Staatstheater Berlin – Schiller-Theater	**George Dandin** Prosakomödie von Molière R: Richart Weichert TL (Lubin), Liselotte Denera, Anni Mewes, Elsa Wagner, Heinrich George, Hans Leibelt
15. 2. Staatstheater Berlin – Schiller-Theater	**Boubouroche** Groteske von Georges Courteline R: Richard Weichert TL (Komischer Liebhaber), Anni Mewes, Hein- rich George, Otto Laubinger, Franz Weber
8. 3. Neues Theater Frankfurt/Main	**Scribbys Suppen sind die besten** Lustspiel von Julius Berstl R: Ernst Held; BB: Julius Hahlo TL (Percy Bubbles), Alice Lach, Tatjana Sais, Elsa Tiedemann, Harald von Anderten, Karlheinz Baulig, Georg Czimeg, Harry Just, Otto Kindler, Franz Massareck, Ernstwalter Mitulski, Fritz Saalfeld, Max Wittmann

22. 3. Neues Theater Frankfurt/Main	**Zwei Krawatten** Modernes Volksstück von Georg Kaiser; Mu: Mischa Spoliansky TL (Jean), Hella Gantzert, Annie Reiter, Tatjana Sais, Fernande Wolf, Harald von Anderten, Michael Arco, Karlheinz Baulig, Martin Costa, Frank Falkner, Harry Just, Erich Kuttner, Ernstwalter Mitulski, Fritz Saalfeld, Bruno Sarowy, Hannes Stelzer, Max Wittmann, Kurt Wohlgemuth
5. 4. Neues Theater Frankfurt/Main	**Die heilige Johanna** Dramatische Chronik von George Bernard Shaw R: Robin Robert; BB: Oskar Strnad TL (Dauphin, später: Karl VII.), Tatjana Sais, Elsa Tiedemann, Michael Arco, Karl Bischoff, Martin Costa, Georg Czimeg, Frank Falkner, Karl Gün- ther, Eugen Jensen, Harry Just, Erich Kuttner, Franz Massareck, Ernstwalter Mitulski, Fritz Saalfeld, Bruno Sarowy, Hannes Stelzer, Erwin Thaner, Max Wittmann
30. 5. Städtische Bühnen Frankfurt/Main – Schauspielhaus	**Die liebe Feindin** Komödie von André Paul Antoine R: Fritz Peter Buch; BB: Ludwig Sievert TL (Dritter Mann), Dorothea Wieck, Claire Win- ter, Ulrich Arie, Toni Impekoven, Kurt Katsch, Paul Verhoeven
14. 6. Städtische Bühnen Frankfurt/Main – Schauspielhaus	**Reporter** Stück von Ben Hecht und Charles MacArthur R: Eugen Felber TL (Hildy Johnson), Luise Glau, Hilde Maria Kraus, Kundry Siewert, Leopold Biberti, Theo- dor Danegger, Toni Impekoven, Kurt Katsch, Max Koninski, Georg Lengbach, Lothar Re- walt, Franz Schneider, Ben Spanier, Paul Ver- hoeven

9. 7. Volksbühne Berlin	**Der fröhliche Weinberg** Lustspiel von Carl Zuckmayer R: Heinz Dietrich Kenter; BB: Edward Suhr TL (Assessor Knuzius), Mally Georgi, Margarethe Melzer, Ellen Schwanneke, Josef Almas, Oskar Ebelsbacher, Arthur Mainzer, Hans Peppler, Hermann Speelmans
31. 8. U Theater am Schiff- bauerdamm Berlin (Matinee)	**Feuer aus den Kesseln** Historisches Schauspiel von Ernst Toller R: Hans Hinrich; BB: Caspar Neher TL (Marineoffizier), Erika Helmke, Werner Bernhardy, Friedrich Gnass, Heinrich Gretler, Albert Hoerrmann, Peter Lorre, Erich Ponto, Hermann Speelmans
21. 9. Volksbühne Berlin	**Die Weber** Soziales Drama von Gerhart Hauptmann R: Karl-Heinz Martin TL, Margarethe Melzer, Alexandra Schmitt, Heinz Anklamm, Ernst Busch, Josef Dahmen, Hans Hinrich, Ernst Karchow, Hans Peppler, Karl Heinz Stroux, Leonard Steckel, Hermann Speelmans
7. 10. U Theater am Schiff- bauerdamm Berlin	**Jud Süß** Schauspiel von Paul Kornfeld R: Leopold Jessner; BB: Caspar Neher TL (Gesandter der Landstände), Gina Falckenberg, Hilde Körber, Lotte Lenya, Eleonore von Mendelssohn, Ernst Deutsch, Ernst Ginsberg, Friedrich Gnass, Erich Ponto, Hans Heinrich von Twardowski
6. 11. Theater am Schiff- bauerdamm Berlin	**Die Dreigroschenoper** Stück mit Musik nach dem Englischen des John Gay von Bertolt Brecht; Mu: Kurt Weill R: Erich Engel; BB: Caspar Neher TL (Tiger Brown), Frigga Braut, Hilde Körber, Lotte Lenya, Albert Hoerrmann, Hans Herrmann Schaufuß

20. 11. U
Theater am Schiff-
bauerdamm Berlin
(ab 6. 12. Spielort:
Deutsches Künstler-
theater Berlin)

Emil und die Detektive
Theaterstück für Kinder von Erich Kästner
R: Karl-Heinz Martin; BB: Caspar Neher und
Nina Tokumbet
TL (Dieb), Christiane Grautoff, Jenny Marba,
Lotte Stein, Albert Hoerrmann, Gerhart Klein,
Hans Winter

4. 12.
Theater am Schiff-
bauerdamm Berlin

Die Quadratur des Kreises
Lustspiel von Valentin P. Katajew
R: Francesco von Mendelssohn
TL (Dichter), Hilde Körber, Lotte Lenya, Peter
Lorre, Ferdinand Martini, Heinz Rühmann

20. 12.
Theater am Schiff-
bauerdamm Berlin
(ab 12. 1. 1931
Spielort: Berliner
Theater Berlin)

Die Regimentstochter
Komische Oper von Jules Henri Vernoy de
Saint-Georges und Alfred Bayard; Textbear-
beitung: Robert Vambery; Mu: Gaetano Doni-
zetti
R: Arthur Maria Rabenalt; BB: Wilhelm Reinking
TL, Claire Eckstein, Maria Elsner, Trude Hester-
berg, Else Knepel, Edwin Denby, Heinrich
Gretler, Wolf Lucas

1931

6. 2.
Staatstheater
Berlin –
Schauspielhaus

Mann ist Mann
Lustspiel von Bertolt Brecht; Mu: Kurt Weill
R: Bertolt Brecht und Erich Engel; BB: Caspar
Neher
TL (Soldat), Elfriede Borodin, Helene Weigel,
Paul Bildt, Alexander Granach, Paul Günther,
Wolfgang Heinz, Peter Lorre, Leo Reuß

6. 3. U
Theater am Schiff-
bauerdamm Berlin

Der Dompteur
Komödie von Alfred Savoir
R: Günther Haenel
TL (Clown), Carola Neher, Karlheinz Charell,
Gustaf Gründgens, Fritz Kampers, Peter Lorre

208

11. 4. U Theater am Kurfürstendamm Berlin	**Alles Schwindel** Burleske von Marcellus Schiffer; Mu: Mischa Spoliansky R: Gustaf Gründgens; BB: Wilhelm Reinking TL (Herr, junger Herr, Tresor-Paule, Paule und Dr. Steffenstedt), Ines Arden, Else Ehser, Sigrid Engström, Christine Grabe, Olga Limburg, Margo Lion, Sidonie Lorm, Peggy Ludwig, Genia Nikolajeva, Hilde Plaar, Vera Salvotti, Charlotte Ziegler, Max Ehrlich, Julius Falkenstein, Gustaf Gründgens, Carl Hannemann, Helmut Kionka, Hubert von Meyerinck, Anton Nemeth, Hans Oberländer, Wilhelm Voelcker, Rolf Weih, The Four Animals
15. 6. Theater am Kurfürstendamm Berlin	**Die schöne Helena** Buffo-Oper von Henri Meilhac und Ludovic Halévy; Mu: Jacques Offenbach R: Max Reinhardt; BB: Ernst Schütte TL (Ajax II), Ruth von Bodungen, Ursula van Diemen, Christine Grabe, Jackie Graßmann, La Jana, Jarmila Novotna, Cissi Olsson, Friedel Schuster, Arthur Fleischer, Egon Friedell, Hubert von Meyerinck, Hans Moser, Gerd Niemar, Klaus Pohl, Leo Schützendorf, Otto Wallburg

1932

16. 1. U Gruppe Junger Schauspieler – Komödienhaus Berlin	**Die Mutter** Nach dem Roman Maxim Gorkis von Bertolt Brecht; Mu: Hanns Eisler R: Emil Burri; BB: Caspar Neher TL (Polizeikommissar), Walburga Gmür, Emmy Harald, Lily Schönborn, Grete Steffin, Helene Weigel, Gerda Wolter, Reinhold Bernt, Gerhard Bienert, Heinrich Bleich, Ernst Busch, Adolf Fischer, Jaro Fürth, Albert Hoerrmann, Rudolf Nehls, Hellmuth Passorge, Max Sablotzki, Alfred Schäfer, Jakob Sinn, Marcel Tiedemann, Franz Weilhammer, Kurt Werther

15. 2. Die Tribüne Berlin (Premiere: 25. 1.)	**Spiel im Schloß** Anekdote von Franz Molnár R: Eugen Robert TL (Almady – zweite Besetzung), Blandine Ebinger, Hans Brausewetter, Anton Edthofer, Fritz Grünbaum, Hubert von Meyerinck, Paul Morgan, Arthur Schröder
24. 3. U Die Tribüne Berlin	**Wetter – für morgen veränderlich** Parodistische Komödie von Eugen Gürster unter Mitarbeit von Adam Kuckhoff R: Eugen Robert TL (Pinchon), Flockina von Platen, Karl Ettlinger, Hans Henninger, Fritz Kampers, Paul Kemp, Werner Schott, Arthur Schröder, Jakob Tiedtke, Hermann Vallentin
13. 5. U Theater am Nollendorfplatz Berlin	**Der Stänker oder Papa kriegt den Jagdschein** Schwank von Toni Impekoven und Hans Reimann; Textbearbeitung: Robert Gilbert; Mu: Rudolf Nelson TL, Traute Flamme, Grethe Weiser, Max Adalbert
26. 8. Städtische Oper Berlin (Premiere: 29. 5.)	**Die Banditen** Operette von Henri Meilhac und Ludovic Halévy; Mu: Jacques Offenbach R: Gustaf Gründgens; BB: Rochus Gliese TL (Antonio – zweite Besetzung), Irene Eisinger, Genia Nikolajeva, Margret Pfahl, Erna Sydow, Josef Burgwinkel, Ludwig Egenlauf, Fritz Fehér, Wilhelm Gombert, Rudolf Gonszar, Edwin Heyer, Eduard Kandl, Gerhard Pechner, Wilhelm Spering, Harry Steier
15. 9. Komödienhaus Berlin	**Moral** Komödie von Ludwig Thoma R: Viktor Barnowsky TL, Hilde Hildebrand, Max Gülstorff, Heinz Salfner, Walter Steinbeck, Otto Wallburg

22. 10. Großes Schauspielhaus Berlin	**Der Studentenprinz** Singspiel von Dorothy Donnelly; Textbearbeitung: Rudolf Schanzer und Ernst Welisch; Mu: Sigmund Romberg und Michael Krauß R: Rudolf Bernauer; BB: Ernst Schütte TL (Diener), Maria Elsner, Liane Haid, Genia Nikolajeva, Adele Sandrock, Nini Theilade, Rolf Arco, Wilhelm Diegelmann, Willy Domgraf-Fassbaender, Paul Graetz, Max Gülstorff, Paul Hörbiger, Gerd Niemar
30. 12. U Metropol-Theater Berlin	**100 Meter Glück** Musikalisches Spiel von Géza Herczeg und Marcellus Schiffer; Mu: Mischa Spoliansky R: Robert Klein; BB: Benno von Arent TL (Filmstar), Erika von Thellmann, Siegfried Berisch, Max Hansen, Curt Lilien, Wolfgang von Schwind

1933

23. 2. U Staatstheater Berlin – Schiller-Theater	**La Vallière** Liebesroman von Günther Bibo; Mu: Janos von Mory R: Heinz Lingen TL, Georgia Lind, Martha Maria Newes, Genia Nikolajeva, Elisabeth Spalinger, Egon Brosig, Walter Steinbeck
21. 5. U Die Komödie Berlin	**Der Mann mit dem Kuckuck** Komödie von Harwood R: Wolfgang Hoffmann-Harnisch; BB: Tomaszewski TL (Bruder), Else Ehser, Hilde Hildebrand, Eva Körner, Olga Limburg, Wolfgang Adriano, Ernst Behmer, Anton Pointner, Fritz Schulz, Walter Steinbeck

18. 8. Die Komödie Berlin	**Henry lernt die Tugend kennen** Ein nur anscheinend unmoralisches Lustspiel von Benno W. Ley R: Hans Brahm TL (Jonny), Karin Evans, Genia Nikolajeva, Harald Paulsen
16. 9. Die Komödie Berlin	**Politik der Weiberröcke** Komödie von Neil Grant R: Theo Lingen TL (Lord Darnaway), Hilde Hildebrand, Anne- marie Steinsieck, Harry Frank, Rolf Gerth, Willi Karras, Arthur Schröder

1936

10. 2. Volksbühne Berlin	**Tartuffe** Komödie von Molière; Textbearbeitung: Rudolf Blümner R: Lucie Höflich; BB: Benno von Arent TL (Tartuffe), Tony van Eyck, Flockina von Pla- ten, Annemarie Steinsieck, Tony Tetzlaff, Kurt Daehn, Erich Musil, Robert Thiem, Jakob Tiedtke
27. 10. Staatstheater Berlin – Schauspielhaus	**Hans Sonnenstößers Höllenfahrt** Heiteres Traumspiel von Paul Apel R: Gustaf Gründgens; BB: Rochus Gliese TL (Schauspieler Albert), Herma Clement, Käthe Gold, Lola Müthel, Margarete Schön, Elsa Wag- ner, Volker von Collande, Will Dohm, Gustaf Gründgens, Clemens Hasse, Franz Weber

1937

9. 6. Staatstheater Berlin – Schauspielhaus	**Was ihr wollt** Komödie von William Shakespeare R: Gustaf Gründgens; BB: Traugott Müller TL (Malvolio), Maria Bard, Käthe Haack, Marian- ne Hoppe, Günther Hadank, Viktor de Kowa, Wolfgang Liebeneiner, Hannes Stelzer, Aribert Wäscher, Franz Weber

1938

30. 4.   **Marguerite : 3**
Staatstheater Berlin   Lustspiel von Fritz Schwiefert
– Kleines Haus   R: Theo Lingen; BB: Herta Böhm
TL (Karlchen), Maria Bard, Will Dohm, Wolf-
gang Liebeneiner, Wolf Trutz

1939

11. 5. U   **Was wird hier gespielt?**
Staatstheater   Heiteres Kriminalstück von Theo Lingen
Berlin –   R: Theo Lingen; BB: Hermann Höwing
Kleines Haus   TL (Der Freund), Helga Bammert, Herma Cle-
ment, Joana Maria Gorvin, Gertraud Hermann,
Hannelore Hinkel, Lola Müthel, Marianne Sim-
son, Elsa Wagner, Charlotte Witthauer, Franz
Dombrowski, Erich Dunskus, Hans Eggarter,
Clemens Hasse, Paul Henckels, Alexander Kö-
kert, Leopold von Ledebur, Hans Leibelt, Walter
Madaus, Werner Stock, Franz Weber

31. 12.   **Was wird hier gespielt?**
Akademietheater   Heiteres Kriminalstück von Theo Lingen
Wien   R: Theo Lingen; BB: Emil Pirchan
TL (Der Freund), Hilde Wagener, Ulrich Bettac,
Otto Schmöle, Philipp Zeska, Wilhelm Heim,
Julia Janssen, Otto Hartmann, Inge Leddihn

1942

14. 2. U   **Johann**
Staatstheater   Lustspiel von Theo Lingen
Berlin –   R: Theo Lingen; BB: Willi Schmidt
Kleines Haus   TL (Diener Johann), Käthe Haack, Charlotte
Witthauer, Alexander Kökert, Kurt Meisel, Luis
Rainer, Werner Stock

1945

19. 5.   Kabarettprogramm mit TL
Lehár-Theater
Bad Ischl

6. 9. Lehár-Theater Bad Ischl	**Spiel im Schloß** Lustspiel von Franz Molnár R: Theo Lingen TL

1946

1. 5. Landestheater Salzburg	**Lumpazivagabundus** Zauberposse mit Gesang von Johann Nestroy R: Theo Lingen TL (Zwirn)

2. 8. Philadelphia- Theater Wien	**Benny und Benny** Lustspiel von Curt Johannes Braun R: Theo Lingen TL (Artist), Geraldine Katt, Maria Waldner, Josef Krastl, Richard Marcell, Hans Starkmann und Anton Wengersky

1947

27. 7. Festspiele Salzburg – Domplatz	**Jedermann** Spiel vom Sterben des reichen Mannes von Hugo von Hofmannsthal R: Helene Thimig TL (Dünner Vetter), Elfe Gerhart, Alice Lach, Lotte Medelsky, Susi Nicoletti, Alma Seidler, Helene Thimig, Herbert Alsen, Ernst Deutsch, Fritz Eckhardt, Alfred Edthofer, Wolfgang Heinz, Attila Hörbiger, Fritz Horn, Josef Meinrad, Karl Paryla, Franz Ringler, Otto Schmöle

1948

3. 4. U Akademietheater Wien (anschl. Tournee ab 22. 5.)	**Theophanes** Komödie von Theo Lingen und Franz Gribitz R: Theo Lingen; BB: Fritz Judtmann TL (Theophanes), Judith Holzmeister, Susi Nicoletti, O. W. Fischer, Curd Jürgens, Hermann Thimig, Erland Erlandsen, Ernst Pröckl

214

	1949
13. 8.	**Johann**
Thalia Theater	Lustspiel von Theo Lingen
Hamburg	R: Theo Lingen; BB: Fritz Brauer
	TL (Diener Johann), Freca-Renate Bortfeldt, Thessy Kuhls, Wolf Martini, Harry Meyen, Gerd Niemitz
19. 9.	**Der Herr vom Ministerium**
Burgtheater	Lustspiel von Madeleine Bingham, deutsch von
im Ronacher	Curt Johannes Braun
Wien	R: Theo Lingen; BB: Fritz Judtmann
	Susi Nicoletti, Ulrich Bettac, Hermann Thimig, Otto Schmöle, Beatrix Degenschild, Josef Meinrad, Franz Höbling, Alfred Neugebauer
	1950
28. 3.	**Der Biberpelz**
Burgtheater	Diebskomödie von Gerhart Hauptmann
im Ronacher	R: Josef Gielen; BB. u. K: Fritz Judtmann
Wien	TL (von Wehrhahn), Maria Eis, Gusti Wolf, Ferdinand Maierhofer, Wilhelm Schmidt, Helmuth Krauss, Vera Balser-Eberle, Richard Eybner
8. 8.	**Theophanes**
Renaissance-	Komödie von Theo Lingen und Franz Gribitz
Theater	R: Theo Lingen; BB: Roman Weyl
Berlin	TL (Theophanes), Carola Höhn, Ursula Lingen, Willy A. Kleinau, Hans Leibelt, Kurt Vespermann
	1951
25. 3.	**Cäsar und Cleopatra**
Burgtheater	Historie von George Bernard Shaw, deutsch
im Ronacher	von Siegfried Trebitsch
Wien	R: Josef Gielen; B: Stefan Hlawa
	TL (Britannus), Albin Skoda, Werner Krauss, Susi Nicoletti, Heiki Eis, Fred Liewehr, Heinz Moog, Maria Eis, O. W. Fischer, Johanna Matz, Stefan Skodler

| 31. 8. | **Johann** |
| Renaissance-
Theater
Berlin | Lustspiel von Theo Lingen
R: Theo Lingen; BB: Willi Schmidt
TL (Diener Johann), Käthe Haack, Eva Thomsen, Ernst Stahl-Nachbaur, Werner Stock, Rolf Weih |

| 25. 9. | **Nicht zuhören, meine Damen!** |
| Renaissance-
Theater
Berlin | Komödie von Sacha Guitry
R: Kurt Raeck; BB: Ita Maximowna
TL (Daniel Bachelet), Ursula Krieg, Ursula Lingen, Alexa von Porembsky, Alice Treff, Erich Fiedler, Ernst Stahl-Nachbaur, Joachim Teege, Kurt Vespermann |

1952

| 14. 1. | **Was schert uns Geld** |
| Akademietheater
Wien | Komödie von Frederick Lonsdale, deutsch von Martin Dongen
R: Ulrich Bettac; BB: Fritz Judtmann
TL (George, Herzog von Bristol), Alfred Neugebauer, O. W. Fischer, Alexander Trojan, Gandolf Buschbeck, Rosa Albach-Retty, Ulrich Bettac, Hilde Wagener, Susi Nicoletti, Wilhelm Schmidt |

| 8. 5. | **Wegen der Leute** |
| Burgtheater
im Ronacher
Wien | Komödie von Noel Coward, deutsch von Alexander Lernet-Holenia
R: Theo Lingen; BB: Fritz Judtmann
TL (Crestwell), Käthe Dorsch, Josef Meinrad, Alma Seidler, Judith Holzmeister, Albin Skoda, Alexander Trojan |

| 22. 5. | **Peer Gynt** |
| Burgtheater
im Ronacher
Wien | Dramatisches Gedicht von Henrik Ibsen, deutsch von Christian Morgenstern
R: Leopold Lindtberg; BB: Teo Otto
TL (Begriffenfeldt), Rosa Albach-Retty, Attila |

216

Hörbiger, Ernst Pröckl, Hilde Mikulicz, Gandolf Buschbeck, Alma Seidler, Hermann Thimig, Raoul Aslan, Susi Nicoletti, Albin Skoda, Kurt Eidlitz, Paul Pranger

7. 10. Renaissance- Theater Berlin	**Bobosse** Lustspiel von André Roussin R: Kurt Raeck; BB: Ita Maximowna TL (Jean Grenier und Tony Varlet), Alexa von Porembsky, Agi Prandhoff, Ingrid Rentsch, Hilde Volk, Walter Gross, Willi Sämann, Joachim Teege, Kurt Vespermann, Klaus von Wahl

1953

13. 3. Akademietheater Wien	**Bobosse** Lustspiel von André Roussin, deutsch von Carl Werkshagen R: Theo Lingen; BB: Ita Maximowna TL (Jean Grenier u. Tony Varlet), Susi Nicoletti, Josef Meinrad, Alfred Neugebauer, Gusti Wolf, Richard Eybner

23. 12. Renaissance- Theater Berlin	**Räubergeschichte** Komödie von Edmund Wolf R: Kurt Raeck; BB: Günther Brosda TL (Johannes Gerstner), Aenne Bruck, Wera Frydtberg, Edith Hancke, Ilse Kiewiet, Friedel Schuster, Eckart Dux, Bruno Fritz, Walter Gross, Hans Albert Martens, Lutz Moik, Karl Siebert, Günther Vogt, Kurt Waitzmann

1954

27. 3. Akademietheater Wien	**Minna von Barnhelm** Lustspiel von Gotthold Ephraim Lessing R: Leopold Lindtberg; BB: Teo Otto TL (Riccaut de la Marlinière), Vera Balser-Eberle, Käthe Gold, Maria Kramer, Ewald Balser, Michael Janisch, Heinz Moog, Paul Pranger,

Walter Regelsberger, Emmerich Reimers, Hermann Thimig

26. 5. **Räubergeschichte**
Theater am   Komödie von Edmund Wolf
Besenbinderhof   R: Theo Lingen
Hamburg   TL (Johannes Gerstner), Wera Frydtberg, Edith
Hancke, Friedel Schuster, Bruno Fritz, Kurt
Waitzmann

18. 6. **Räubergeschichte**
Kleine Komödie   Komödie von Edmund Wolf
München   R: Kurt Raeck; BB: Günther Brosda
TL (Johannes Gerstner), Aenne Bruck, Wera
Frydtberg, Edith Hancke, Margot Rupp, Friedel
Schuster, Eckart Dux, Fritz Eckhardt, Bruno
Fritz, Lutz Moik, Ado Riegler, Günther Vogt

2. 8. **Johann**
Teatro Aleman   Lustspiel von Theo Lingen
Buenos Aires   R: Theo Lingen; BB: Carlos Blanco-Careras
TL (Diener Johann), Cissie Henckell, Bettina
Schön, Bruno Arno, Victor Parlaghy, Peter Rampelmann

18. 8. **Nicht zuhören, meine Damen!**
Teatro Aleman   Komödie von Sacha Guitry
Buenos Aires   R: Theo Lingen; BB: Carlos Blanco-Careras
TL (Daniel Bachelet), Hanka Dowinska, Cissie
Henckell, Irmgard Hoffmann, Bettina Schön,
Bruno Arno, Alexander Berger, Victor Parlaghy,
Peter Rampelmann

31. 8. **Theophanes**
Teatro Aleman   Komödie von Theo Lingen und Franz Gribitz
Buenos Aires   R: Theo Lingen; BB: Carlos Blanco-Careras
TL (Theophanes), Cissie Henckell, Bettina
Schön, Bruno Arno, Alexander Berger, Victor
Parlaghy, Peter Rampelmann

26. 11. Renaissance- Theater Berlin	**Minna von Barnhelm** Lustspiel von Gotthold Ephraim Lessing R und BB: Willi Schmidt TL (Riccaut de la Marlinière), Heidemarie Hatheyer, Ursula Lingen, Hilde Weissner, Bruno Fritz, Gustav Fröhlich, Walter Gross, Wolfgang Lukschy
25. 12. Renaissance- Theater Berlin	**Die weiße Nelke** Spukgeschichte von Robert Cedric Sheriff R: Kurt Raeck; BB: Josef Fenneker TL (John Greenwood), Ursula Lingen, Agnes Windeck, Walter Gross, Sigurd Lohde, Ernst Stahl-Nachbaur, Kurt Vespermann, Kurt Waitzmann

1956

31. 5. Akademietheater Wien	**Der Biberpelz** Diebskomödie von Gerhart Hauptmann R: Ulrich Bettac; BB: Fritz Judtmann TL (von Wehrhahn), Heinz Moog, Helmuth Krauss, Käthe Dorsch, Vera Balser-Eberle, Otto Schmöle, Gusti Wolf, Johannes Schauer
25. 12. Renaissance- Theater Berlin	**Halluzinationen** Lustspiel von Robin Maugham R: Kurt Raeck; BB: Ita Maximowna TL (Arthur Fowler), Ursula Gutschow, Käthe Haack, Elisabeth Ried, Friedel Schuster, Heidemarie Theobald, Dieter Donner, Erich Fiedler, Boy Gobert, Manfred Inger, Kurt Vespermann, Kurt Waitzmann

1957

8. 6. Akademietheater Wien	**Ende gut, alles gut** Komödie von William Shakespeare, deutsch von Wolf Graf von Baudissin R: Rudolf Steinboeck; BB: Otto Niedermoser TL (Parolles), Paul Hartmann, Jürgen Wilke,

Otto Schmöle, Michael Janisch, Johannes Schauer, Liselotte Schreiner, Aglaja Schmid, Dagny Servaes

28. 6.
Akademietheater
Wien

Die Lästigen
Ballettkomödie nach Molière von Hugo von Hofmannsthal
R: Kurt Eidlitz; BB: Stefan Hlawa
TL (Philint), Andreas Wolf, Otto Schmöle, Franz Höbling, Hermann Thimig, Angelika Hauff

1958

21. 12.
Burgtheater
Wien

König Hirsch
Komödie frei nach Carlo Gozzi von Otto Zoff
R: Leopold Lindtberg; BB: Teo Otto
TL (Tartaglia), Erich Auer, Christiane Hörbiger, Johannes Schauer, Albert Rueprecht, Aglaja Schmid, Inge Konradi, Ernst Anders, Richard Eybner

1959

11. 11.
Renaissance-
Theater
Berlin

Der verbindliche Liebhaber
Komödie von Graham Greene
R: Carl-Heinz Schroth; BB: Jan Schlubach
TL (Viktor Rank), Lia Eibenschütz, Polly Geerts, Karin Jacobsen, Rijk de Gooyer, Claus Holm, Michael Kaspar, Franz-Otto Krüger, Erich Poremski

1960

10. 1.
Freie Volksbühne
Berlin
Spielort:
Theater am
Kurfürstendamm

Die Kassette
Komödie von Carl Sternheim
R: Rudolf Noelte; BB: Friedrich Prätorius
TL (Heinrich Krull), Käte Jaenicke, Bruni Löbel, Regine Lutz, Elisabeth Markus, Egon Brosig, Hans Putz

	1961
29. 6.	**Die Kassette**
Bayerisches Staats-	Komödie von Carl Sternheim
schauspiel	R: Rudolf Noelte; BB: Friedrich Prätorius
München –	TL (Heinrich Krull), Anne Kersten, Bruni Löbel,
Residenztheater	Regine Lutz, Annemarie Wernicke, Harry Fuß,
	Kurt Stieler

4. 10.	**Die Schule der Ehe**
Theater in der	Kurs für Fortgeschrittene in 2 Lektionen von
Josefstadt Wien	André Roussin, deutsch von Hans Weigel
	R: Heinrich Schnitzler; BB: Gottfried Neumann-
	Spallart
	TL (Marcel u. Robert Carruche), Hans Holt,
	Peter Gerhard, Susi Nicoletti, Elisabeth Markus,
	Eva Sandor, Gretl Elb

	1962
21. 2. U	**Die Physiker**
Schauspielhaus	Komödie von Friedrich Dürrenmatt
Zürich	R: Kurt Horwitz; BB: Teo Otto
	TL (Einstein), Angelica Arndt, Therese Giehse,
	Hanne Hiob, Ellen Widmann, Hans-Christian
	Blech, Friedrich Braun, H. Bühlmann, Peter
	Ehrlich, A. Freihart, G. James, Gustav Knuth,
	E. Mächler, Erwin Parker, J. Scherrer, J. Sidler,
	Fred Tanner

21. 4.	**Die Schule der Ehe**
Renaissance-	Kurs für Fortgeschrittene in 2 Lektionen von
Theater	André Roussin, deutsch von Hans Weigel
Berlin	R: Theo Lingen; BB: Ita Maximowna
	TL (Marcel u. Robert Carruche), Karl John, Rita
	Bünzli, Anita Kupsch, Ruth Nimbach, Edith
	Schollwer, Hannelore Schroth, Renée Stobra-
	wa, Hans-Georg Panczak, Hugo Panczak, Kurt
	Waitzmann

25. 9.
Bayerisches Staats-
schauspiel
München –
Residenztheater

Der Biberpelz
Diebskomödie von Gerhart Hauptmann
R: Kurt Horwitz; BB: Johannes Waltz
TL (von Wehrhahn), Mila Kopp, Cordula Tran-
tow, Elinor von Wallerstain, Annemarie Wer-
nicke, Helmut Böck, Hans Cossy, Bum Krüger,
Edgar Mandel, Friedrich Maurer, Horst Sacht-
leben, Edmund Saussen, Sigfrit Steiner

1963

8. 2.
Theater der Stadt
Baden-Baden

Die Schule der Ehe
Kurs für Fortgeschrittene in 2 Lektionen von
André Roussin, deutsch von Hans Weigel
R: Theo Lingen; BB: Karl Kappler
TL (Marcel u. Robert Carruche), Karl John, In-
ken Deter, Carola Erdin, Irene Marwitz, Annette
Roland, Maja Scholz, S. Spahni, Herwig Eber-
hardt, Ludwig Haas

18. 3.
Thalia Theater
Hamburg

Die Schule der Ehe
Kurs für Fortgeschrittene in 2 Lektionen von
André Roussin, deutsch von Hans Weigel
R: Theo Lingen; BB: Fritz Brauer
TL (Marcel u. Robert Carruche), Karl John, Fre-
ca-Renate Bortfeldt, Charlotte Kramm, Kathari-
na Matz, Antje Roosch, Yvette Simone Ruh, Lise-
lotte Willführ, Wolfgang Heymann, Florian
Kühne, Hans Paetsch

14. 6.
Kleine Komödie
München

Die Schule der Ehe
Kurs für Fortgeschrittene in 2 Lektionen von
André Roussin, deutsch von Hans Weigel
R: Theo Lingen; BB: Eduard Löffler
TL (Marcel u. Robert Carruche), Hans Holt, Rita
Bünzli, Barbara Gallauner, Käthe Itter, Bibi Jeli-
nek, Katharina Matz, Edith Schollwer, Pierre
Franckh, Helmut Gentsch, Peter Gerhard

4. 12. Theater in der Josefstadt Wien	**König Cymbelin** Schauspiel von William Shakespeare, deutsch von Theodor von Zeynek R und BB: Dietrich Haugk TL (Kerkermeister), Erik Frey, Franz Messner, Michael Heltau, Fritz Schmiedel, Albert Rueprecht, Mathias Fuchs, Kurt Heintel, Guido Wieland, Sigrid Marquardt, Johanna von Koczian, Hilde Pfaudler
20. 12. DE Theater in der Josefstadt Wien	**Ein wunderbarer Mann** Schauspiel von David Turner, deutsch von Ursula Lyn R: Heinrich Schnitzler; BB: Roman Weyl TL (Fred Midway), Vilma Degischer, Nikolaus Paryla, Elfriede Ramhapp, Robert Dietl, Lucie Neudecker, Peter Matič, Elisabeth Markus, Erich Nikowitz

1964

12. 5. Theater in der Josefstadt Wien	**Kolportage** Komödie von Georg Kaiser R: Hans Jaray; BB: Roman Weyl TL (Baron Barrenkrona), Hans Jaray, Hilde Krahl, Mathias Fuchs, Elisabeth Markus, Gretl Schörg, Christine Merthan, Rudolf Rösner
13. 8. Festspiele Salzburg – Felsenreitschule ab 6. 9. Burgtheater Wien	**Die lustigen Weiber von Windsor** Komödie von William Shakespeare R: Rudolf Steinboeck; BB: Lois Egg TL (Sir Hugh Evans), Käthe Gold, Johanna Matz, Jane Tilden, Paula Wessely, Ernst Anders, Ewald Balser, Achim Benning, Gandolf Buschbeck, Manfred Inger, Peter P. Jost, Otto Kerry, Fred Liewehr, Hans Günther Müller, Peter Panhans, Walther Reyer, Hermann Thimig, Andreas Wolf, Heinz Zuber

13. 10. Akademietheater Wien	**Zwiesprache** Schauspiel von Fritz Kortner R: Franz Reichert; BB: Lois Egg TL (Schostal), Käthe Gold, Ingeborg Gruber, Jane Tilden, Hans Hinrich, Paul Hoffmann, Peter P. Jost, Andreas Wolf

1965

26. 1. Burgtheater Wien	**Der Biberpelz** Diebskomödie von Gerhart Hauptmann R: Theo Lingen; BB: Fritz Judtmann TL (von Wehrhahn), Hermann Thimig, Otto Kerry, Peter P. Jost, Lilly Stepanek, Hilde Wagener, Ulli Fessl, Monica Bleibtreu, Emmerich Reimers
15. 2. Burgtheater Wien	**Die Fliegen** Drama von Jean-Paul Sartre, deutsch von Gritta Baerlocher R: Gustav Rudolf Sellner; BB: Hansheinrich Palitzsch TL (Jupiter), Michael Janisch, Blanche Aubry, Thomas Holtzmann, Martha Wallner, Günther Haenel, Wolfgang Gasser, Lilly Karoly
2. 12. Burgtheater Wien	**Peer Gynt** Dramatisches Gedicht von Henrik Ibsen, deutsch von Christian Morgenstern R: Adolf Rott; BB: Günther Schneider-Siemssen TL (Begriffenfeldt), Alma Seidler, Josef Meinrad, Johanna Matz, Käthe Gold, Heinz Moog, Joachim Bissmeier, Heinz Woester, Eva Kerbler, Otto Schmöle, Peter P. Jost

1966

2. 7. Festspiele Bad Hersfeld	**Was ihr wollt** Komödie von William Shakespeare R: Werner Kraut

224

TL (Malvolio), Gudrun Erfurth, Erika Pluhar, Sonja Schwarz, Heinz Ehrenfreund, Hannsgeorg Laubenthal, Volker Lechtenbrink

10. 12. Akademietheater Wien	**Die Kassette** Komödie von Carl Sternheim R: Ulrich Erfurth; BB: Gottfried Neumann-Spallart TL (Heinrich Krull), Lotte Ledl, Sylvia Lukan, Hilde Wagener, Michael Janisch, Lotte Tobisch, Otto Schmöle

1967

10. 3. Kleines Theater im Zoo Frankfurt/Main	**Die Schule der Ehe** Kurs für Fortgeschrittene in 2 Lektionen von André Roussin, deutsch von Hans Weigel R: Theo Lingen TL (Marcel u. Robert Carruche), Karl John
18. 10. Thalia Theater Hamburg	**Halbe Wahrheiten** Lustspiel von Alan Ayckbourn R: Theo Lingen; BB: Fritz Brauer TL (Philip), Krista Keller, Gundel Thormann, Eckart Dux
29. 12. Akademietheater Wien	**Halbe Wahrheiten** Lustspiel von Alan Ayckbourn, deutsch von Heinz Rudolf R: Theo Lingen; BB: Fritz Bauer TL (Philip), Ernst Anders, Eva Kerbler, Susi Nicoletti

1968

25. 5. Thalia Theater Hamburg	**Die Kassette** Komödie von Carl Sternheim R: Rudolf Noelte; BB: Wilhelm Reinking TL (Heinrich Krull), Eva-Maria Bauer, Trudik Daniel, Bruni Löbel, Elisabeth Stierli, Gerhard Friedrich, Erhart Stettner

6. 11. Kleines Theater im Zoo Frankfurt/Main	**Halbe Wahrheiten** Lustspiel von Alan Ayckbourn, deutsch von Heinz Rudolf R: Theo Lingen TL (Philip), Grit Böttcher, Gundel Thormann, Eckart Dux
14. 12. Kleine Komödie München	**Halbe Wahrheiten** Lustspiel von Alan Ayckbourn, deutsch von Heinz Rudolf R: Theo Lingen; BB: H. Gerhard Zircher TL (Philip), Grit Böttcher, Gundel Thormann, Eckart Dux

1969

23. 5. Burgtheater Wien	**Lady Windermeres Fächer** Komödie von Oscar Wilde, deutsch von Silke Resinelli und Boy Gobert R: Boy Gobert; BB: Toni Businger TL (Lord Augustus Lorton), Rudolf Melichar, Albert Rueprecht, Frank Hoffmann, Ernst Anders, Heinrich Eis, Adrienne Gessner, Sylvia Lukan, Lotte Tobisch, Sonja Sutter, Lona Dubois
18. 10. Schauspielhaus Düsseldorf	**Die Kassette** Komödie von Carl Sternheim R: Rudolf Noelte; BB: Wilhelm Reinking TL (Heinrich Krull), Trudik Daniel, Hannelore Schroth, Elisabeth Stierli, Christine Weber, Adolf Dell, Wolfgang Reinbacher

1970

9. 6. Domfestspiele Bad Gandersheim	**Was ihr wollt** Komödie von William Shakespeare R: Werner Kraut TL (Malvolio)

31. 7. Landesbühne Hannover – Festspiele Herren- hausen Gartentheater	**Was ihr wollt** Komödie von William Shakespeare R: Reinhold Rüdiger TL (Malvolio), Marlen Diekhoff, Maria Körber, Marianne Nentwich, Heinz Filges, Raimund Gensel, Benno Hoffmann, Dieter Kettenbach, Helmut Malik, Herbert Malsbender, Carl Ossad- nik, Theo Pracher, Joachim Unmack, Wolfgang Völz, Stefan Wigger
30. 12. Akademietheater Wien	**Ein unausstehlicher Egoist** Komödie von Françoise Dorin, deutsch von Yvonne Sturzenegger R: Rudolf Steinboeck; BB: Lois Egg TL (Lionel), Alexander Trojan, Erich Auer, Fred Liewehr, Alma Seidler, Annemarie Düringer, Eva Rieck
8. 7. Landesbühne Hannover – Festspiele Herren- hausen Gartentheater	**1971** **Was ihr wollt** Komödie von William Shakespeare R: Reinhold Rüdiger TL (Malvolio), Diana Körner, Bruni Löbel, Ma- rianne Nentwich, Josef Bommer, Rudolf Buczo- lich, Raimund Gensel, Jörg Holm, Dieter Ket- tenbach, Dieter Krack, Helmut Malik, Herbert Malsbender, Thomas Melosch-Louicon, Hanns Polscher, Theo Pracher, Ulf-Jürgen Wagner
30. 12. Staatsoper Hamburg	**Orpheus in der Unterwelt** Opéra bouffe von Hector Crémieux und Ludo- vic Halévy; Mu: Jacques Offenbach R: Joachim Hess; BB: Bernard Daydé TL (Styx), Cvetka Ahlin, Uta Maria Flake, Urszula Koszut, Regina Marheineke, Inge Meysel, Lise- lotte Pulver, Elisabeth Steiner, Toni Blanken- heim, Franz Grundheber, Peter Haage, Heinz Kruse, Kurt Marschner, Ernst Umlandt, William Workman

227

Filmographie
(soweit feststellbar)

Zusammengestellt von Herbert Holba

Die Jahreszahlen bezeichnen, mit Ausnahme der durch eine Anmerkung ausgenommenen Filme, das jeweilige Uraufführungsdatum.

Erklärung der Abkürzungen: TL = Theo Lingen, Ti = Verleihtitel, D = Deutschland, Ö = Österreich, U = Ungarn, T = Tschechoslowakei, F = Frankreich, CH = Schweiz, I = Italien, E = Spanien, Kf = Kurzfilm; der in Klammer gesetzte Name ist die Rollenbezeichnung.

1930
Dolly macht Karriere
Regie: Anatol Litwak

TL (Conny Coon, Komponist), Dolly Haas, Oskar Karlweis, Alfred Abel, Kurt Gerron, Paul Kemp, Paul Henckels, Grete Natzler

Zwei Krawatten
Regie: Felix Basch, Richard Weichert

TL (Charles), Olga Tschechowa, Michael Bohnen, Ralph Arthur Roberts, Julius Falkenstein, Angelo Ferrari, Fritz Odemar

Das Flötenkonzert von Sanssouci
Regie: Gustav Ucicky

TL (Kent), Otto Gebühr, Renate Müller, Raoul Aslan, Attila Hörbiger, Heinrich Gretler, Theodor Loos, Aribert Wäscher

228

Die Firma heiratet
Regie: Carl Wilhelm
TL (Philipps, Vertreter), Ralph Arthur Roberts, Charlotte Ander,
Oskar Karlweis, Ida Wüst, Edith Schollwer, Julius Falkenstein

1931
M
Regie: Fritz Lang
TL (Der Bauernfänger), Peter Lorre, Gustaf Gründgens, Paul Kemp,
Rosa Valetti, Inge Landgut, Fritz Odemar, Otto Wernicke

Nie wieder Liebe
R: Anatol Litwak
TL (Rhinelander, Matrose), Lilian Harvey, Harry Liedtke, Felix Bres-
sart, Margo Lion, Julius Falkenstein

Meine Frau, die Hochstaplerin
R: Kurt Gerron
TL (Manager), Käthe von Nagy, Heinz Rühmann, Fritz Grünbaum,
Alfred Abel, Maly Delschaft, Else Heims

Zwei himmelblaue Augen
Regie: Johannes Meyer
TL (Mr. Bottlekeeper, Millionär), Charlotte Ander, Hermann Thimig,
Ida Wüst, Julius Falkenstein, Sigi Hofer, Luigi Bernauer

Ronny
Regie: Reinhold Schünzel
TL (Direktor eines Kostümverleihs), Käthe von Nagy, Willy Fritsch,
Otto Wallburg, Aribert Wäscher, Olly Gebauer, Willi Grill

1932
Der Frauendiplomat
Regie: E. W. Emo
TL (Drage, Baron), Marta Eggerth, Max Hansen, Leo Slezak, Hilde
Hildebrand, Paul Morgan, Anton Pointner

Die Gräfin von Monte Christo
Regie: Karl Hartl
TL (Etagenkellner), Brigitte Helm, Rudolf Forster, Gustaf Gründgens,
Mathias Wieman, Lucie Englisch, Oskar Sima

Ein toller Einfall
Regie: Kurt Gerron
TL (Oberkellner), Willy Fritsch, Dorothea Wieck, Rose Barsony, Max Adalbert, Leo Slezak, Wilhelm Bendow, Paul Hörbiger, Adele Sandrock, Oskar Sima

Moderne Mitgift (TiÖ: Musik muß sein ...)
Regie: E. W. Emo
TL (Brömmel, Autoverkäufer), Marta Eggerth, Georg Alexander, Leo Slezak, Hans Brausewetter, Trude Berliner, Erich Kestin

Mein Name ist Lampe (Kf)
Regie: (?)
TL (Patient), Szöke Szakall, Hugo Fischer-Köppe, Marion Egies

Das Testament des Cornelius Gulden (TiÖ: Nur Du bist schuld)
Regie: E. W. Emo
TL (Edgar Magnussen), Magda Schneider, Georg Alexander, Ida Wüst, Paul Henckels, Julius Falkenstein, Fritz Odemar

Flucht nach Nizza (TiÖ: Ein Mann wie du muß es sein)
Regie: James Bauer
TL (Bock, Kaufmann), Else Elster, Georg Alexander, Betty Bird, Erich Fiedler, Hedwig Wangel

Friederike
Regie: Fritz Friedmann-Frederich
TL (Ein ›lachender Herr‹), Mady Christians, Hans Heinz Bollmann, Veit Harlan, Paul Hörbiger, Ida Wüst, Otto Wallburg, Else Elster, Adele Sandrock

Zigeuner der Nacht
Regie: Hanns Schwarz
TL (Theo, Ganove), Jenny Jugo, Hans Brausewetter, Paul Kemp, Julius Falkenstein, Anton Pointner

Der Diamant des Zaren (TiÖ: Der Orlow)
Regie: Max Neufeld
TL (Redakteur), Liane Haid, Iwan Petrovich, Viktor de Kowa, Else Reval, Eugen Neufeld, Leo Peukert

Das Abenteuer der Thea Roland (TiÖ: Frau Thea, schickt sich das?)
Regie: Hermann Kosterlitz (= Henry Koster)
TL (Fahrgast), Lil Dagover, Hans Rehmann, Fritz Odemar, Margarete Kupfer, Olly Gebauer

Im Bann des Eulenspiegels (TiÖ: Eine tolle Sache)
Regie: Frank Wysbar
TL (Rosnowsky, Schieber), Ursula Grabley, Oskar Karlweis, Olly Gebauer, Hedwig Wangel, Ernst Wurmser

Nur ein Viertelstündchen (Kf)
Regie: Alwin Elling
TL (?), Truus van Alten, Robert Eckert

Marion, das gehört sich nicht (TiÖ: Susanne im Bade)
Regie: E. W. Emo
TL (Reklamechef), Magda Schneider, Hermann Thimig, Otto Wallburg, Julius Falkenstein, Henry Bender, Erich Fiedler

Der große Bluff (TiÖ: Alles ist Komödie)
Regie: Georg Jacoby
TL (Pressechef), Lee Parry, Betty Amann, Harald Paulsen, Otto Wallburg, Paul Hörbiger, Adele Sandrock

Eine Stadt steht kopf
Regie: Gustaf Gründgens
TL (Fred Berger, Schneider), Jenny Jugo, Hermann Thimig, Szöke Szakall, Aribert Wäscher, Paul Henckels, Hans Deppe

So ein Mädel vergißt man nicht
Regie: Fritz Kortner
TL (Hahnen jun., Finanzier), Dolly Haas, Willi Forst, Oskar Sima, Ida Wüst, Paul Hörbiger, Julius Falkenstein

1933
Welle 4711 (Kf)
Regie: Georg Zoch
TL (Sendeleiter), Julius Falkenstein, Wilhelm Bendow, Georg Zoch, Amanda Lindner

Meine Frau, seine Frau (Kf)
Regie: (?)
TL (?), Ralph Arthur Roberts, Hilde Hildebrand, Mabel Hariot, Eugen Burg

Und wer küßt mich? (TiÖ: Das Mädel mit dem blauen Fleck)
Regie: E. W. Emo
TL (Inspizient), Marion Taal, Georg Alexander, Felix Bressart, Margo Lion, Bruno Arno, Gertrud Wolle

Die kleine Schwindlerin
Regie: Johannes Meyer
TL (Vicomte de Latour jun., Ganove), Dolly Haas, Betty Amann, Harald Paulsen, Otto Wallburg, Alfred Abel, Hans Deppe

Gipfelstürmer
Regie: Franz Wenzler
TL (Kellner), Theodor Loos, Anni Trautner, Franz Schmid, Paul Rehkopf, Gustl Stark-Gstettenbauer

Das Testament des Dr. Mabuse
Regie: Fritz Lang
TL (Juwelenhehler), Rudolf Klein-Rogge, Gustav Dießl, Camilla Spira, Rudolf Schündler, Otto Wernicke, Theodor Loos, Heinrich Gretler

Liebe muß verstanden sein
Regie: Hans Steinhoff
TL (Hotel-Emil), Rose Barsony, Georg Alexander, Wolf Albach-Retty, Käthe Haack, Hilde Hildebrand, Oskar Sima

Wie werde ich energisch? (Kf)
Regie: Philipp Lothar Mayring
TL (Knöllchen, Angestellter), Max Adalbert, Hans Leibelt, Wolfgang von Schwindt, Jakob Tiedtke, Franz Bötticher

Kleiner Mann – was nun?
Regie: Fritz Wendhausen
TL (Verkäufer), Hertha Thiele, Hermann Thimig, Viktor de Kowa, Ida Wüst, Paul Henckels, Blandine Ebinger

Walzerkrieg
Regie: Ludwig Berger
TL (Sir Philips, Hofballdirektor), Renate Müller, Willy Fritsch, Paul Hörbiger, Adolf Wohlbrück, Rose Barsony, Hanna Waag

Zwei im Sonnenschein (TiÖ: Wenn der Mensch verliebt ist)
Regie: Georg Jacoby
TL (Verkäufer), Charlotte Ander, Viktor de Kowa, Kurt Vespermann, Else Reval, Anton Pointner, Ida Perry

Ein Unsichtbarer geht durch die Stadt
Regie: Harry Piel
TL (Partygast), Harry Piel, Lissy Arna, Fritz Odemar, Olga Limburg, Ellen Frank, Gina Falckenberg

Gutgehendes Geschäft zu verkaufen (Kf)
Regie: H. W. Becker
TL (Meier, Wahrsager), Paul Verhoeven, Grethe Weiser, Beate Moissi-Molen

Kleines Mädel – großes Glück
Regie: E. W. Emo
TL (Benzig, Besitzer eines Autosalons), Dolly Haas, Willy Eichberger, Adele Sandrock, Franz Weber, Eugen Rex, Paul Rehkopf

Höllentempo
Regie: Louis Ralph
TL (Harald Löns, Filmstar), Salto King, Georgia Lind, Theodor Loos, Anton Pointner, Walter Kuhle

Ihre Durchlaucht, die Verkäuferin
Regie: Karl Hartl
TL (Felix), Liane Haid, Willi Forst, Paul Kemp, Walter Steinbeck, Gerhard Bienert

Keine Angst vor Liebe
Regie: Hans Steinhoff
TL (Teddy Flink, Privatdetektiv), Liane Haid, Adolf Wohlbrück, Ralph Arthur Roberts, Hilde Hildebrand, Hans Richter, Werner Finck, Rudolf Platte

Das Lied vom Glück
Regie: Carl Boese
TL (François, Haushofmeister), Herbert Ernst Groh, Ery Bos, Paul Kemp, Olga Limburg, Ilse Stobrawa

Die Goldgrube (Kf)
Regie: Phil Jutzi
TL (Josef, Kellner), Gretl Theimer, Angelo Ferrari, Max Wilmsen

Der Jäger aus Kurpfalz (TiÖ: Der Jäger vom Höllenstein)
Regie: Carl Behr
TL (Schröder, Grundstücksmakler), Hans Adalbert Schlettow, Walter Rilla, Fritz Kampers, Edith Linn, Paul Henckels, Hermann Braun

1934
Die Finanzen des Großherzogs
Regie: Gustaf Gründgens
TL (Fürst Potemkin), Viktor de Kowa, Hilde Weißner, Heinz Rühmann, Paul Henckels, Hans Stiebner, Fritz Alberti

Schlagerpartie (Kf)
Regie: Carl Froelich
TL (?), Claire Rommer, Grethe Weiser, Günther von Berg

Ein Mädel wirbelt um die Welt
Regie: Georg Jacoby
TL (Hugo Kühlemann, Prokurist), Magda Schneider, Harald Paulsen, Hugo Schrader, Fita Benkhoff, Olga Limburg, Jakob Tiedtke

Konjunkturritter (TiÖ: Geld wie Heu)
Regie: Fritz Kampers
TL (Glaser, Grundstückspekulant), Weiß Ferdl, Sabine Peters, Hans Adalbert Schlettow, Otto Wallburg, Käthe Haack, Kurt Vespermann

Ich kenn' Dich nicht und liebe Dich (TiÖ: Frühlingsnächte in Nizza)
Regie: Geza von Bolvary
TL (Stefan, Diener), Magda Schneider, Willi Forst, Max Gülstorff, Olga Limburg, Fritz Odemar, Anton Pointner

Der Doppelgänger
Regie: E. W. Emo
TL (Superbus, Detektiv), Camilla Horn, Gerda Maurus, Georg Alexander, Fritz Odemar, Josef Eichheim, Franz Weber

Csibi, der Fratz (TiD: Früchtchen) (Ö)
Regie: Max Neufeld
TL (Anton, Diener), Franziska Gaal, Hermann Thimig, Leopoldine Konstantin, Anton Pointner, Hans Richter, Friedl Haerlin

Das Blumenmädchen vom Grand-Hotel (TiÖ: Das Mädel und der Diamant)
Regie: Carl Boese
TL (Thumser, Regisseur), Elsa Merlini, Georg Alexander, Hans Brausewetter, Fritz Odemar, Julius Falkenstein, Hans Richter, Werner Finck

Abschiedssymphonie (Kf)
Regie: Carl Behr
TL (Tomasini), Paul Hörbiger, Maria Meißner, Else Reval

Mein Herz ruft nach Dir
Regie: Carmine Gallone
TL (Coq, Sekretär), Jan Kiepura, Marta Eggerth, Paul Kemp, Paul Hörbiger, Trude Hesterberg, Hilde Hildebrand

Schön ist es, verliebt zu sein
Regie: Walter Janssen
TL (Oberkellner), Karin Hardt, Herbert Ernst Groh, Elsa Wagner, Ralph Arthur Roberts, Dinah Grace, Jakob Tiedtke

...heute abend bei mir
Regie: Carl Boese
TL (Flip, Diener), Jenny Jugo, Paul Hörbiger, Fritz Odemar, Lissy Arna, Friedrich Benfer, Aribert Wäscher

Herr oder Diener (Kf)
Regie: Phil Jutzi
TL (Heinz Udo von Zickezack), Werner Finck, Erika Gläßner, Lilo Müller

Gern hab' ich die Frau'n geküßt (TiÖ: Paganini)
Regie: E. W. Emo
TL (Pimpinelli, Hofmarschall), Iwan Petrovich, Eliza Illiard, Adele Sandrock, Aribert Wäscher, Maria Beling, Veit Harlan

Ein Walzer für Dich (TiÖ: Komtesse Stefanie)
Regie: Georg Zoch
TL (Flint, Impresario), Camilla Horn, Louis Graveure, Heinz Rühmann, Adele Sandrock, Fritz Odemar, Wilhelm Bendow

Liebe dumme Mama
Regie: Carl Boese
TL (Fischer, Hoteldirektor), Luise Ullrich, Hermann Thimig, Leopoldine Konstantin, Gustav Waldau, Otto Wernicke, Paul Henckels

Frühjahrsparade (Ö/D)
Regie: Geza von Bolvary
TL (Baron Zorndorf), Franziska Gaal, Paul Hörbiger, Wolf Albach-Retty, Adele Sandrock, Annie Rosar, Hans Richter, Hans Moser, Fritz Imhoff

Ich heirate meine Frau
Regie: Johannes Riemann
TL (Heinrich Wittekind, Privatdetektiv), Lil Dagover, Paul Hörbiger, Käthe Haack, Fritz Odemar, Margarete Slezak, Friedl Pisetta

Ihr größter Erfolg (TiÖ: Therese Krones)
Regie: Johannes Meyer
TL (Augustin Schöpser, Ballettmeister), Marta Eggerth, Aribert Mog, Leo Slezak, Gustav Waldau, Albrecht Schoenhals, Margarete Kupfer

Ich sehne mich nach Dir
Regie: Johannes Riemann
TL (Pelle, Statistenführer), Camilla Horn, Louis Graveure, Adele Sandrock, Maja Feist, Paul Westermeier, Rudolf Essek

Petersburger Nächte (TiÖ: Walzer aus Wien)
Regie: E. W. Emo
TL (Hitzinger, Konzertagent), Eliza Illiard, Paul Hörbiger, Adele Sandrock, Aribert Wäscher, Paul Rehkopf, Erika Streithorst

1935
Die Katz' im Sack
Regie: Richard Eichberg
TL (Tiwi Dollin, Schriftsteller), Magda Schneider, Wolf Albach-Retty, Julia Serda, Tina Eilers, Robert Thiem

Winternachtstraum
Regie: Geza von Bolvary
TL (Kautz, Abteilungsleiter), Magda Schneider, Wolf Albach-Retty, Richard Romanowsky, Hans Moser, Gustav Waldau, Erik Ode

Ein falscher Fuffziger (TiÖ: Echte Liebe – falsches Geld)
Regie: Carl Boese
TL (Lehmann, Angestellter), Lucie Englisch, Georg Alexander, Käthe Haack, Max Gülstorff, Hilde Hildebrand, Adele Sandrock

Der Schlafwagenkontrolleur
Regie: Richard Eichberg
TL (Alois, Schlafwagenkellner), Georg Alexander, Gustav Waldau, Olly von Flint, Erna Fentsch, Erich Kestin, Margarete Kupfer

Der Himmel auf Erden (Ö)
Regie: E. W. Emo
TL (Theaterdirektor), Heinz Rühmann, Lizzi Holzschuh, Hermann Thimig, Hans Moser, Adele Sandrock, Rudolf Carl

Held einer Nacht (T)
Regie: Mac Fric
TL (Schneemilch, Oberlehrer), Vlasta Burian, Betty Bird, Erik Ode, Else Lord, Max Liebl

Das Einmaleins der Liebe
Regie: Carl Hoffmann
TL (Melchior Feuerfuchs, Schneider), Luise Ullrich, Paul Hörbiger, Lee Parry, Paul Henckels, Gustav Waldau, Oskar Sima

Ich liebe alle Frauen
Regie: Carl Lamac
TL (Hans Heinz Hinz, Sekretär), Jan Kiepura, Lien Deyers, Rudolf Platte, Adele Sandrock, Inge List, Fritz Imhoff

Im weißen Rößl (Ö/D)
Regie: Carl Lamac
TL (Fürst, Kommerzienrat), Christl Mardayn, Hermann Thimig, Willi
Schaeffers, Fritz Odemar, Fritz Imhoff, Josef Egger

Der Ammenkönig
Regie: Hans Steinhoff
TL (Grunzenau, Keuschheitskommissar), Käthe Gold, Richard Roma-
nowsky, Gustav Knuth, Fita Benkhoff, Marieluise Claudius, Erika von
Thellmann

1936
Der Kurier des Zaren
Regie: Richard Eichberg
TL (Blount, Journalist), Adolf Wohlbrück, Maria Andergast, Alexander
Golling, Hilde Hildebrand, Lucie Höflich, Else Reval

Wer zuletzt küßt (TiD: Ungeküßt soll man nicht schlafen geh'n) (Ö)
Regie: E. W. Emo
TL (Miller, Direktor), Liane Haid, Heinz Rühmann, Iwan Petrovich,
Hans Moser, Susi Lanner, Annie Rosar

Die Entführung (TiÖ: Entführung an der Riviera)
Regie: Geza von Bolvary
TL (Justin), Marieluise Claudius, Gustav Fröhlich, Fritz Genschow,
Lola Chlud, Theo Shall, Elsa Wagner

Opernring (TiD: Im Sonnenschein) (Ö)
Regie: Carmine Gallone
TL (Diener), Jan Kiepura, Friedl Czepa, Fritz Imhoff, Anton Pointner,
Alfred Neugebauer

Der verkannte Lebemann
Regie: Carl Boese
TL (Fritz Bolke, Diener), Trude Marlen, Ralph Arthur Roberts, Grethe
Weiser, Hans Richter, Willi Schaeffers, Hilde Sessak

Alles für Veronika (TiÖ: Der Schlaumeier) (D/CH)
Regie: Veit Harlan
TL (Fuchs, Abteilungsleiter), Thekla Ahrens, Willy Eichberger, Hans
Moser, Grethe Weiser, Gretl Theimer, Hilde Hildebrand

Ein Hochzeitstraum (TiÖ: Kontuszowka)
Regie: Erich Engel
TL (Prinz von Illyrien), Ida Wüst, Heinz Salfner, Inge List, Ferdinand Marian, Bruno Hübner, Hans Leibelt

Die Leute mit dem Sonnenstich
Regie: Carl Hoffmann
TL (Thomas Bruckmann, Geschäftsmann), Aribert Mog, Käte Merk, Rudolf Platte, Beppo Brem, Flita von Uhl, Paul Westermeier

Es geht um mein Leben
Regie: Richard Eichberg
TL (Fritz, Diener), Karl Ludwig Diehl, Kitty Jantzen, Margit Symo, Lotte Spira, Anton Pointner, Alice Treff

Wie Eulenspiegel zu Marburg den Landgraf malte (Kf)
Wie Eulenspielgel den Neunmalweisen Rede und Antwort steht (Kf)
Wie Eulenspiegel ein Urteil spricht (Kf)
Wie Eulenspiegel sich einmal erbot, zu fliegen (Kf)
Regie, Buchmitarbeit, Verse: Theo Lingen
TL (Eulenspiegel), Herti Kirchner, Wolfgang Klein, Claus Pohl, Albert Lieven, Vilma Beckendorf, Karl Harbacher, Theo Stolzenberg, Otto Braml, Franz Klebusch
(Anmerkung: Die vier »Eulenspiegel«-Kurzfilme kamen in bearbeiteter Fassung auch als abendfüllender Spielfilm zum Einsatz: **Till Eulenspiegel, der unsterbliche Spötter)**

1937
Premiere (Ö)
Regie: Geza von Bolvary
TL (Dornbusch, Inspizient), Zarah Leander, Karl Martell, Attila Hörbiger, Maria Bard, Karl Skraup, Johanna Terwin

Der Mann, von dem man spricht (Ö)
Regie: E. W. Emo
TL (Hassler, Diener), Heinz Rühmann, Hans Moser, Gusti Huber, Heinz Salfner, Gerhard Bienert, Mizzi Zwerenz

Gefährliches Spiel
Regie: Erich Engel
TL (Paul Hoffmann), Jenny Jugo, Harry Liedtke, Karl Martell, Anton Pointner, Will Dohm, Herbert Hübner

Heiratsinstitut Ida & Co. (TiÖ: Heiratsinstitut Ida Wüst & Co.)
Regie: Viktor Janson
TL (Dr. Linke, Rechtsanwalt), Ida Wüst, Ralph Arthur Roberts, Rudolf Platte, Rudolf Schündler, Carsta Löck, Leo Peukert

Die Austernlilli
Regie: E. W. Emo
TL (Lucien Mercour, Revueautor), Gusti Wolf, Hermann Thimig, Oskar Sima, Harald Paulsen, Heinz Salfner, Margarete Kupfer

Fremdenheim Filoda (TiÖ: Pension Filoda)
Regie: Hans Hinrich
TL (Bully Trinkmeyer, Faktotum), Ida Wüst, Richard Romanowsky, Mady Rahl, Paul Henckels, Rudolf Platte, Hans Richter

Die unentschuldigte Stunde (Ö)
Regie: E. W. Emo
TL (Fritz Ortmann, Lehramtskandidat), Gusti Huber, Gusti Wolf, Anton Edthofer, Dagny Servaes, Hans Moser, Werner Finck

Zauber der Bohème (Ö)
Regie: Geza von Bolvary
TL (Aristide Boupon, Astronom), Marta Eggerth, Jan Kiepura, Paul Kemp, Lizzi Holzschuh, Richard Romanowsky

Die verschwundene Frau (Ö)
Regie: E. W. Emo
TL (Peter, Diener), Lucie Englisch, Paul Kemp, Hans Moser, Trude Marlen, Jupp Hussels, Oskar Sima

1938
Der Tiger von Eschnapur
Regie: Richard Eichberg
TL (Emil Sperling, Architekt), Kitty Jantzen, La Jana, Frits van Dongen, Gustav Dießl, Hans Stüwe, Alexander Golling, Gisela Schlüter

Immer, wenn ich glücklich bin (Ö)
Regie: Carl Lamac
TL (Schnuller, Ballettmeister), Marta Eggerth, Paul Hörbiger, Frits van Dongen, Lucie Englisch, Hans Moser, Rudolf Carl, Annie Rosar

Das indische Grabmal
(Anmerkung: Fortsetzung des Films »Der Tiger von Eschnapur«; gleiche Besetzung)

Finale (TiD: Die unruhigen Mädchen) (Ö)
Regie: Geza von Bolvary
TL (Kurt Stegemann, Mathematiker), Käthe von Nagy, Ilse Werner, Elfriede Datzig, Lucie Englisch, Hans Moser, Hans Holt, Elfe Gerhart

Es leuchten die Sterne
Regie: Hans H. Zerlett
TL (Er selbst), La Jana, Rudi Godden, Paul Verhoeven, Rosita Serrano, Vera Bergmann, Carla Rust

Diskretion – Ehrensache
Regie: Johannes Meyer
TL (Lord Benton), Heli Finkenzeller, Hans Holt, Ida Wüst, Fita Benkhoff, Ralph Arthur Roberts, Paul Henckels, Rudolf Platte

Der Optimist
Regie: E. W. Emo
TL (Erich Bartels), Viktor de Kowa, Gusti Huber, Henny Porten, Else Elster, Rudolf Carl, Oskar Sima

Marionette (I/D)
Regie: Carmine Gallone
TL (Luigi, Marionettenspieler), Benjamino Gigli, Carla Rust, Lucie Englisch, Paul Kemp, Nicola Maldacea, Romolo Costa, Richard Romanowsky, Guglielmo Barnabo

Dir gehört mein Herz (I/D)
Regie: Carmine Gallone
TL (Luigi, Marionettenspieler), Benjamino Gigli, Carla Rust, Lucie Englisch, Paul Kemp, Heinz Salfner
(Anmerkung: Der Film ist die deutschsprachige Version von »Marionette«.)

Tanz auf dem Vulkan
Regie: Hans Steinhoff
TL (Graf Cambouilly), Gustaf Gründgens, Sybille Schmitz, Gisela Uhlen, Ralph Arthur Roberts, Hilde Hildebrand, Gretl Theimer

1939
Drunter und drüber
Regie: Hubert Marischka
TL (Balduin Obdukat, Faktotum), Paul Hörbiger, Johannes Riemann, Fita Benkhoff, Hilde Krüger, Albert Florath, Willi Schur

Das Abenteuer geht weiter
Regie: Carmine Gallone
TL (Gepke, Sekretär), Johannes Heesters, Maria von Tasnady, Gusti Wolf, Paul Kemp, Richard Romanowsky, Annie Rosar

Marguerite: 3
Regie: Theo Lingen
TL (Onkel Kurt), Gusti Huber, Hans Holt, Hermann Thimig, Grethe Weiser, Annie Rosar, Richard Romanowsky, Rudolf Carl

Hochzeitsreise zu dritt
Regie: Hubert Marischka
TL (Klinke, Portier), Maria Andergast, Johannes Riemann, Paul Hörbiger, Grethe Weiser, Herbert Ernst Groh, Günther Lüders

Opernball
Regie: Geza von Bolvary
TL (Philipp, Diener), Marte Harell, Hans Moser, Paul Hörbiger, Fita Benkhoff, Heli Finkenzeller, Hermann Brix

1940
Der ungetreue Eckehart
Regie: Hubert Marischka
TL (Dr. Eckehart Bleibtreu), Hans Moser, Lucie Englisch, Ethel Reschke, Rudi Godden, Else Elster, Hedwig Bleibtreu

Rote Mühle
Regie: Jürgen von Alten
TL (Alfons Kummerhahn, Oberkellner), Ida Wüst, Grethe Weiser, Rudolf Platte, Günther Lüders, Ursula Herking, Paul Westermeier

Ihr Privatsekretär
Regie: Charles Klein
TL (Theo, Hochstapler), Maria Andergast, Gustav Fröhlich, Fita Benkhoff, Carsta Löck, Paul Henckels, Rudolf Carl

Was wird hier gespielt?
Regie: Theo Lingen
Drehbuch: Curt J. Braun (nach dem gleichnamigen Theaterstück von Theo Lingen)
TL (Er selbst), Fita Benkhoff, Hannes Stelzer, Paul Henckels, Paul Verhoeven, Ursula Herking, Paul Kemp

Das Fräulein von Barnhelm
Regie: Hans Schweikart
TL (Riccaut de la Marlinière), Käthe Gold, Ewald Balser, Fita Benkhoff, Paul Dahlke, Fritz Kampers, Erich Ponto, Peter Pasetti

Herz modern möbliert
Regie: Theo Lingen
TL (Hans Schröder, Geschäftsmann), Hilde Krahl, Gusti Huber, Gustav Fröhlich, Paul Henckels, Hans Richter, Kurt Seifert

Rosen in Tirol
Regie: Geza von Bolvary
TL (Leberle, Adjutant), Marte Harell, Johannes Heesters, Hans Moser, Leo Slezak, Elfriede Datzig, Hans Holt

Sieben Jahre Pech
Regie: Ernst Marischka
TL (Paul Griebling, Diener), Olly Holzmann, Clara Tabody, Wolf Albach-Retty, Hans Moser, Ida Wüst, Oskar Sima

1941
Hauptsache glücklich
Regie: Theo Lingen
Heinz Rühmann, Hertha Feiler, Ida Wüst, Hans Leibelt, Jane Tilden, Fritz Odemar, Max Gülstorff

Dreimal Hochzeit
Regie: Geza von Bolvary
TL (Felix), Marte Harell, Willy Fritsch, Hermann Brix, Hedwig Bleibtreu, Theodor Danegger, Leo Peukert

243

Frau Luna
Regie: Theo Lingen
TL (Lepke, Künstler), Lizzi Waldmüller, Fita Benkhoff, Georg Alexander, Paul Kemp, Paul Henckels, Ursula Herking

Was geschah in dieser Nacht?
Regie: Theo Lingen
TL (Anton, Diener), Lili Murati, Lucie Englisch, Karl Ludwig Diehl, Otto Graf, Hans Brausewetter, Irene von Meyendorff

Sonntagskinder
Regie: Jürgen von Alten
TL (Oberweger, Hoteldirektor), Johannes Riemann, Carola Höhn, Grethe Weiser, Rudolf Platte, Kurt Seifert, Lotte Spira

1942
Wiener Blut
Regie: Willi Forst
TL (Jean, Diener), Maria Holst, Willy Fritsch, Hans Moser, Fritz Imhoff, Paul Henckels, Hedwig Bleibtreu

Sette anni di felicità (I/D)
Regie: Ernst Marischka, Roberto Savarese
TL (Paul Griebling, Diener), Vivi Gioi, Wolf Albach-Retty, Elli Parvo, Hans Moser, Carlo Romano, Paolo Stoppa, Primo Carnera

Sieben Jahre Glück (I/D)
Regie: Ernst Marischka
TL (Paul Griebling, Diener), Hannelore Schroth, Wolf Albach-Retty, Hans Moser, Rio Nobile
(Anmerkung: Fortsetzung von »Sieben Jahre Pech« und deutschsprachige Version von »Sette anni di felicità«.)

Liebeskomödie
Regie: Theo Lingen
TL (Max, Kellner), Magda Schneider, Lizzi Waldmüller, Johannes Riemann, Albert Matterstock, Hertha Mayen, Rudolf Carl

1943

Tolle Nacht
Regie: Theo Lingen
TL (Viktor, Kapellmeister), Marte Harell, Gustav Fröhlich, Marina Ried, Franz Weber, Adolf Fischer, Hilde Classen

Johann
Regie: Robert A. Stemmle
Drehbuch: Ernst von Salomon, Franz Gribitz, Robert A. Stemmle (nach dem gleichnamigen Theaterstück von Theo Lingen)
TL (Johann, Diener u. Hans Pietschmann, Bauunternehmer), Fita Benkhoff, Hermann Thimig, Josef Eichheim, Hilde Seipp, Irene von Meyendorff

Das Lied der Nachtigall
Regie: Theo Lingen
Drehbuch: Jacob Geis, Franz Gribitz, Theo Lingen (nach dem Theaterstück »Die gelbe Nachtigall« von Hermann Bahr)
TL (Sekretär), Elfie Mayerhofer, Johannes Riemann, Margot Hielscher, Paul Kemp, Will Dohm, Annie Rosar

1944

Es fing so harmlos an
Regie: Theo Lingen
Drehbuch: Theo Lingen, Franz Gribitz (nach dem gleichnamigen Theaterstück von Franz Gribitz)
TL (Boni), Johannes Heesters, Inge List, Christl Mardayn, Will Dohm, Angelo Ferrari

Schuß um Mitternacht
Regie: Hans H. Zerlett
TL (Roderich Halden, Schauspieler), Mady Rahl, Albert Matterstock, Ida Wüst, Hilde Hildebrand, Alice Treff, Joe Stöckel
(Anmerkung: Obwohl der Film bereits 1944 fertiggestellt war, gelangte er erst am 28. 4. 1950 zur Uraufführung.)

1945

Philine (TiÖ: Ein Mädel für frohe Stunden)
Regie: Theo Lingen
TL (Benno Paradis, Tierstimmenimitator), Winnie Markus, Siegfried
Breuer, Susi Nicoletti, Lucie Englisch, Wastl Witt, Hilde Sessak
(Anmerkung: Der Film wurde erst nach Kriegsende fertiggestellt und
am 17. 2. 1949 uraufgeführt.)

Liebesheirat
Regie: Theo Lingen
Drehbuch: Theo Lingen, Franz Gribitz
TL (Leo Flügel), Winnie Markus, Susi Nicoletti, Beppo Brem, Erhard
Siedel, Adolf Gondrell
(Anmerkung: Der Film wurde erst nach Kriegsende fertiggestellt und
am 4. 3. 1949 uraufgeführt.)

Glück muß man haben
Regie: Theo Lingen
Drehbuch: Theo Lingen, Friedrich Schreyvogel
TL (Wimmerl), Paul Hörbiger, Hilde Hildebrand, Hans Holt, Margot
Jahnen, Max Höller, Gisa Wurm
(Anmerkung: Der Film wurde erst nach Kriegsende fertiggestellt und
am 22. 12. 1950 unter dem Titel »Wiener Zuckerln« in Wien uraufge-
führt. Titel in BRD: »Operettenklänge«.)

1946

Tanzrausch (U)
Regie: Viktor Gertler
TL (Ladislaus, Polizist), Thea Weis, Agi Polly, Lajos Básti, Elise Krause,
György Dénes
(Anmerkung: Der Film ist die deutschsprachige Version des ungari-
schen Streifens »Hazusag Nelkül«.)

René XIV. (U)
Regie: Akos von Rathony
TL (Minister), Franziska Gaal, Hans Moser, Johannes Heesters, Mimi
Shorp, György Dénes
(Anmerkung: Nach einigen Drehtagen wurde der Film abgebrochen
und blieb unvollendet.)

1947
Wiener Melodien (Ö)
Regie: Theo Lingen, Hubert Marischka
Elfie Mayerhofer, Johannes Heesters, Egon von Jordan, Hedwig
Bleibtreu, Eugen Neufeld, Fritz Imhoff

1948
Hin und Her (Ö)
Regie: Theo Lingen
Drehbuch: Theo Lingen, Franz Gribitz (nach der gleichnamigen
Posse von Ödön von Horváth)
TL (Peter Vogel, Photograph), Ursula Lingen, O. W. Fischer, Curd
Jürgens, Dagny Servaes, Fritz Eckhardt, Hugo Gottschlich

1949
Nichts als Zufälle
Regie: E. W. Emo
TL (Dr. Renatus Elmhorst), Susi Nicoletti, Sonja Ziemann, Josef
Meinrad, Grethe Weiser, Hans Richter, Fritz Kampers

Um eine Nasenlänge
Regie: E. W. Emo
TL (Felix Rabe, Zeitungsausträger), Hans Moser, Sonja Ziemann,
Rudolf Prack, Trude Hesterberg, Liesl Karlstadt, Hans Richter, Georg
Thomalla

1950
Der Theodor im Fußballtor
Regie: E. W. Emo
TL (Theo Lubitz, Inhaber eines Reisebüros), Hans Moser, Josef
Meinrad, Lucie Englisch, Beppo Brehm, Loni Heuser, Gustav Knuth

Es schlägt 13 (TiD: Jetzt schlägt's 13) (Ö)
Regie: E. W. Emo
TL (Max, Diener), Hans Moser, Josef Meinrad, Susi Nicoletti, Lotte
Lang, Gusti Wolf, Walter Müller

1951
Die Mitternachts-Venus
Regie: Ferdinand Dörfler
TL (Anton, Schneider), Maria Andergast, Paul Kemp, Fita Benkhoff,
Lotte Lang, Lotte Stein

Hilfe, ich bin unsichtbar
Regie: E. W. Emo
TL (Fritz Sperling, Erfinder), Inge Landgut, Fita Benkhoff, Grethe
Weiser, Arno Paulsen, Margarete Haagen

Durch dick und dünn
Regie: Theo Lingen
Drehbuch: Theo Lingen, Fritz Eckhardt
TL (Theodor Müller, Juwelier), Fita Benkhoff, Grethe Weiser, Hans
Richter, Carola Höhn, Siegfried Breuer, Lucie Englisch

1952
Die Diebin von Bagdad
Regie: Carl Lamac
TL (Hadschi), Sonja Ziemann, Rudolf Prack, Fita Benkhoff, Paul
Kemp, Walter Giller, Fritz Odemar

Schäm' dich, Brigitte (TiD: Wir werden das Kind schon schaukeln) (Ö)
Regie: E. W. Emo
TL (Paul Fellmeier), Hans Moser, Brigitte Ratz, Annie Rosar, Lotte
Lang, Margarete Slezak, Nadja Tiller

Man lebt nur einmal
Regie: Ernst Neubach
TL (Robert Heinemann), Paul Hörbiger, Rudolf Platte, Lisa Stammer,
Marina Ried, Wolfgang Neuß, Siegfried Breuer

Heidi (CH)
Regie: Luigi Comencini
TL (Sebastian, Diener), Elsbeth Sigmund, Heinrich Gretler, Isa Gün-
ther, Willy Birgel, Carl Wery, Armin Schweizer

1953

Heute nacht passiert's
Regie: Franz Antel
TL (Dr. August Wilhelm Bräutigam, Studienrat), Ilse Petri, Hans Holt, Ingrid Lutz, Loni Heuser, Olga Tschechowa, Fritz Imhoff

Die vertagte Hochzeitsnacht
Regie: Karl Georg Külb
TL (Dr. Reinhold Zibelius), Margot Hielscher, Viktor Staal, Ingrid Lutz, Käthe Haack, Bum Krüger, Hans Leibelt

Die Tochter der Kompanie (D/I)
Regie: Geza von Bolvary
TL (Oberst von Gestern), Hannelore Schroth, Michel Auclair, Isa Barzizza, Carlo Crondo, Enrico Luzi

La Figlia del Reggimento
Regie: Geza von Bolvary, Tullio Covaz
TL (Oberst), Antonella Lualdi, Isa Barzizza, Carlo Croccolo, Michel Auclair, Enrico Luzi
(Anmerkung: Der Film ist die italienische Version von »Die Tochter der Kompanie«.)

Heimlich, still und leise
Regie: Hans Deppe
TL (Theo, Diener), Gretl Schörg, Hans Nielsen, Walter Giller, Lina Carstens, Werner Fuetterer, Bruno Fritz

Hurra – ein Junge
Regie: Ernst Marischka
TL (Waldemar Weber, Direktor der Staatsbibliothek), Adrian Hoven, Grethe Weiser, Walter Müller, Ingrid Lutz, Wolfgang Neuß, Else Reval

1955

Heidi und Peter (CH)
Regie: Franz Schnyder
TL (Sebastian, Diener), Elsbeth Sigmund, Heinrich Gretler, Willy Birgel, Isa Günther, Carl Wery
(Anmerkung: Fortsetzung von »Heidi«.)

Wie werde ich Filmstar?
Regie: Theo Lingen
TL (Paul Kubisch), Harald Juhnke, Bibi Johns, Ruth Stephan, Nadja
Tiller, Oskar Sima

Wenn die Alpenrosen blühen
Regie: Richard Häußler
TL (Dr. Krüger, Hochstapler), Hertha Feiler, Claus Holm, Christine
Kaufmann, Maria Andergast, Annie Rosar, Harald Juhnke

Die Wirtin zur Goldenen Krone (Ö)
Regie: Theo Lingen
TL (Blackwell, Fernsehproduzent), Paula Wessely, Fritz Schulz,
Oskar Sima, Heinz Conrads, Peter Weck, Christiane Hörbiger, Albert
Rueprecht

1956
Ein Herz und eine Seele (TiD: ... und wer küßt mich?) (Ö)
Regie: Max Nosseck
TL (Er selbst), Hans Moser, Paul Hörbiger, Grethe Weiser, Johannes
Heesters, Waltraut Haas, Rudolf Carl

Ein tolles Hotel (Ö)
Regie: Hans Wolff
TL (August Birnstiel, Diener), Doris Kirchner, Karl Schönböck, Josef
Meinrad, Ruth Stephan, Susi Nicoletti, Helen Vita

Das Liebesleben des schönen Franz (Ö)
Regie: Max Nosseck
TL (Dr. Erwin Hacker, Rechtsanwalt), Walter Müller, Angelika Hauff,
Bruni Löbel, Rudolf Carl, Adrienne Gessner, Nicole Heesters

Opernball (Ö)
Regie: Ernst Marischka
TL (Philipp, Diener), Sonja Ziemann, Johannes Heesters, Adrian
Hoven, Josef Meinrad, Hans Moser, Rudolf Vogel

Meine Tante – Deine Tante .
Regie: Carl Boese
TL (Theo Müller, Ganove), Hans Moser, Oskar Sima, Georg Tho-
malla, Fritz Imhoff, Ethel Reschke, Paul Heidemann

Der Mustergatte
Regie: Erik Ode
TL (Jakob Wieler, Fabrikbesitzer), Harald Juhnke, Inge Egger, Gardy Granass, Boy Gobert, Ursula Lingen, Ralf Wolter, Inge Meysel

Wo die Lerche singt (Ö)
Regie: Hans Wolff
TL (René Valentin, Modesalonbesitzer), Doris Kirchner, Lutz Landers, Oskar Sima, Josef Egger, Renate Holm, Klaus Löwitsch

1957
August der Halbstarke (Ö)
Regie: Hans Wolff
TL (August Rums, Spirituosenfabrikant), Josef Meinrad, Susi Nicoletti, Ruth Stephan, Peter Weck, Oskar Sima, Jane Tilden

Vater macht Karriere (Ö/D)
Regie: Carl Boese
TL (Titus Hasenklein, Schneider), Joachim Fuchsberger, Lucie Englisch, Hans Olden, Josef Egger, Brigitte Rau, Frank Holms

Familie Schimek (Ö)
Regie: Georg Jacoby
TL (Anton Kaltenbach, Ministerialrat), Fita Benkhoff, Lucie Englisch, Oskar Sima, Josef Meinrad, Ernst Waldbrunn, Adrienne Gessner

Die Unschuld vom Lande
Regie: Rudolf Schündler
TL (Werner Sturm, Theaterdirektor), Ruth Stephan, Bibi Johns, Nadja Regin, Rudolf Platte, Franz Muxeneder, Karl Hellmer

Mit Rosen fängt die Liebe an (Ö)
Regie: Peter Hamel
TL (Tom Hossfeld, Vertreter), Ingmar Zeisberg, Harald Juhnke, Kurt Großkurth, Ernst Waldbrunn, Erika von Thellmann, Oskar Wegrostek

Drei Mann auf einem Pferd
Regie: Kurt Meisel
TL (Mäcki, Ganove), Kurt Meisel, Walter Giller, Nadja Tiller, Willy Millowitsch, Gardy Granass

Egon, der Frauenheld
Regie: Hans Albin
TL (Egon), Susi Nicoletti, Paul Henckels, Heinz Conrads, Helen Vita, Bum Krüger, Peter Garden

Die Beine von Dolores
Regie: Géza von Cziffra
TL (Theobald Schreyer, Finanzier), Ruth Stephan, Germaine Damar, Grethe Weiser, Claus Biederstaedt, Willy Fritsch, Gunther Philipp

Almenrausch und Edelweiß (Ö)
Regie: Harald Reinl
TL (Leo, Diener), Elma Karlowa, Bert Fortell, Harald Juhnke, Karin Dor, Maria Andergast, Josef Egger

1958
Im Prater blüh'n wieder die Bäume (Ö)
Regie: Hans Wolff
TL (Schindler, Faktotum), Johanna Matz, Gerhard Riedmann, Marte Harell, Susi Nicoletti, Ljuba Welitsch, Fred Liewehr

Ein Lied geht um die Welt
Regie: Geza von Bolvary
TL (Johannes Himmel, Manager), Hans Reiser, Sabine Sesselmann, Karl Lieffen, Ruth Stephan, Annie Rosar, Lotte Ledl

Die Sklavenkarawane/Caravana de Esclavos (D/E)
Regie: Georg Marischka, Ramón Torrado
TL (Sir David Lindsay, Altertumsforscher), Georg Thomalla, Viktor Stahl, Mara Cruz, Fernando Sancho, Angel Alvarez

Eine Reise ins Glück
Regie: Wolfgang Schleif
TL (Tabarelli, Notar), Rudolf Prack, Waltraut Haas, Teddy Reno, Oskar Sima, Hermann Thimig, Hugo Lindinger

1959
Die Nacht vor der Premiere
Regie: Georg Jacoby
TL (Schmitt), Marika Rökk, Wolfgang Lukschy, Peer Schmidt, Wolfgang Neuß, Ruth Hagen, Fred Raul

Der Löwe von Babylon/Las Ruinas de Babilonia (D/E)
Regie: Ramón Torrado, Johannes Kai
TL (Sir David Lindsay, Altertumsforscher), Georg Thomalla, Helmuth Schneider, Rafael Luis Calvo, Fernando Sancho, Antonio Casas, Mara Cruz

Die Gans von Sedan/Sans Tambour ni Trompette (D/F)
Regie: Helmut Käutner
TL (Ulanen-Oberst), Hardy Krüger, Jean Richard, Fritz Tillmann, Françoise Rosay, Ralf Wolter, Dany Carrel

1960
Pension Schöller
Regie: Georg Jacoby
TL (Schöller, Musikprofessor), Christa Williams, Rudolf Vogel, Helmut Lohner, Ursula Herking, Ann Smyrner, Ilse Steppat

Eine Frau fürs ganze Leben
Regie: Wolfgang Liebeneiner
TL (Schneider, Ganove), Ruth Leuwerik, Klausjürgen Wussow, Harry Meyen, Gustav Knuth, Klaus Löwitsch, Mila Kopp

Der Teufel hat gut lachen (TiD: Eine Nacht in Campione) (CH)
Regie: Kurt Früh
TL (Hoteldirektor), Gustav Knuth, Max Haufler, Grit Böttcher, Trude Herr, Voli Geiler

1961
Bei Pichler stimmt die Kasse nicht
Regie: Hans Quest
Drehbuch: Theo Lingen, Helmuth M. Backhaus (nach dem Theaterstück »Defraudanten« von Alfred Polgar)
TL (Pichler, Kassier), Georg Thomalla, Karin Dor, Fita Benkhoff, Ruth Stephan, Karl Schönböck, Edith Hancke, Josef Offenbach

1963
Der Musterknabe (Ö)
Regie: Werner Jacobs
TL (Prof. Dr. Liebreich), Peter Alexander, Conny Froboess, Gusti Wolf, Gunther Philipp, Adrienne Gessner, Josef Egger, Rudolf Carl

1964
Tonio Kröger
Regie: Rolf Thiele
TL (Knaak, Tanzmeister), Jean-Claude Brialy, Nadja Tiller, Werner Hinz, Rudolf Forster, Walter Rilla, Günther Lüders, Beppo Brem, Gert Fröbe

1965
Die fromme Helene
Regie: Axel von Ambesser
TL (Onkel Nolte), Simone Rethel, Bruno Hübner, Walter Sedlmayr, Franz Muxeneder, Gaby Dohm, Axel von Ambesser

1967
Das große Glück (Ö)
Regie: Franz Antel
TL (Ronald, Werbechef), Marika Kilius, Hans-Jürgen Bäumler, Uschi Glas, Gunther Philipp, Edith Hancke, Toni Sailer

Die Heiden von Kummerow und ihre lustigen Streiche
Regie: Werner Jacobs
TL (Sanftleben, Superintendent), Paul Dahlke, Ralf Wolter, Fritz Tillmann, Rainer Penkert, Wolfgang Jansen

1968
Zur Hölle mit den Paukern
(Die Lümmel von der ersten Bank – 1. Teil)
Regie: Werner Jacobs
TL (Dr. Taft, Rektor), Gila von Weitershausen, Hansi Kraus, Georg Thomalla, Hannelore Elsner, Ruth Stephan, Günther Schramm

Zum Teufel mit der Penne (TiÖ: Die Flegel von der letzten Bank)
(Die Lümmel von der ersten Bank – 2. Teil)
Regie: Werner Jacobs
TL (Dr. Taft, Rektor), Peter Alexander, Hansi Kraus, Hannelore Elsner, Heintje, Willy Millowitsch, Edith Schollwer

Pepe, der Paukerschreck (TiÖ: Der Lehrerschreck)
(Die Lümmel von der ersten Bank – 3. Teil)
Regie: Harald Reinl
TL (Dr. Taft, Rektor), Hansi Kraus, Uschi Glas, Gustav Knuth, Hannelore Elsner, Carola Höhn, Ruth Stephan, Harald Juhnke, Walter Rilla

1969
Hurra, die Schule brennt!
(Die Lümmel von der ersten Bank – 4. Teil)
Regie: Werner Jacobs
TL (Dr. Taft, Rektor), Peter Alexander, Heintje, Hansi Kraus, Gerlinde Locker, Ruth Stephan, Werner Finck, Alexander Golling, Harald Juhnke

1970
Wir hau'n die Pauker in die Pfanne (TiÖ: Lehrer sind zum Ärgern da)
(Die Lümmel von der ersten Bank – 5. Teil)
Regie: Harald Reinl
TL (Dr. Taft, Rektor), Hansi Kraus, Uschi Glas, Fritz Wepper, Ruth Stephan, Karl Schönböck, Axel von Ambesser

Die Feuerzangenbowle
Regie: Helmut Käutner
TL (Professor Crey), Walter Giller, Uschi Glas, Hans Richter, Helen Vita, Nadja Tiller, Alice Treff, Ivan Desny

1971
Wer zuletzt lacht, lacht am besten
Regie: Harald Reinl
TL (Leo Frobenius, Hotelier), Roy Black, Uschi Glas, Ilja Richter, Eddi Arent, Peter Weck, Raoul Retzer

Tante Trude aus Buxtehude
Regie: F. J. Gottlieb
TL (Pauli, Chefportier), Rudi Carrell, Ilja Richter, Mascha Gonska, Herbert Fux, Ralf Wolter, Toni Sailer

Morgen fällt die Schule aus
(Die Lümmel von der ersten Bank – 6. Teil)
Regie: Werner Jacobs
TL (Dr. Taft, Rektor), Heintje, Hansi Kraus, Carola Höhn, Ralf Wolter, Heinz Reincke, Franz Muxeneder

Hilfe, die Verwandten kommen
Regie: F. J. Gottlieb
TL (Onkel Theo), Uschi Glas, Horst Janson, Beppo Brem, Eddi Arent, Ilja Richter, Claudia Höll

Wenn mein Schätzchen auf die Pauke haut
Regie: Peter Weck
TL (Bercelius, Schuldirektor), Uschi Glas, Roy Black, Ilja Richter, Peter Weck, Paul Löwinger, Gunther Philipp

Die tollen Tanten schlagen zu
Regie: F. J. Gottlieb
TL (Dr. Theo Schatz), Rudi Carrell, Ilja Richter, Mascha Gonska, Hansi Kraus, Trude Herr, Gretl Schörg, Jane Tilden, Gunther Philipp

1972
Betragen ungenügend
(Die Lümmel von der ersten Bank – 7. Teil)
Regie: F. J. Gottlieb
TL (Dr. Taft, Rektor), Hansi Kraus, Renate Roland, Ernst Stankowski, Ilja Richter, Hans Korte, Rudolf Schündler

Hauptsache Ferien
Regie: Peter Weck
TL (Kannenberg, Bauunternehmer), Peter Alexander, Christiane Hörbiger, Martin Held, Blandine Ebinger, Bruno Hübner, Marietta Schupp

Immer Ärger mit Hochwürden
Regie: Harald Vock
TL (Bischof), Chris Roberts, Georg Thomalla, Peter Weck, Otto Schenk, Heinz Reincke, Eddi Arent

1975
Der Geheimnisträger
Regie: F.J. Gottlieb
TL (Dr. Thoms, Geheimagent), Willy Millowitsch, Gunther Philipp, Jürgen Scheller, Sybill Danning, Brigitte Mira, Hansi Kraus, Eddi Arent, Heinz Reincke

Lady Dracula
Regie: F.J. Gottlieb
TL (?), Brad Harris, Stephen Boyd, Evelyne Krafft, Eddi Arent, Walter Giller, Klaus Höhne
(Anmerkung: Der Film wurde erst 1978 eingesetzt.)

1978
Wilhelm Busch – Die Trickfilmparade: Max und Moritz und andere Streiche (Zeichentrickfilm)
Regie: Hermann Leitner
TL (spricht die Figur des Hans Huckebein)

Anmerkung:
Es ist möglich, daß Theo Lingen zwischen 1932 und 1933 in folgenden Kurzfilmen mitgewirkt hat: *Ihr Hund – gnädige Frau; Das Motorrad; Zweimal Liebe; Die goldene Hand; 100 Meter Glück.* Nähere Angaben zu diesen Filmen sind nicht bekannt.

Fernsehen
(soweit feststellbar)

Zusammengestellt von Peter Spiegel

Erklärung der Abkürzungen: R = Regie, B = Drehbuch, BR = Bildregie (bei Bühnenaufzeichnungen), P = Produktion bzw. die auftraggebende Sendeanstalt; A = Österreich, D = Bundesrepublik Deutschland, Ro = Rolle von Theo Lingen.
Das angegebene Datum bezeichnet die Erstausstrahlung, die jeweilige Sendeanstalt folgt in Klammern.

I. Fernsehfilme, Theateraufzeichnungen, Operettenverfilmungen und Serien

König Hirsch (Il re cervo) (A 1958) 26. 12. 1958 (ORF/I.) P: ORF.
von Carlo Gozzi (Bearbeitung: Otto Zoff). R: Leopold Lindtberg. Mit Erich Auer, Christiane Hörbiger, Johannes Schauer, Inge Konradi, Albert Rueprecht. *Ro: Tartaglia*. Aufzeichnung aus dem Burgtheater Wien.

Die gute Sieben (D 1959) 9. 5. 1959 (SWF I.) P: SWF.
von Adelbert Alexander Zinn
R: Peter Hamel. B: Peter Hamel. Mit Karl John, Alice Treff, Trude Marlen, Liesl Karlstadt, Willi Rose. *Ro: Roberto Rossi*.

Sie können's mir glauben (D 1960) 21. 7. 1960 (SWF I.) P: SWF.
von John Mortimer
R: Theo Lingen. Mit Harald Juhnke, Gardy Granass, Agnes Windeck. *Ro: H. F. Pheeming.*

Die Kassette (D 1961) 23. 2. 1961 (SWF I.) P: SWF.
von Carl Sternheim
R: Rudolf Noelte. B: Rudolf Noelte. Mit Bruni Löbel, Regine Lutz, Elisabeth Markus, Hans Putz, Egon Brosig. *Ro: Heinrich Krull, Oberlehrer.*

Die Schule der Ehe (Die Schule der Gatten – Die Schule der Gattinnen) (Une femme qui dit la vérité / Les glorieux) (A 1962) 9. 3. 1962 (ORF/I.) P: ORF.
von André Roussin
Dt. Übersetzung: Hans Weigel.
R: Heinrich Schnitzler. BR: Karl Stanzl. Mit Susi Nicoletti, Peter Gerhard, Elisabeth Markus, Gretl Elb, Hans Holt. *Ro: Marcel (1) / Robert Carruche, ein Gatte (2).* Aufzeichnung einer Aufführung aus dem Theater in der Josefstadt Wien.

König Cymbelin (A 1964) 28. 5. 1964 (ORF/I.). P: ORF.
von William Shakespeare (Cymbeline)
R: Dietrich Haugk, nach seiner deutschen Bühnenfassung, basierend auf der Übertragung von Theodor von Zeynek. BR: Otto A. Eder. Mit Erik Frey, Michael Heltau, Johanna von Koczian, Mathias Fuchs. *Ro: Kerkermeister.*

Minna von Barnhelm (D 1964) 1. 1. 1964 (ZDF). P: Intertel Television GmbH München.
von Gotthold E. Lessing
R: Ludwig Cremer. Mit Johanna von Koczian, Johanna Matz, Martin Benrath, Peer Schmidt, Bum Krüger. *Ro: Riccaut de la Marlinière.*

Das alte Hotel. 6teilige Serie: 1. Die Erbschaft – 2. Die Amerikanerin – 3. Marianne – 4. Der Maler – 5. Ein Diebstahl – 6. Die Schülerinnen (A 1964) 11. 4.–8. 8. 1964. (ORF/I.) P: ORF.
R: Walter Davy. B: Jörg Mauthe. Mit Jane Tilden, Rudolf Carl, Frances Martin, Helly Servi, Gretl Schörg, Mathias Fuchs, Hans Thimig, Hermann Thimig u. a. *Ro: Studienrat Sesselbein.*

Kolportage (A 1964) 4. 10. 1964 (ORF/I.) P: ORF.
von Georg Kaiser
R: Hans Jaray. BR: Erich Neuberg. Mit Hilde Krahl, Gretl Schörg, Hans Jaray, Mathias Fuchs. *Ro: Baron Barrenkrona*. Aufzeichnung aus dem Theater in der Josefstadt Wien.

Don Juan oder Die Liebe zur Geometrie (D 1965) 21. 10. 1965 (BR I.) P: BR.
von Max Frisch
R: Michael Kehlmann. Mit Helmut Lohner, Manfred Inger, Fritz Schulz, Grete Zimmer, Berta Drews. *Ro: Pater Diego*.

Schwarzer Peter (D 1966) 25. 12. 1966 (ZDF) P: Accord-Film, München.
von Walter Lieck (nach dem Volksmärchen »Erika«)
R: Joachim Hess. Mit Toni Blankenheim, Manfred Lichtenfeld, Brigitte Mira, Edith Schollwer, Henry Vahl. *Ro: Sterndeuter*.

Der Vogelhändler (D 1968) 1. 1. 1968 (ZDF) P: Accord-Film.
von M. West, L. Held (Libretto), Carl Zeller (Musik)
R: Joachim Hess. B: Wolfgang F. Henschel, Oliver Hassencamp, Joachim Hess. Mit Peter Minich, Lucia Popp, Renate Holm, Karl Dönch. *Ro: Professor Würmchen*.

Wenn die kleinen Veilchen blühen (A/D 1968) 10. 11. 1968 (ZDF) P: ORF/ZDF.
von Bruno Hardt-Warden (Libretto), Robert Stolz (Musik)
R: Hermann Lanske. B: Hugo Wiener. Mit Marianne Schönauer, Johannes Heesters, Rudolf Carl, Thomas Fritsch, Peter Kraus, Edith Leyrer. *Ro: Dr. Hermann Frank*.

Herbst (D 1968) 7. 12. 1968 (SDR I.) P: SDR.
von Curt Goetz (Einer von drei Einaktern aus »Miniaturen«)
R: Kurt Wilhelm. Mit Valérie von Martens, Gerlinde Locker. *Ro: Graf Dingelstädt*.

Was ihr wollt (D 1968) 31. 12. 1968 (ZDF) P: Neue Münchner Fernsehproduktion.
von William Shakespeare (Twelfth night or What you will)
R: Ludwig Cremer, unter Verwendung der deutschen Bearbeitung von Heinz Hilpert. Ausstattung: Filippo Sanjust. Mit Johanna von

Koczian, Erika Pluhar, Bruni Löbel, Boy Gobert, Walter Richter, Michael Verhoeven, Martin Benrath. *Ro: Malvolio.*

Donaug'schichten. 12 Folgen (2. Serie): 1. Geschäfte mit Passau – 2. Slibowitz in Regensburg – 3. Falscher Ton aus Bratislava – 4. Übermorgen in Krems – 5. Hannibal vor Wien. – 6. Ausflug in die Wachau – 7. Bleikristall aus Böhmen – 8. Dynamos für Orschowa – 9. Kongreß in Mamaia – 10. Der Kaiser vom Yspertal – 11. Orangen aus Belgrad – 12. Die Straße nach Budapest (A 1969) 9. 1. –3. 7. 1969 (ORF/I.) P: Telefilm für ORF.
R: Imo Moszkowicz, Wolfgang Glück. B: Jörg Mauthe, Martin Duschat u. a. Mit Willy Millowitsch. *Ro: Herr Lampe, Firmenchef.*

Königin einer Nacht (D 1969) 11. 5. 1969 (ZDF) P: ZDF.
von Just Scheu, Ernst Nebhut (Libretto), Will Meisel (Musik)
R: Wolfgang Schleif. B: Rolf und Alexandra Becker. Mit Peter Minich, Dagmar Koller, Peter Weck, Gretl Schörg, Walter Müller, Hugo Schrader. *Ro: Dr. Küküs.*

Christoph Kolumbus oder Die Entdeckung Amerikas (D 1969) 7. 9. 1969 (HR I.) P: HR.
von Walter Hasenclever und Kurt Tucholsky.
R: Helmut Käutner. B: Helmut Käutner, Klaus Peter Schreiner. Mit Karl Michael Vogler, Hans Clarin, Klaus Schwarzkopf, Maria Sebaldt, Margot Trooger, Joseph Offenbach, Hannelore Elsner. *Ro: König.*

Ball im Savoy (D 1971) 18. 9. 1971 (ZDF) P: Accord-Film GmbH München.
von Alfred Grünwald, Dr. Fritz Löhner-Beda (Libretto), Paul Abraham (Musik)
R: Eugen York. B: Mischa Mleinek. Mit Bert Fortell, Christiane Schröder, Klaus Löwitsch, Grit Böttcher. *Ro: Archibald.*

Orpheus in der Unterwelt (D 1973) 25. 8. 1973 (SRG) P: Polyphon Film- und Fernsehgesellschaft Hamburg.
von Hector Crémieux, Ludovic Halévy (Libretto), Jacques Offenbach (Musik)
R: Joachim Hess. Mit Liselotte Pulver, Kurt Marschner, Elisabeth Steiner, William Workman, Toni Blankenheim, Inge Meysel. *Ro: Styx.*

Die Powenzbande, 5 Teile (D 1974) 29. 4.–27. 5. 1974 (SRG) P: SWF.

von Heinz Pauck (nach dem gleichnamigen Roman von Ernst Penzoldt)

R: Michael Braun. B: Günther Penzoldt. Mit Gustav Knuth, Ruth-Maria Kubitschek, Camilla Spira, Melanie Horeschovsky, Helga Anders, Rose-Renée Roth. *Ro: Bürgermeister Dattel.*

Hochzeitsnacht im Paradies (D 1974) 24. 10. 1974 (ZDF) P: Siro Musik GmbH, Berlin.

von Heinz Hentschke (Libretto), Günther Schwenn (Liedtexte), Friedrich Schröder (Musik)

R: Thomas Engel. B: Hans Borgelt. Mit Johannes Heesters, Karin Dor, Barbara Schöne, Marlène Charell, Gunther Philipp, Uwe Friedrichsen. *Ro: Bastian.*

Der Monddiamant, 2 Teile (D 1974) 25./29. 12. 1974 (WDR I.) P: WDR.

von Herbert Asmodi (nach dem Roman »The moonstone« von Wilkie Collins)

R: Wilhelm Semmelroth. Mit Anneliese Uhlig, Paul Dahlke, Anita Lochner, Ulli Philipp. Helmut Förnbacher, Hans Schweikart, Werner Kreindl. *Ro: Sergeant Cuff.*

Im Hause des Kommerzienrates (D 1975) 1. 1. 1975 (ZDF) P: Chamier-Film, Berlin.

von Eugenie Marlitt.

R: Herbert Ballmann. B: Karl Wittlinger. Mit Karlheinz Böhm, Marianne Hoppe, Wolfgang Arps, Judy Winter, Johanna Hofer, Carsta Löck, Gisela Schneeberger. *Ro: Medizinalrat Bär.*

KLIMBIM 5 Serien mit jeweils 6 Folgen: 1. Folge (2. Serie); 6. (letzte) Folge (5. Serie) (D 1973/78) 24. 7. 1973 –13. 2. 1979 (WDR I.) P: WDR. von Jack Lloyd, Klaus-Peter Schreiner, Michael Pfleghar u. a.

R: Michael Pfleghar. Mit Ingrid Steeger, Elisabeth Volkmann, Dieter Augustin, Horst Jüssen, Wichard von Roell, Helmut Holger sowie vielen Gästen. *Ro: Gast.* (Anmerkung: In der Folge vom 13. 2. 1979 wird auf Lingens Gastrolle in der Folge vom 18. 2. 1975 rückge-blendet.)

Hoftheater 13teilige Serie: 1. Das schöne Fräulein Karolin – 2. Ein Dichter aus Paris – 3. Weibergeschichten – 4. Der Dolch der Cleopatra (Die Römertragödie) – 5. Gastspiel auf Engagement – 6. Der Knattermime – 7. Eine geschickte Intrige – 8. Der Spion, der von der Bühne kam – 9. Warum weinen Sie, Mörder Bill – 10. Die Ordensverleihung – 11. Ein Sittenskandal – 12. Das Duell – 13. Die Entscheidung (D 1975) 6. 3.–5. 6. 1975 (ZDF) P: ZDF.
R: Herbert Ballmann. B: Curt Hanno Gutbrod. Mit Wolfgang Arps, Johanna von Koczian, Ursela Monn, Thomas Fritsch, Kurt A. Jung, Rudolf Schündler. *Ro: Intendant von Krombholz.*

Tristan (D/A 1975) 6. 6. 1975 (ZDF) P: ZDF/ORF.
von Thomas Mann
R: Herbert Ballmann. B: Herbert Mann, Wolfgang Patzschke. Mit Herlinde Latzko, Günter Strack, Gerd Baltus, Rosemarie Fendel, Bruni Löbel, Eva-Ingeborg Scholz, Eric Pohlmann. *Ro: Dr. Leander.*

Damals wie heute (D 1975) 31. 7. 1975 (ZDF) P: ZDF.
von David Kalisch (nach D. F. Berg)
R: Wolfgang Spier. B: Curth Flatow. Musik: Jürgen Knieper. Mit Gustav Knuth, Loni Heuser, Klaus Schwarzkopf, Ulli Philipp, Walter Richter, Barbara Schöne, Ekkehard Fritsch, Edith Hancke, Oscar Sabo jr., Hugo Schrader, Wolfgang Spier. *Ro: Zeitgenosse.*

Der unbequeme Wasserträger, 11. Film der Reihe »Pariser Geschichten« (D 1977) 1977 (ARD III) P: NWF.
von Eugène Labiche (Le misanthrope et l'auvergnat)
R: Dieter Wedel. B: Wolfgang Kirchner, Dieter Wedel. Mit Giovanni Früh, Michael Degen, Monika Gabriel, Loni von Friedl, Gert Burkard. *Ro: Joseph Chiffonet.*

Zwei himmlische Töchter, 6teilige Serie: 2. Ein Sarg nach Leech – 4. Eine Prinzessin nach Hoftenstein – 6. Eine Show durch Europa (D 1978) 11. 2.–20. 5. 1978 (WDR I.) P: WDR
R: Michael Pfleghar. Mit Ingrid Steeger, Iris Berben sowie Klaus Dahlen, Hertha Worell u. v. Gäste. *Ro: Graf Jehan (2., 4.)/Gast (6.)*

Kleine Geschichten mit großen Tieren, 6 Chef-Episoden: **Chef III** (D 1978) 5. 3. 1978 (ZDF) P: ZDF.
von Herbert Reinecker
R: Hartmut Griesmayr. Mit Lambert Hamel. *Ro: Chef III.*

II. Diverse Sendungen

In dieser Rubrik konnten nur die wichtigsten Beispiele von Theo Lingens vielseitigen »Live«-TV-Aktivitäten berücksichtigt werden. Nicht näher ausgewiesen werden die zahlreichen Sendungen, in denen auf Ausschnitte aus seinen Kinofilmen, Fernsehfilmen, Bühnenaufzeichnungen etc. zurückgegriffen wurde und wird (z. B. »101 Jahre Kabarett«, 25. 7. 1982, ORF/I), oder in etlichen Folgen von »Das waren Zeiten« (ab 8. Folge, 18. 1. 1985, ORF/I.). Lingen hat auch große Komiker der Stummfilmgeschichte wie Charlie Chaplin, Stan Laurel & Oliver Hardy (die Reihe »Lachen Sie mit Stan und Ollie« für das ZDF) etc. mit selbstverfaßten Texten präsentiert. Ebensowenig konnten alle Reklamefilme und TV-Spots erfaßt werden, die der Schauspieler gedreht hat.

Theo Lingen präsentiert Tierisches, allzu Tierisches. 6 Folgen zu 10 Minuten, 29. 9.–18. 11. 1964 (ORF/I.)

Theo Lingen – Sternbild. 13 Folgen zu 5 Minuten, 9. 1.–17. 12. 1968 (ORF/I.)

Johann Strauß und seine Zeit, Folge 3 und Folge 4 des »Operetten-Digest«, 2. 1./9. 1. 1971 (ORF/I.) P: ORF/ZDF.
R: Georg Lhotzky. Mit Monique Lobasa, Heinz Holecek, Gerda Scheyrer, Ulrich Baumgartner u. a. *Ro: Präsentator.*

Jan Kiepura – der totale Star. Erinnerungssendung, 16. 5. 1972 (ORF/I.) P: ORF. Mit Marcel Prawy, Marta Eggerth, Jan Kiepura jr. *Ro: Gesprächspartner* des Moderators Prawy.

Katja & Co. – Katja Ebsteins musikalische Träume. 8. 6. 1976 (BR I.) P: BR
R: Klaus Überall. B: Thomas Woitkewitsch, Michael Kunze, Klaus Überall. Musik: Christian Bruhn. Mit Katja Ebstein, Salvatore Adamo, Paul Kuhn. *Ro: Partner/Zuschauer.*

Lingen über Lingen Selbstdarstellung, 15. 8. 1976 (ZDF).
von Theo Lingen
R: Peter Weck. Mit Friedrich Luft, Johanna von Koczian. *Ro: (Selbst-) Interviewer.*

Es dirigiert: Theo Lingen. Musiksendung, 31. 12. 1977 (WDR I.) P: WDR.
R: Heinz Liesendahl. B: Wolfgang Franke, Alon Schmuckler. Mit Julia Migenes, Waldemar Kmentt, Janet Perry, dem Kölner Rundfunkchor und Rundfunkorchester unter Heinz Giese. *Ro: Dirigent/Moderator.*

Namenregister

Georg **Thomalla**
In aller
Herzlichkeit
'Erinnerungen

Langen
Müller